Vorwort

Die Zeit, so die Marschallin in Hofmannsthals »Rosenkavalier«, *die ist ein sonderbar Ding. / Wenn man so hinlebt, ist sie rein gar nichts. / Aber dann auf einmal, / da spürt man nichts als sie.*

Nicht nur, wenn man *so hinlebt* ist die Zeit *rein gar nichts.* Seltsam ist vielmehr, dass sie auch *rein gar nichts* zu sein scheint, wenn man ihr die gesammelte Aufmerksamkeit schenkt. Jeder kann die Probe darauf machen, man muss nur auf das eigentümliche Vergehen der Zeit achten. Was eben noch gegenwärtig war, ist nicht mehr, und das Künftige ist noch nicht. Die Zeit bewirkt, dass wir einen schmalen Streifen von Gegenwärtigkeit bewohnen, nach beiden Seiten umgeben von einem Nicht-Sein: das Nicht-Mehr der Vergangenheit und das Noch-Nicht der Zukunft. Man kann darüber staunen, auch sich beunruhigen. Der Heilige Augustinus jedenfalls ist über dieses doppelte Nichtsein, das die Zeit mit sich bringt, ins Grübeln geraten und schreibt in dem berühmten elften Kapitel der »Bekenntnisse«: *Was also ist die Zeit? Wenn niemand mich danach fragt, weiß ich's, will ich's aber einem Fragenden erklären, weiß ich's nicht.*

Wenn die Zeit nur das wäre, was die Uhren messen,

dann wäre man mit der Antwort auf die Frage nach der Zeit schnell fertig. Sie wäre eben nichts weiter als die messbare Dauer von Ereignissen. Doch es drängt sich der Eindruck auf, dass damit ihre eigentliche Bedeutsamkeit noch gar nicht berührt ist. Ich wähle deshalb einen anderen Weg. Ich nähere mich der Zeit auf der Spur ihrer Wirkungen, ich beschreibe also, was sie mit uns macht und was wir aus ihr machen.

Der Weg durch das Labyrinth unserer Erfahrungen mit der Zeit beginnt bei der Langeweile, denn nirgendwo sonst wird die Zeit so auffällig, dann nämlich, wenn sie nicht vergehen will, wenn sie stockt. Das Zeitvergehen als solches drängt sich vor, wenn es nur spärlich von Ereignissen zugedeckt wird. Diese gewissermaßen leere Zeit, so quälend sie unmittelbar empfunden wird, hat die Literatur und Philosophie von jeher herausgefordert, denn die Vermutung ist berechtigt, dass man besonders gut erkennen kann, was mit dem Menschen los ist, wenn sonst nichts los ist. (Kapitel 1)

Wenn die Zeit zu erstarren droht, wenn sich nichts mehr bewegt, hilft nur der Aufbruch, der Versuch, einen neuen Anfang zu setzen. Eine Vergangenheit hinter sich zu lassen. Der Zauber, der jedem neuen Anfang innewohnt, liegt darin, dass die stockende Zeit in Bewegung gerät, sie wird vielversprechend, sie reißt einen mit sich. Natürlich gibt es da auch Probleme. Es kommt zu Verdrängungen, Zerstörungen, Rücksichtslosigkeiten aller Art. Und trotzdem: Die Zeit bietet dem Menschen die große

Chance, nicht das Opfer seiner Vergangenheit zu bleiben, sondern sie hinter sich zu lassen. Zuerst haben die Anderen etwas mit einem angefangen, jetzt fängt man selbst etwas mit sich an. Das ist die beschwingende Zeit des Anfangens. Ich bin nicht nur Ich, ich bin auch ein Anderer, erklärt der Anfänger. (Kapitel 2)

Die Zeit des Anfangens ist auf Künftiges gerichtet, und zwar mit Zuversicht. In der Regel aber wird die Orientierung am Künftigen von der Sorge beherrscht, in allen ihren Formen – von der Fürsorge bis zur Vorsorge. Weil wir nicht nur in der Zeit leben, sondern uns der Zeit bewusst werden, ist es nicht zu vermeiden, dass sich uns ein ganzer Horizont von Zukunft eröffnet, auf den wir uns sorgend und vorsorgend beziehen. Die Sorge ist ein diensthabendes Organ unserer Zeiterfahrung. Alle Lebensbereiche werden davon erfasst, weil wir mit allem, was wir tun und sind, dem Vergehen der Zeit preisgegeben sind. Die Sorge vereinzelt den Menschen, drängt ihn aber auch zusammen ins gesellschaftliche Kollektiv, das sich, unter modernen Bedingungen, dann als Risikogesellschaft versteht. (Kapitel 3)

Die Zeit wird vergesellschaftet. In diesem Moment beginnt die Herrschaft der Uhren. Die Uhr ist nichts anderes als eine gesellschaftliche Institution. Mit regelmäßigen Ereignissen, auf die man sich gesellschaftlich geeinigt hat – von den Sonnenuhren bis zu Atomuhren –, wird die Dauer unregelmäßiger Ereignisse gemessen. Das Geschehen in der Gesellschaft wird zeitlich vernetzt. Im Zeitalter der Maschinen wird die Uhr zum Herrschaftsinstrument, und mit den Eisenbahnen entsteht das Erfordernis der überregionalen Koordinierung der Zeitabläufe. Die moderne Technik ermöglicht schließlich eine Kommunikation zwischen raumfernen Punkten in Echtzeit. Damit wird das Erlebnis von globaler Gleichzeitigkeit möglich. Das gab es in der Menschheitsgeschichte noch nie zuvor, und es ist eine dramatische Herausforderung, vielleicht sogar eine Überforderung des bisherigen Menschentyps. Gut möglich, dass wir uns mitten in einer kulturellen Mutation befinden. (Kapitel 4)

Die vergesellschaftete Zeit ist auch die bewirtschaftete Zeit. Es wird mit Zeit gehandelt. Zeit wird zu Geld. Die gesellschaftlichen und wirtschaftlichen Aktivitäten beschleunigen sich in einem ungeheuren Ausmaß. Es bilden sich in der Gesellschaft Regionen mit unterschiedlicher Geschwindigkeit, beispielsweise ist die Finanzwirtschaft schneller als die Demokratie, die für ihre Beschlüsse mehr Zeit braucht. Es bahnen sich politische Machtkämpfe an um die Frage: Wer bestimmt das Tempo. Die Zeit wird politisiert. Mit der Beschleunigung wird mehr Zukunft verbraucht und die Vergangenheit schneller entwertet. Die Gegenwart belastet die Zukunft mit ihren Abfällen und verbraucht die Naturschätze, die sich in Jahrmillionen gebildet haben: Der Angriff der Gegenwart auf den Rest der Zeit. (Kapitel 5)

Auch wenn es einem manchmal so vorkommt, als sei man vollkommen eingeschlossen in die vergesellschaftete und bewirtschaftete Zeit, ist diese Sphäre doch nicht alles. Wir blicken hinaus auf eine Weltzeit, die unsere persönlichen Lebensfristen, aber auch die Lebensdauer ganzer Gesellschaften und Kulturen unendlich weit übersteigt. Schon immer hat es Versuche gegeben, Lebenszeit und Weltzeit in eine sinnhafte Beziehung zu bringen. Die natürlichen Zyklen, die kosmischen Weltalter, die christliche Heilsgeschichte, die Idee des Fortschritts über Generationen hinweg, schließlich die Evolution als Geschichte einer Höherentwicklung – sie dienen zur Orientierung, um den ungeheuren Zeiträumen das Absurde zu nehmen und sie mit einiger Sinnhaftigkeit zu erfüllen. (Kapitel 6)

Doch das wird immer schwieriger, wenn wir uns wirklich auf die Weltraumzeit einlassen. Mit Einsteins Relativitätstheorien ist das Rätsel der Zeit noch größer geworden. Zwar ist nicht alles relativ, aber nicht alles existiert in der gleichen Zeit. Die Naturwissenschaft hat erkannt, dass die Zeit keine absolute Größe ist. Womöglich hat sie einen Anfang und ein Ende wie alles andere auch, und vielleicht ist sie überhaupt nur ein Vordergrundphänomen. Aber auch während Theorien über den angeblich illusionären Charakter der Zeit entwickelt werden, vergeht die Zeit. (Kapitel 7)

Zurück aus dem Weltraum in die Eigenzeit des Körpers und seiner Rhythmen: Die Begegnung mit der am eigenen Leibe erfahrenen Zeit. Zur Eigenzeit aber gehört auch die innere Zeit des Bewusstseins. Im bewussten Erleben des Zeitvergehens geschieht nämlich die geheimnisvolle Verwandlung des Wirklichen ins Unwirkliche. Wo ist das Vergangene, wenn es keine materiellen Spuren mehr davon gibt? Ist das Bewusstsein dann der einzige Aufbewahrungsort? Und wenn das Vergessen einsetzt und die Vergangenheiten auch aus dem Bewusstsein verschwinden, ist es dann so, als hätte es diese Vergangenheiten nie gegeben? Das gilt nicht nur für das Große und Ganze, sondern auch für den Einzelnen. Jeder ist der letzte Zeuge für etwas, das mit ihm unwiderruflich untergeht. Die modernen Speichermedien helfen da nichts, denn sie bewahren äußere Spuren, nicht innere Zustände auf. Das Bewusstsein der Zeit entdeckt die Furie des Verschwindens. Das ertragen wir nur, weil neue Wirklichkeiten auf den Schauplatz unseres Bewusstseins drängen, auch wenn, trotz aller Gleichzeitigkeit, jeder Eindruck ein wenig verspätet ins Bewusstsein tritt. (Kapitel 8)

Wir stehen unwiderruflich unter der Herrschaft der Zeit. Umso besser, dass wir wenigstens mit ihr spielen können. Wir können, erzählend, uns frei in der Zeit bewegen – vor und zurück. Das ist vielleicht überhaupt das Geheimnis der Anziehungskraft der Literatur. Wir beherrschen spielerisch die Zeit, unter deren Gewalt wir sonst stehen. Im Spiel mit der Zeit gewinnen wir eine befristete Souveränität, in der Literatur ebenso wie in der Welt der Bilder und in der Musik. Nochmals gewandelt hat sich das Spiel mit der Zeit im Zeitalter der technischen Reproduzierbarkeit von Texten, Bildern und Tönen. Doch es bleibt dabei: Das Leben selbst hat keine Replay-Taste. (Kapitel 9)

Das Spiel mit der Zeit hat mit erfüllter Zeit zu tun, und die erfüllte Zeit kann als Vorgeschmack auf das gelten, was man Ewigkeit genannt hat. Ewigkeit ist nicht endlose Zeit, sondern etwas anderes als Zeit. Ewigkeit ist ein Sehnsuchtsbild der Menschheit, wie auch Unsterblichkeit oder der christliche Glaube an eine Auferstehung des Leibes und der Seele. Alle diese untereinander höchst verschiedenen Vorstellungen hängen zusammen mit dem wohl unauflöslichen Widerspruch, dass man sich von außen sehen kann und deshalb um seinen Tod weiß; von innen aber kann man sich eben doch nicht wegdenken. Man kann sich das eigene Nicht-Sein einfach nicht vorstellen – woraus Einiges folgt. (Kapitel 10)

Kapitel 1

Zeit der Langeweile

Vom Vorzug, sich langweilen zu können. Die Ereignisse gehen, die Zeit kommt. Unerträglichkeit der linearen Zeit. Das Warten. Godot. Kultur als Zeitvertreib. Ein dünner Ereignisvorhang lässt ins Nichts der Zeit blicken. Der metaphysische Tinnitus. Romantische Erkundungen der Langeweile. Die drei Akte des Dramas Langeweile. Wenn nichts geht, muss man sich selbst auf den Weg machen. Freiheit und Anfangen. Die Zeit zeitigen.

Der Mensch ist, im Unterschied zum Tier, ein Wesen, das sich langweilen kann. Wenn für das Lebensnotwendige gesorgt ist, bleibt immer noch überschüssige Aufmerksamkeit, die, wenn sie keine passenden Ereignisse und Tätigkeiten findet, sich auf das Zeitvergehen selbst richtet. Der sonst dicht geknüpfte Ereignisteppich, der das Zeitvergehen für die Wahrnehmung verhüllt, ist dann fadenscheinig geworden und gibt den Blick frei auf eine vermeintlich leere Zeit. Das lähmende Rendezvous mit dem reinen Zeitvergehen nennen wir Langeweile.

Die Langeweile lässt uns einen ungeheuren Aspekt des Zeitvergehens erfahren, allerdings auf paradoxe Weise: denn in der Langeweile will die Zeit ja gerade nicht vergehen, sie stockt, sie zieht sich unerträglich hin. Zeit, sagt Arthur Schopenhauer, erfahren wir in der Langeweile, nicht beim Kurzweiligen. Wenn man also begreifen will, was die Zeit ist, wendet man sich zuerst am besten nicht an die Physik, sondern an die Erfahrung der Langeweile.

Langeweile, so beschreibt William James diesen Zustand, tritt immer dann auf, *wenn wir aufgrund der relativen Leere des Inhalts einer Zeitspanne auf das Vergehen der Zeit selbst aufmerksam werden.*

Eine wirklich ereignislose Zeit gibt es nicht; es geschieht immer etwas. Ohne Ereignisse gibt es gar keine Zeit, denn Zeit ist die Dauer von Ereignissen und kann deshalb streng genommen gar nicht leer sein. Die Empfindung der Leere rührt daher, dass sich an die Ereignisse kein lebendiges Interesse knüpft. Das kann am Subjekt oder am Objekt liegen, meistens liegt es an beiden. Was das Subjekt betrifft, so kann es stumpf, erlebnisschwach sein. Es nimmt zu wenig wahr, und darum wird ihm schnell langweilig. Allerdings allzu stumpf darf es auch nicht sein, dann nämlich merkt es gar nicht, dass ihm etwas fehlt. Es döst vor sich hin. Ein Minimum an Offenheit, Neugier und Erlebnisbereitschaft braucht man also schon, um gelangweilt werden zu können.

Was die Objektseite bei der Langeweile betrifft, so kann es sein, dass die begegnende Wirklichkeit tatsächlich zu wenig Angebote und Anreize bietet, etwa bei der Monotonie mechanischer Vorgänge. Das zunächst Reizvolle kann verlieren durch Routine, Gewohnheit. Das einst Kurzweilige kann langweilig werden. Die *regelmäßige Wiederkehr der äußeren Dinge*, schreibt Goethe, sind eigentlich *holde Anerbietungen* des Lebens, die das Gefühl von Verlässlichkeit und *Behagen* vermitteln. Doch es kann geschehen, dass solches Behagen der Gewohnheit umschlägt in Langeweile, die sich bis zur müden Verzweiflung steigern kann. *Von einem Engländer wird erzählt,* so Goethe, *er habe sich aufgehangen, um nicht mehr täglich sich aus- und anzuziehn.*

Ein phantasievoller, aufgeweckter Mensch wird sich, wenn die äußeren Reize stumpf werden oder ausbleiben, mit inneren Geschehnissen – Erinnerungen, Gedanken, Phantasien – eine Weile lang behelfen können, aber doch nicht gar zu lange, dann wird auch ihm die Zeit lang, auch ihm wird es am Ende langweilig.

Schopenhauer hat die Disposition für Langeweile auf die Lebensperiode bezogen. In der Jugend, erklärt er, lebt man mit einem aufnahmefähigeren Bewusstsein, das von der Neuheit der Gegenstände immer angeregt wird. Die Welt erscheint dicht, voll mit Eindrücken. Daher ist der Tag unabsehbar lang, ohne langweilig zu sein, und eine Reihe von Tagen und Wochen wird zur halben Ewigkeit. Dem Erwachsenen widerfährt solches nur in besonderen Fällen, bei hingebungsvoller Arbeit oder beim Reisen. Sonst aber verfliegt die Zeit, je älter man wird. *Wenn ein Tag wie alle ist,* heißt es in Thomas Manns »Zauberberg«, *so sind alle wie einer; und bei vollkommener Einförmigkeit würde das längste Leben als ganz kurz erlebt werden.* Kurz erscheint solches vorbeihuschendes Leben allerdings nur im Rückblick, im Augenblick jedoch kann es einen langweilen, gerade wegen seiner Flüchtigkeit. Es lässt einen leer zurück.

In dem Maße, wie die Ereignisse ausdünnen, wird die Zeit auffällig. Es ist, als käme sie aus ihrem Versteck, denn für unsere gewöhnliche Wahrnehmung ist sie hinter den Ereignissen verborgen und wird nie so direkt und aufdringlich erlebt. Ein Riss also im Vorhang, und dahinter gähnt die Zeit. Der Blick auf die Uhr verstärkt die Langeweile noch, denn die Dauer, interpunktiert durch regelmäßige Taktschläge oder die Bewegung des Zeigers, wird als noch ereignisärmer empfunden und ist kaum mehr auszuhalten, weshalb beispielsweise das stete Tropfen in einer sonst leeren Zelle auch als Folter eingesetzt wird. Schon in der Schlaflosigkeit kann man Bekanntschaft mit der Folter der leeren Zeit machen. E. M. Cioran, der notorische Schlaflose der Gegenwartsphilosophie, schreibt über diese Erfahrung: *Drei Uhr morgens. Ich nehme diese Sekunde wahr, dann jene, ich ziehe die Bilanz jeder Minute. Wozu das alles? – Weil ich geboren wurde. Aus durchwachten Nächten besonderer Art erwächst die Infragestellung der Geburt.*

Für die Erfahrung der Langeweile aber genügt es nicht, dass die inneren oder äußeren Ereignisse verblassen. Es muss, im Kontrast dazu, eine innere Unrast fortwirken, ein mattes Begehren, das man spürt, ohne von ihm erfüllt zu werden. Es gehört zur Langeweile, dass man eben nicht in etwas versinken kann, dem Augenblick ganz hingegeben, sondern dass man immer schon über den jeweiligen Moment hinaus ist und eine zeitliche Erstreckung erfährt, doch nicht als etwas Befreiendes und Beschwingendes, sondern als etwas Lähmendes. Lähmend erscheint die Aussicht, alles selber machen zu müssen, seinem Leben selbst einen Inhalt zu geben. Der auf diese Weise Gelangweilte wird ärgerlich fragen: Muss ich heute schon wieder das tun, was ich selber will!? Ungeduldig wartet man auf etwas, ohne zu wissen worauf. Ein leeres Treiben als Pulsschlag der inneren Zeit. Moment folgt auf Moment, der Sog der Zeit zieht mit und lähmt zugleich.

Die Zeitpathologie kennt das Phänomen des *zeitbezogenen Zwangsdenkens*. Eine Patientin brachte es dem Psychiater Viktor Emil von Gebsattel gegenüber auf den Punkt: *Ich muss unaufhörlich denken, dass die Zeit vergeht.* Sie kann die Ereignisse selbst kaum mehr wahrnehmen, immerzu drängt sich nur die Wahrnehmung des Zeitabschnittes auf, den sie einnehmen, und diese Gleichheit der Zeitabschnitte greift auf das Welterleben über. Die Patientin berichtet weiter: *Wenn ich einen Vogel piepsen höre, muss ich denken: »das hat eine Sekunde gedauert«. Wassertropfen sind unerträglich und machen mich rasend, weil ich immer denken muss: Jetzt ist wieder eine Sekunde vergangen, jetzt wieder eine Sekunde.*

In der Monotonie sind es wiederkehrende Zeitpunkte, die eine lineare Zeitreihe aufspannen. Michael Theunissen hat vorgeschlagen, diese Art des Zeiterlebens in der Langeweile zu verstehen als *Auslieferung an die lineare Zeitordnung durch den Zerfall der dimensionalen Zeitordnung.* Das bedeutet: Die dreidimensionale Zeitordnung aus Vergangenheit, Gegenwart und Zukunft, die in der Reflexion vielfach überlagert werden kann, verengt sich zum

Tick-Tack des linearen Zeitvergehens. Das ist eine zwanghafte Wahrnehmungsverengung, die den möglichen Reichtum der Zeiterfahrung auslöscht. Die Erinnerungen und Erwartungen, die in das Erlebnis von Gegenwart hineinspielen, geben der Zeit ein Volumen, eine Breite, eine Tiefe und eine Erstreckung. Wenn sich aber die lineare Zeitreihe vordrängt, schrumpft die Zeit auf die Abfolge von Zeitpunkten, und es kommt zur monotonen Wiederkehr des Gleichen: Jetzt und Jetzt und Jetzt. Das ist die schlechte Unendlichkeit der Langeweile, bei der man darauf wartet, dass endlich etwas anderes geschieht als nur dieses Jetzt und Jetzt und Jetzt. Ein leeres Warten.

Es muss einem beim Warten ja nicht immer langweilig werden, denn immerhin ist man auf ein Ereignis bezogen, und das ergibt eine Spannung. Auch wenn die Zeit lang wird, drängt sie sich doch nicht vor, weil das erwartete Ereignis das Bewusstsein ausfüllt.

Zum Beispiel ein Rendezvous. Man sitzt im Café und wartet auf sie oder ihn, stellt sich tausend Dinge vor, Vorlust, Vorfreude, Neugier sind im Spiel. Man ist davon in Anspruch genommen. Nun verspätet sich der oder die Erwartete. Man zweifelt, ob man am richtigen Treffpunkt sitzt. Eine leise Kränkung meldet sich, denn der Wartende fühlt sich als Unterlegener. Bei solchem Warten geschieht Einiges, Ärger, Kränkung, Enttäuschung, Wut – doch Langeweile ist eher nicht dabei.

So verhält es sich bei eigentlich erwünschten Ereignissen. Doch auch befürchtete Ereignisse, auf die man wartet, bilden einen Hof von Vorgefühlen, die Langeweile in der Regel nicht aufkommen lassen. Anders ist es bisweilen in Amtsstuben. Hier kann man das Gefühl haben, dass einem die Zeit gestohlen und man daran gehindert wird, einen sinnvolleren Gebrauch von ihr zu machen.

Nicht jedes Warten also ist mit Langeweile verbunden, aber umgekehrt enthält jede Langeweile auch ein Warten, ein unbestimmtes Warten, ein Warten auf Nichts. Das in der Langeweile enthaltene Warten ist eine leere Intention, wie das die Phänomenologen nennen.

In Samuel Becketts »Warten auf Godot« wird mit einiger Komik ein solches leeres Warten als menschliche Grundsituation vorgeführt. Da warten zwei Landstreicher auf der Bühne, und ihnen selbst und den Zuschauern wird nicht ganz klar, worauf sie eigentlich warten. Da ist Godot, auf den sie warten. Aber unklar ist, ob es ihn überhaupt gibt, und wenn es ihn gibt, ob er sein Kommen wirklich in Aussicht gestellt hat und, falls das geschehen sein sollte, für wann. In diesen Unbestimmtheiten verliert sich die Gestalt Godots, und übrig bleibt eine Leere. Die beiden Protagonisten wissen nicht, worauf sie warten, und wissen auch nicht, was sie tun sollen. *Kommt, reden wir zusammen / wer redet, ist nicht tot*, heißt es bei Gottfried Benn. Und so reden sie und tun, was ihnen gerade so einfällt. Das ist aber zu wenig und ergibt keinen hinreichend dichten Zusammenhang, der sie – und die Zuschauer – abschirmen könnte gegen die Erfahrung der leer verstreichenden Zeit. »Warten auf Godot« ist auch deshalb über Nacht zum klassischen Stück der Moderne geworden, weil es das Betriebsgeheimnis jeglicher Dramatik aufdeckt. Was sind all diese farbenreichen, gut ausgedachten, aufregenden Dramen denn anderes, als erfolgreiche Versuche, die Zeit totzuschlagen. Da werden, im Erfolgsfall, dichte Ereignisteppiche geknüpft als Sichtblenden gegen die verstreichende Zeit. In »Warten auf Godot« wird diese lebenserhaltende Emsigkeit parodiert. Der Ereignisteppich bleibt einfach fadenscheinig. Das Nichts schimmert immer wieder hindurch.

WLADIMIR: *... Was tun wir hier, das muss man sich fragen. Wir haben das Glück, es zu wissen. Ja, in dieser ungeheuren Verwirrung ist eines klar: wir warten darauf, dass Godot kommt.*

ESTRAGON: *Ach ja.*

WLADIMIR: *Oder, dass die Nacht kommt ... Sicher ist, dass die Zeit unter solchen Umständen lange dauert und uns dazu treibt, sie mit Tätigkeiten auszufüllen ... Du wirst mir sagen, dass es geschieht, um unseren Verstand vor dem Untergang zu bewahren. ...*

ESTRAGON: *Wir werden alle verrückt geboren. Einige bleiben es. ...*

WLADIMIR: *Wir warten. Wir ... langweilen uns zu Tode, das ist unbestreitbar. Gut. Es ergibt sich eine Ablenkung, und was tun wir? Wir lassen sie ungenutzt.*

Das bezieht sich auf das Herr-und-Knecht-Spiel, das Pozzo und Lucky vor ihnen aufführen, Theater im Theater wie in Shakespeares »Hamlet«; das Angebot einer Ablenkung, das Wladimir und Estragon zwar nicht zurückweisen, aber auch nicht nachhaltig genug nutzen – was sie sich selbst zum Vorwurf machen. Doch sie sind schuldlos: Das Angebot selbst entbehrt der Nachhaltigkeit. Das Herr-und-Knecht-Spiel sollte die Langeweile vertreiben und macht sie am Ende umso spürbarer. Was die beiden Protagonisten erfahren, ist das Grundgesetz der Unterhaltung: Langeweile lauert in den Mitteln, mit denen sie vertrieben werden soll. Kultur – wenn man das Slapstick-Geschehen auf der Bühne als Symbol dafür nehmen will – entspringt aus dem Kampf gegen die Langeweile. Und so liegt diese allem zugrunde, was hoch hinaus will.

Ähnlich hatte schon Kierkegaard mit nicht geringerem Witz die Langeweile zur Ursprungsmacht von Kultur und Geschichte erklärt. *Die Götter langweilten sich,* heißt es in einer berühmten Passage von »Entweder – Oder«, *darum schufen sie die Menschen. Adam langweilte sich, weil er allein war, darum wurde Eva erschaffen. Von dem Augenblick an kam die Langeweile in die Welt und wuchs an Größe in genauem Verhältnis zu dem Wachstum der Volksmenge. Adam langweilte sich allein, dann langweilten Adam und Eva sich gemeinsam, dann langweilten Adam und Eva und Kain und Abel sich en famille, dann nahm die Volksmenge in der Welt zu, und die Völker langweilten sich en masse. Um sich zu zerstreuen, kamen sie auf den Gedanken, einen Turm zu bauen, so hoch, dass er bis in den Himmel rage … Danach wurden sie über die Welt zerstreut, so wie man heute ins Ausland reist; aber sie fuhren fort sich zu langweilen.*

Die Langeweile, erklärt Kierkegaard, ist die *Wurzel alles Übels,* folglich ist der Mensch ein Wesen, das unterhalten werden muss. Unterhalten werden müssen die Absturzgefährdeten. Wohin drohen sie abzustürzen? In die ›leere‹ Zeit. Das ist der eigentliche Sündenfall.

Tatsächlich zählte im christlichen Mittelalter die ›acedia‹ genannte Langeweile zu den schlimmen Sünden. Sie wurde verstanden als Trägheit des Herzens, Verstocktheit, letztlich als eine Verschlossenheit gegenüber Gott, der einen sonst mit Leben erfüllt. Wer sich gegen ihn absperrt, erfährt die eigene Leere. So hat im 17. Jahrhundert Blaise Pascal die Langeweile gedeutet. Wenn Gott das Erhabene ist, so ist die empfundene Leere sein Schatten: das negativ Erhabene, das Nichts. Gott erfüllt die Zeit, und lässt man sich nicht von ihm erfüllen, so bleibt eben nur die leere Zeit, die man aber nicht aushalten kann, weshalb man *Zerstreuung* sucht. Daraus entsteht, Pascal zufolge, die moderne Hektik und Betriebsamkeit. Alles Unglück kommt davon, schreibt Pascal, dass die Menschen *unfähig sind, in Ruhe in ihrem Zimmer zu bleiben,* und sie können nicht in Ruhe im Zimmer bleiben, weil sie es nicht alleine bei sich aushalten. Und das wiederum können sie nicht, so Pascal, weil ihnen Gott fehlt. Wo er war, ist nun ein Hohlraum, der sie ansaugt und zu verschlingen droht. Es ist der Schrecken vor der inneren Leere, die erlebt wird in der Langeweile. Sie ist noch schlimmer als der Schreck angesichts des leeren Weltraums draußen, den Pascal nicht minder eindringlich mit den berühmten Worten evoziert:

verschlungen von der unendlichen Weite der Räume … erschaudere ich.

Pascal sieht den Menschen sich verzehren in dem Hin und Her zwischen der *Langeweile* drinnen, der er zu entfliehen sucht, und der *Zerstreuung* draußen, in die er sich flüchtet. Die Langeweile ist also für ihn nicht nur ein psychologischer, sondern ein metaphysischer Zustand, ein Symptom des unerlösten Menschen. Das Leiden an der sinnentleerenden Zeit. Eine Begegnung mit dem Nichts.

In dieser Tradition denkt auch noch Kierkegaard, wenn er die Langeweile als jene Macht bezeichnet, *die den Menschen vor das Nichts rückt* und die damit als *Ausdruck eines negativ gewordenen Gottesverhältnisses* zu verstehen ist.

Um 1800 waren es die Romantiker, die sich besonders empfänglich zeigten für das dunkle und bedrohliche Geheimnis der leeren Zeit. Sie haben die Langeweile, wie auch sonst das Abgründige, mit literarischem Zauber ausgestattet. Ihre Empfänglichkeit für dieses Thema hatte subjektive und objektive Voraussetzungen. Sie waren subjektiv zu erlebnishungrig, um an der Normalität des Lebens Genüge zu finden, und fühlten sich deshalb gelangweilt. Sie spürten andererseits auch deutlicher die Anzeichen einer objektiven Veränderung: die Entzauberung durch die beginnende Rationalisierung und Mechanisierung der bürgerlichen Lebensverhältnisse. Die Romantiker, die durch die Schule der Empfindsamkeit und des Ich-Kultes gegangen waren, waren also einerseits empfänglich für die Langeweile, weil sie zu viel mit sich selbst und zu wenig mit der Wirklichkeit beschäftigt waren; andererseits waren sie höchst sensibel für die Veränderungen, die sich in der äußeren gesellschaftlichen Wirklichkeit vollzogen. *Könnte nicht wirklich eine ganze Nation*, schreibt Eichendorff, *selbst bei dem größten äußeren Gewerbefleiße von einer inneren Langweiligkeit dieser eigentlichen Heckmutter aller Laster befallen werden?*

Bei den Romantikern beginnt die Karriere der Langeweile als großes Thema der Moderne. Sie haben eine gültige literarische Form geschaffen für eine Erfahrung, die noch die unsere ist, weshalb sie hier auch zu Wort kommen. Eine besonders dichte Beschreibung der Langeweile findet sich in Ludwig Tiecks Jugendroman »William Lovell«: *Langeweile ist gewiss die Qual der Hölle, denn bis jetzt habe ich keine größere kennengelernt; die Schmerzen des Körpers und der Seele beschäftigen doch den Geist, der Unglückliche bringt doch die Zeit mit Klagen hinweg, und unter dem Gewühl stürmender Ideen verfliegen die Stunden schnell und unbemerkt: aber so wie ich dasitzen und die Nägel betrachten, im Zimmer auf und nieder gehn, um sich wieder hinzusetzen, die Augenbraunen reiben, um sich auf irgend etwas zu besinnen, man weiß selbst nicht worauf; dann wieder einmal aus dem Fenster zu sehen, um sich nachher zur Abwechslung aufs Sofa werfen zu können – ach … nenne mir eine Pein, die diesem Krebse gleichkäme, der nach und nach die Zeit verzehrt, und wo man Minute vor Minute misst, wo die Tage so lang und der Stunden so viel sind, und man dann doch nach einem Monate überrascht ausruft: »Mein Gott, wie flüchtig ist die Zeit! …«*

Das ist die Beschreibung einer momentanen Langeweile, die quälend genug ist. In einem späteren Werk, den »Abendgesprächen«, schildert Tieck eine Langeweile, die zäh und beharrlich das ganze Leben durchdringt: *Hast Du nie in Deinem Leben einmal recht tüchtige Langeweile empfunden? Aber jene meine ich, die zentnerschwer, die sich bis auf den tiefsten Grund unsers Wesens einsenkt und dort fest sitzen bleibt: nicht jene, die sich mit einem kurzen Seufzer oder einem willkürlichen Auflachen abschütteln lässt, oder verfliegt, indem man nach einem heitern Buch greift: jene felseneingerammte trübe Lebens-Saumseligkeit, die nicht einmal ein Gähnen zulässt, sondern nur über sich selber brütet, ohne etwas auszubrüten, jene Leutseligkeit, so still und öde, wie die meilenweite Leere der Lüneburger Heide, jener Stillstand des Seelen-Perpendikels, gegen den Verdruss, Unruhe, Ungeduld und Widerwärtigkeit noch paradiesische Fühlungen zu nennen sind.*

Diese Erfahrung von Langeweile wird, wie bei Pascal und der Acedia-Tradition, als existenzieller Zustand der Sinnferne verstanden, als das Leiden unter der Herrschaft einer Zeit, die nicht als schöpferisch, sondern als entleerend erlebt wird. Die Umstände, die sie hervorrufen, sind eher zweitrangig. Sie sind nur die Gelegenheiten, bei denen sich etwas zeigen kann, was für die schwarze Romantik zur Conditio humana gehört: der innere Abgrund, wo man das Rauschen der Zeit hört, den metaphysischen Tinnitus. Und wenn doch die Umstände eine bedeutendere Rolle spielen, so sind es gesellschaftliche Entwicklungen am Anfang des 19. Jahrhunderts, die als Verflachung empfunden werden. E. T. A. Hoffmann und Joseph von Eichendorff bedauern den Verlust von regionalen Eigentümlichkeiten an ein urbanes Einerlei, und Friedrich Schlegel beobachtet eine gleichmacherische Tendenz infolge der Französischen Revolution.

Eine solche Verflachung erleben wir heute auch, sogar in einem durch die Globalisierung der Geschmäcker, Moden und Geschäfte noch verstärkten Ausmaß. Für jene Langeweile, die von außen kommt, durch Standardisierung und kulturindustrielle Uniformität, gibt es genügend Anlässe, damals und heute, besonders an den Stützpunkten und Sammelstellen der modernen Nomaden, an den Flughäfen, Bahnhöfen, Malls und Einkaufszentren. In diesen Transiträumen des praktischen Nihilismus geben sich die Zeitvertreiber ein flüchtiges Stelldichein, den Horror Vacui hinter sich und die Flachbildschirme der Sehnsucht vor sich. Man kann heute wirklich den Eindruck haben, dass die Innenstädte inzwischen so aussehen wie das Innenleben derer, die sie bewohnen. Die langweilige Verödung im äußeren Städtebild brachten bereits die Romantiker in einen Zusammenhang mit dem ausgedörrten Geist der Geometrie. Nach Tieck zum Beispiel drückt die gerade Linie, weil sie immer den kürzesten Weg geht, die prosaische Grundbasis des Lebens aus. Dagegen treten die krummen Linien, die Arrangements, welche auf die Unerschöpflichkeit des Spiels hinweisen, in den Hintergrund. Das Unübersichtliche, auch Dunkle zieht an, wenn es nur Abschweifungen und Ausschweifungen erlaubt, Überraschungen bereithält und eine *reizende Verwirrung*, wie Joseph von Eichendorff sagt, ermöglicht. Auch deshalb verklärt man die verwinkelte mittelalterliche Stadt und zieht die wilden Gärten dem abgezirkelten französischen Park vor. Das Gerade und Abgezirkelte, auch wenn es äußerlich geräumig sein mag, hat die paradoxe Wirkung, dass es ein Gefühl von Enge hervorruft. Das liegt daran, dass die Regelmäßigkeit im Raum dieselbe Wirkung tut wie die Wiederholung in der Zeit. Es stellt sich der Eindruck von ermattender und zugleich bedrängender Monotonie ein. Der gleichförmig gegliederte Raum entspricht dem Erlebnis des Immergleichen in der Zeit. Beide Male ist die Folge: Langeweile.

Um 1800 war für diejenigen, die viel und hart arbeiten mussten – und das waren die meisten –, Langeweile eine eher unbekannte Erfahrung. Nur die Großen und Reichen, schreibt Montesquieu, würden von Langeweile geplagt. Ähnlich erklärt Rousseau, das Volk langweile sich nicht, weil es ein tätiges Leben führe. Langeweile sei ausschließlich die *große Geißel der Reichen*, und die gewöhnlichen Leute, die eigentlich etwas Besseres zu tun hätten, müssten jene *unterhalten* mit kostspieligen *Zerstreuungen*, damit sie sich nicht *zu Tode langweilen*. Das ist lange her. Heute müssen nicht nur die wenigen Reichen, sondern die große Menge unterhalten werden. Die Verhältnisse haben sich auch in dieser Hinsicht demokratisiert.

Eine ganze Industrie wird aufgeboten, damit die Leute sich nicht *zu Tode langweilen*. Es werden nicht nur Güter produziert, sondern Erlebnisse – Reisen, Events, Film, Fernsehen, Internet –, und es verlagern sich dadurch, wie Gerhard Schulze in seiner Studie »Die Erlebnisgesellschaft« schreibt, die möglichen Quellen der Enttäuschung. Einst konnte man enttäuscht sein, wenn man keinen hinreichenden Anteil hatte an den Gütern. Es war die Enttäuschung des Nicht-Habens, des Zu-kurz-Kommens. Heute gibt es die *Enttäuschung des Nichterlebens*. Es wird einem etwas angeboten, was die Langeweile vertreiben soll, und enttäuscht bemerkt man, dass man sich trotzdem langweilt. Da man sich aber in der Konsumentenposition befindet, kommt man in der Regel nicht auf die Idee, dass es auch an einem selbst liegen könnte, wenn sich Langeweile einstellt. Man kann den Mangel auf das äußere Angebot schieben, man braucht nicht *den eigenen Anteil an der Entstehung des Erlebnisses zu bedenken*. Am Fernseher behilft man sich mit Zappen, springt von einem Angebot, einem Programm zum nächsten. Die Aufmerksamkeitsspanne wird immer kürzer, die Erlebnissequenz immer fragmentierter, mit der Folge, dass durch die Ritzen dieser Zusammenhangslosigkeit nun auch wieder die Langeweile, die Erfahrung der leeren Zeit, hindurchsickern kann – und eilig wiederum zugedeckt werden muss. Man wird also noch mehr zappen, und am Ende eines solchen Fernsehabends bleibt nichts in Erinnerung.

Bisher war von Ereignissen, Ereignisteppichen die Rede, die dazu da sind, das unerträglich leere Verstreichen der Zeit zu verbergen und davon abzulenken. Was aber geschieht nun eigentlich, wenn nichts geschieht? Das Verstreichen der Zeit selbst ist es, das eine beklemmende Aufmerksamkeit auf sich zieht.

Mit einem solchen Befund konnte sich jemand wie Martin Heidegger nicht zufrieden geben. Das Nichts, das sich in der Langeweile zeigt, zog ihn an. Er entdeckte darin die ganze Abgründigkeit des Menschen. In der großen Vorlesung »Die Grundbegriffe der Metaphysik. Welt – Endlichkeit – Einsamkeit« von 1929/30 widmet er der Langeweile als Grunderfahrung eine eindringliche Analyse, so ausführlich, wie es vor ihm noch kein Philosoph versucht hat. Hier wird die Langeweile zum philosophischen Ereignis. Folgen wir ihm ein paar Schritte auf dem Weg seiner Analyse, die fast eine Beschwörung ist.

Heidegger will seine Hörer hineinstürzen lassen in die große Leere, sie sollen das Grundrauschen der Existenz hören, er will den Augenblick eröffnen, da es um nichts mehr geht, kein Weltgehalt sich anbietet, an dem man sich festhalten oder mit dem man sich füllen kann. Nur das leere Verstreichen der Zeit. Die Langeweile, der Moment also, da die Zeit sich penetrant bemerkbar macht und sich nicht vertreiben, herumbringen, sinnvoll ausfüllen lässt. Mit unbeirrbarer Langmut – im Vorlesungstext sind es hundertfünfzig Seiten – hält es Heidegger bei diesem Thema aus. Er muss die Langeweile wecken, damit er sie analysieren kann. Daraus wird dann ein Initiationsereignis der Metaphysik. Denn es geht dabei wirklich um Alles und Nichts. Gezeigt wird, wie in der Langeweile die beiden

Pole der metaphysischen Erfahrung – die Welt als Ganzes und die einzelne Existenz – auf paradoxe Weise miteinander verbunden sind, denn man wird vom Ganzen der Welt ergriffen, indem es einem entgleitet. Die Welt ist anwesend im Entzug, in der Leere, die sie zurücklässt, oder im Abgrund, der sich öffnet. *Ist es am Ende so weit mit uns, dass eine tiefe Langeweile in den Abgründen des Daseins wie ein schweigender Nebel hin- und herzieht?*

Vor den Abgründen dieser Langeweile packt einen in der Regel der Horror Vacui. Diesen Schrecken muss man aushalten, für Heidegger eine notwendige Voraussetzung für die Erörterung der von den Vorsokratikern bis zu Leibniz immer wieder gestellten metaphysischen Frage: Warum ist Etwas und nicht vielmehr Nichts?

Eigentlich sind wir bekannt mit dem Nichts, mehr als uns lieb ist. Das häufige Gefühl der Leere kennen wir als Alltagserfahrung, und ebenso alltäglich decken wir diese Leere sogleich wieder zu. Man muss nun den Mut haben – ja, Mut gehört dazu –, das eilige Zudecken des leeren Unbehagens eine Weile lang, eine Langeweile lang, zu unterlassen. Das fällt nicht leicht, denn spontan neigt man dazu, der Welt zu verfallen und nicht, wie es in der Langeweile geschieht, aus ihr herauszufallen. Doch solches Herausfallen ist für die philosophische Einsicht nötig. Heidegger inszeniert die Geburt seiner Philosophie aus dem gefühlten Nichts, aus der Langeweile, mit Sinn für dramatische Steigerung. Die Spannung wächst, je leerer der Ort ist, an den er das Denken führt.

Eindeutig scheint der Fall, wenn man *von etwas* gelangweilt wird. Da gibt es noch ein identifizierbares Etwas – ein Buch, eine Aufführung, eine bestimmte Person –, von dem die Langeweile ausgeht und dem man sie zuschreiben kann. Die Langeweile dringt also von außen ein, sie hat eine äußere Ursache.

Wenn aber die Ursache nicht mehr so eindeutig ist, wenn sie von außen eindringt und zugleich von innen emporsteigt, dann langweilt man sich *bei etwas.* Man kann nicht sagen, dass ein Zug, der nicht pünktlich eintrifft, einen langweilt, doch die Situation, in die man durch seine Verspätung gerät, kann einen langweilen. Man langweilt sich anlässlich eines bestimmten Ereignisses. Das Irritierende dieser Langeweile liegt darin, dass man sich in den entsprechenden Situationen selbst langweilig zu werden beginnt. Man weiß nichts mit sich anzufangen und die Folge ist, dass es das Nichts ist, das nun etwas mit einem anfängt. Eine langweilige Abendunterhaltung beispielsweise bereitet nicht nur Verdruss, sondern versetzt einen auch in eine milde Panik, weil immer auch Einiges dafür spricht, dass man selbst der Langweiler ist. Die Situation ist wirklich kompliziert, denn was da Langeweile bereitet, ist ja in der Regel eine Unternehmung, welche die Langeweile gerade vertreiben soll. Vom Grundgesetz der Unterhaltung war schon die Rede, nämlich dass die Langeweile lauert in den Maßnahmen, die sie vertreiben soll. Oder anders gesagt: Was gegen sie aufgeboten wird, ist immer schon von ihr infiziert. Wohin wird die Zeit vertrieben? Und wohin treibt das zeitvertreibende Dasein ab? Gibt es eine Art schwarzes Loch der Existenz?

Die tiefste Langeweile ist die gänzlich anonyme. Es gibt nichts Bestimmtes, das sie hervorruft. *Es langweilt einen*, sagen wir. Heidegger unterzieht diesen Ausdruck einer subtilen Analyse. Es gibt hier eine doppelte Unbestimmtheit: *Es* – das ist alles und nichts, auf jeden Fall nichts Bestimmtes. Und *einen* – das ist man selbst, aber als ein Wesen unbestimmter Personalität. So als hätte die Langeweile auch noch das Ich verschlungen, das sich immerhin noch dafür schämen kann, ein Langweiler zu sein. Dieses *es langweilt einen* nimmt Heidegger als Ausdruck für jene vollkommene Abwesenheit einer erfüllten und erfüllenden Zeit, für jenen Augenblick, da einen nichts mehr anspricht und in Anspruch nimmt. Diese *Leergelassenheit* bezeichnet er, mit seiner Lust an steilen Formulierungen, als *Ausgeliefertheit an das sich im Ganzen versagende Seiende.* Und hier sind wir nun im Herzen einer Metaphysik nach dem Geschmack Heideggers, und er ist mit seiner Absicht am Ziel, *durch die Auslegung des Wesens der Langeweile zum Wesen der Zeit* vorzudringen. Wie wird denn, so fragt er, in dieser vollkommenen Abwesenheit alles Erfüllenden die Zeit erlebt? Sie will nicht verstreichen, sie steht, sie hält einen in einer trägen Unbeweglichkeit fest, sie *bannt.* Es bleibt eine treibende Rastlosigkeit, die sich mit nichts mehr verbinden kann, noch nicht einmal mit sich selbst. Denn dieses Selbst ist erstarrt, entpersonalisiert. So entgleitet dem Gelangweilten nicht nur die Welt, sondern auch das eigene Selbst. Übrig bleibt nur noch die Zeit, aber eine Zeit, die man nicht mehr selbst *zeitigt*, indem man mit ihr mitgeht. Allenfalls zieht sie einen träge mit sich.

Diese umfassende Lähmung in der Langeweile lässt gewahr werden, dass die Zeit nicht nur ein Medium ist, in dem man sich bewegt, sondern dass man auch ihr Koproduzent ist. Selbstverständlich leben wir in der Zeit, aber die Zeit ist auch in uns, wir *zeitigen* sie, und in der Langeweile ist es so, als hätte man die Kraft verloren, sie zu *zeitigen*. Das führt zu dem Eindruck von stockender Zeit.

Diese Erfahrung des stockenden Zeitflusses ist der Punkt der Peripetie im Drama der Langeweile, das Heidegger zugleich inszeniert und analysiert. Am Punkt der größten Lähmung lässt sich erfahren, dass man sich losreißen kann. Wenn nichts mehr geht, muss man sich selbst auf den Weg machen. Umständlich formuliert Heidegger seine Pointe: *Was aber das Bannende als solches, die Zeit ... zu wissen gibt und eigentlich ermöglicht, ... ist nichts Geringeres als die Freiheit des Daseins als solche. ... Das Sichbefreien des Daseins geschieht aber je nur, wenn es sich zu sich selbst entschließt.* Das Drama, das Heidegger in seiner Philosophie über die Langeweile inszeniert, hat also drei Akte.

Im ersten Akt geht man – alltäglich – in der Welt auf, und die Welt erfüllt einen.

Im zweiten Akt rückt alles fern, das Ereignis der großen Leere, das Selbst und die Welt werden nichtig, die Zeit stockt.

Im dritten Akt schließlich kehrt das Entrückte, das eigene Selbst und die Welt, wieder zurück. Und darauf läuft alles hinaus, auf diese Wiedergeburt aus dem toten Punkt. Nochmals zur Welt kommen. Der zweite Anfang. Wer aus der Wüste der Langeweile zurückkehrt, dem eröffnet sich die Chance zur Verwandlung: das eigene Selbst und die Dinge begegnen ihm mit stärkerer Intensität, sie erscheinen gewissermaßen als seiender. Selbstverständlich ist das ein unmöglicher Komparativ, und doch ist er von wunderbarer Genauigkeit.

Dieser Anfang aus der Langeweile – geht das überhaupt? Ist es nicht Dezisionismus? Gewiss, es ist Dezisionismus. Es wird ein gordischer Knoten durchgehauen und man fängt wieder an. Womit? Mit dem Anfangen. Hat man erst einmal angefangen, wird man weitersehen. Warten hilft nicht. Wenn es keine gute Gelegenheit gibt, muss man eben sich selbst als die gute Gelegenheit ergreifen.

Kapitel 2

Zeit des Anfangens

Die Lust des Anfangens. Berühmte Anfänger in der Literatur, von Kafka bis Frisch und Rimbaud. Der Fall Schwerte/Schneider. Anfangen, Freiheit und Determination. Erster Besuch bei Augustinus: Das programmierte Lied. Offene und geschlossene Zeit. Schwierige Anfänge im modernen Fortpflanzungsgeschäft. Mit sich anfangen und sich übernehmen. Hannah Arendts Philosophie der Natalität. Chancen für vielversprechende Anfänge.

Wer kennt sie nicht, diese Lust des Anfangens. Eine neue Liebe. Eine neue Arbeit. Ein neues Jahr. Eine neue Zeit. In der Geschichte wird das neu Anfangende Revolution genannt. Wenn Revolutionen auch immer wieder ihren Kredit verspielt haben, so bleibt doch der Mythos eines lichterlohen Augenblicks, wo alles so aussieht, als finge alles neu an. Die Erstürmung der Bastille 1789, der Sturm aufs Winterpalais 1917, die Öffnung der Mauer 1989. Zeitenbrüche. Solche Augenblicke haben das Pathos der Nullpunktsituation, ein neues Spiel: Wir fangen alle neu an. Was kann sich daraus nicht alles ergeben!

Es gibt Anfänge, die sind zu groß. Eine Liebesgeschichte kann einen Anfang haben, dem eine Fortsetzung nimmer gewachsen ist. Dann dauert die Geschichte so lange, wie die Kraft des Anfangs sie trägt, und folglich wird das Ende des Anfangs der Anfang vom Ende sein.

Alltäglicher sind andere Anfänge. Man fängt mit der Lektüre eines neuen Buches an. Man braucht noch nicht zurückzublättern, weil man irgendwelche Zusammenhänge vergessen hat. Alles liegt noch vor einem. Satz für Satz entrollt sich eine neue Welt.

In jedem wahrhaften Anfang steckt die Chance zur Verwandlung. Man will sich vom Halse schaffen, was einen nach rückwärts bindet – an seine Geschichte, seine Tradition, an die tausend Dinge, in die man verstrickt ist. Aber wie gelingt diese souveräne Geste, etwas hinter sich zu lassen, ohne daran gefesselt zu bleiben? Das ist ziemlich schwierig, umso verlockender sind die Träume und Phantasien eines neuen Anfangs.

In besonderem Maße hat es Literatur mit dem Abenteuer des Anfangens zu tun. Literatur ist im Verhältnis zum Ernstfall des Lebens ein virtuelles Handeln, ein Probehandeln. Ein Autor experimentiert mit Biografien, auch mit der eigenen. Er stellt sich andere Lebensläufe vor. Und schon mit diesem Vorstellungsakt springt er aus der gewöhnlichen Zeitreihe heraus und probiert ein anderes Leben aus. So verstanden ist Literatur fast immer, egal welches ihr Thema ist, der Ausdruck eines neuen Anfangs, jedenfalls macht sie das Verlangen nach einem neuen Anfang häufig zu ihrem Thema.

Ein berühmtes Buch über das Anfangen ist Franz Kafkas 1922 geschriebenes Romanfragment »Das Schloss«. Kafka, der von sich selbst sagte, *mein Leben ist das Zögern vor der Geburt*, lässt seine Romanfigur, den Landvermesser K., das

Experiment eines neuen Anfangs unternehmen. Ohne Vergangenheit, aus einem Nirgendwo kommend, betritt er ein Dorf zu Füßen eines Schlosses, um neu anzufangen. Noch unterliegt K. nicht dem Gesetz des Wahrnehmungsverlustes durch Vertrautheit, Gewohnheit, kulturelle Selbstverständlichkeit. Er hat die Chance, eine ungeheure Welt zu entdecken, die allerdings die gewöhnliche ist, gesehen aus der Perspektive dessen, der noch nicht dazugehört, eben weil er in ihr ein – Anfänger ist. Dieser anfängliche Blick auf die Welt macht wohl den Zauber des Kafkaschen Schreibens aus, nicht nur für uns, sondern für den Autor selbst. Kafka fand Glück im Schreiben, weil ihm hier das Anfangen eine neue Welt aufschloss, auch wenn es sich dabei oft um bedrückende und quälende Geschichten handelt, die aber immer geheimnisvoll und überraschend waren. Deshalb brach er seine umfangreich konzipierten Romane auch ab, wenn der Schwung des Anfangs verbraucht war.

Die Romanfigur »Stiller« (1954) von Max Frisch ist ein anderer moderner Archetyp eines Menschen, der von dem Verlangen nach einem neuen Anfang umgetrieben wird. Stiller war als Bildhauer gescheitert, als Freiwilliger hatte er im Spanischen Bürgerkrieg gekämpft, und die Ehe mit seiner Frau Julika war misslungen. In der Hoffnung, ein neues Leben beginnen und ein anderer werden zu können, flieht Stiller nach Amerika. Später kehrt er unter anderem Namen zurück, wird aber als »Stiller« verhaftet. Es ist die Vergangenheit als Identität der Person, die sich in ihrer Geschichte manifestiert. Stiller wollte den radikal neuen Anfang. Der erste Satz seiner Aufzeichnungen und zugleich der Beginn des Romans lautet: *Ich bin nicht Stiller.* Was er unter Schmerzen lernen muss: er kann nur neu anfangen, wenn er sich annimmt. Ein neuer Anfang wird nicht gelingen, wenn man vor sich flieht. Oder doch?

Da gibt es eine Geschichte, diesmal eine, die sich wirklich zugetragen hat und vor einigen Jahren aufgedeckt wurde. Inzwischen ist sie schon fast wieder vergessen, obwohl Claus Leggewie ein eindringliches Buch darüber geschrieben hat.

Am 2. Mai 1945 meldete sich bei den Behörden in Lübeck ein gewisser Hans Schwerte und behauptete, seine Papiere im Osten verloren zu haben. In Wahrheit handelte es sich um den 1909 geborenen Germanisten und SS-Offizier Dr. Hans Ernst Schneider. Er war Leiter des »Germanischen Wissenschaftseinsatzes« in Himmlers »Amt Ahnenerbe« gewesen, einer Einrichtung, die u. a. den medizinischen Menschenversuchen im Konzentrationslager Dachau zuarbeitete. Von 1940 bis 1942 war er in den besetzten Niederlanden als Herausgeber von Propagandaschriften und bei der Kontrolle des Hochschulwesens tätig.

Dieser Dr. Schneider fing als Hans Schwerte ein neues Leben an, heiratete seine Frau zum zweiten Mal, studierte und promovierte nochmals, diesmal über den »Zeitbegriff bei Rainer Maria Rilke«, habilitierte sich über »Faust und das Faustische. Ein Kapitel Deutscher Ideologie«, ein Klassiker der liberalen, ideologiekritischen Germanistik. Er machte Karriere, wurde 1965 auf einen Lehrstuhl an der RWTH Aachen berufen, war dort von 1970 bis 1973 Rektor, wurde Beauftragter für die Pflege der Beziehungen zu den Hochschulen der Niederlande, wobei er dann teilweise für dieselben niederländischen Universitäten zuständig war wie dreißig Jahre zuvor als SS-Mann. Er war ein bei den Behörden und den Studenten beliebter Hochschullehrer, ein Großordinarius, ein Promotor der liberalen Hochschulreform der siebziger Jahre, ein Wissenschaftler, dessen literaturhistorisches Werk als Beispiel für den modernisierten Geist seines Faches, der Germanistik, galt. Mit einem Bundesverdienstkreuz ging Schwerte in den Ruhestand, aus dem er 1994 aufgeschreckt wurde, als er davon Kunde erhielt, dass niederländische Fernsehjournalisten seine Enttarnung vorbereiteten. Ihr kam er im selben Jahr mit einer Selbstanzeige zuvor. Die Habilitation und die Professur samt Ruhegehalt wurden ihm aberkannt, obwohl sie doch fachlich gesehen durchaus redlich erworben worden waren. Nicht lange vor seinem Tod 1999 in einem Altersheim erklärte Schwerte/Schneider, er verstünde die Welt nicht mehr, er habe sich *doch selbst entnazifiziert*.

Man hat gesagt, Hans Schwerte hätte auch als Dr. Schneider im Nachkriegsdeutschland Karriere machen können. Das mag sein. Jedenfalls aber hat ihm der äußere Identitätswechsel zunächst die öffentliche Beschämung und Buße erspart. Das wirklich Frappierende am Fall Schwerte/Schneider ist, dass dieser Identitätswechsel offenbar nicht nur äußerlich war. Schneider hatte sich ein neues Innenleben, ein Schwerte-Innenleben eben, zugelegt. Als Lernprozess kann man das nicht bezeichnen, dazu geschah alles zu abrupt. Schwerte hatte fast übergangslos den Dr. Schneider abgelegt und sich den Schwerte *angezogen*, um hier einmal den schönen paulinischen Ausdruck für die plötzliche Bekehrung zu verwenden. Aus dem Rassetheoretiker wurde fast über Nacht ein Kritiker der völkischen Literatur. Er ist nicht an dem Identitätswechsel zerbrochen; er hätte wohl bis zum Ende Schwerte bleiben können. Wo wäre dann der Dr. Schneider geblieben? Wie hat der Professor Schwerte mit dem Dr. Schneider, der er gewesen war, zusammengelebt? Innere Spannungen muss es gegeben haben. Es gibt in Schwertes Schriften erstaunlich viele Passagen, die sich mit der Problematik des Rollenspiels und des Maskentragens beschäftigen. Tatsächlich war ›Schwerte‹ mehr als eine Maske für ›Schneider‹. Besser passt das Bild von der Puppe in der Puppe. Die eine Biografie wurde über die andere gestülpt, ein Beweis dafür, dass in einer Biografie Raum für mehrere Biografien ist.

Unabhängig von der moralischen Beurteilung des Falles Schwerte/Schneider ist dieser Vorgang eindrucksvoll, weil er vorführt, wie man tatsächlich einen neuen Anfang mit seiner Biografie machen kann. Dass es ausgerechnet einem Angehörigen des Faches Literaturwissenschaft, die es ja zumeist mit einer imaginären Verklärung von Identitätswechseln (denn was sonst ist Literatur?) zu tun hat, so trefflich gelungen ist, diesen Identitätswechsel im praktischen

Leben durchzuhalten, sorgt für den zusätzlichen Reiz dieser Geschichte. Weil Geschichten dieser Art eben zu den Verlockungen der Literatur gehören, kann es gut sein, dass irgendwann der Fall Schwerte/Schneider als neuer »Stiller« einen Auftritt haben wird.

Schwerte/Schneider lebte nach dem Grundsatz, den Arthur Rimbaud 1871 als Programmatik der poetischen Avantgarde verkündet hatte: *Ich ist ein Anderer.* Schwerte/Schneider hat bewiesen: Es geht, man kann ein Anderer werden. Das aber heißt: Aufs Ganze gesehen ist eine Person dadurch definiert, dass sie sich nicht definieren lässt. Es müssen nicht, wie bei Schwerte/Schneider, verschiedene wirkliche Leben sein, es genügt, dass man fortwährend ins Imaginäre entweichen kann.

Zur Person gehört ihr fortwährendes Anfängertum. Rimbaud hörte abrupt auf, Gedichte zu schreiben und in der Pariser Boheme zu verkehren, und ging stattdessen nach Aden, wo er mit Waffen und Sklaven handelte. Rimbaud hatte neu angefangen und seinen Satz *Ich ist ein Anderer* wahr gemacht, allerdings anders, als die wohl eher risikoscheue künstlerische Avantgarde es sich vorgestellt hatte.

Menschen wie Rimbaud, Stiller oder Schwerte/Schneider beschäftigen die Phantasie, weil man sich gerne die Geschichte erzählt, wie jemand bloß mal Zigaretten holen geht und nicht mehr zurückkehrt: wie er ganz einfach weiter gegangen ist, zu weit gegangen ist, nämlich zu einem neuen Anfang.

Wie kommt man zu einem neuen Anfang?

Eine Möglichkeit ist: das Vergessen. Vergessen ist die Kunst, dort Anfänge zu finden, wo eigentlich keine sind. Goethes Faust zum Beispiel. Er hat es wild getrieben, Leid und Freude erlebt, auch einiges Unheil angerichtet – vor allem das. Es ist nicht abzusehen, wie die Dinge weitergehen könnten. Goethe hat auch nicht weitergewusst, er ist der bisherigen Geschichte überdrüssig geworden, und so hat er seinen Faust eingeschläfert. Der Schlaf des Vergessens, der den Faust-Interpreten den Schlaf raubt. Dem Faust-Interpreten Schwerte/Schneider allerdings wohl eher nicht, denn ihm musste der Heilschlaf des Vergessens einleuchten.

Anstoß erregt solches Vergessen hingegen bei den Psychotherapeuten. Sie sind schnell dabei, das heilsame Vergessen als ein Verdrängen zu deuten, und schicken ihre Klienten gerne zurück in die vermeintlichen frühkindlichen Urszenen, aus denen man dann nur schwer wieder herausfindet. Zwar wird behauptet, dass die Durcharbeitung des Vergangenen von der Macht des Vergangenen befreit. Aber häufiger macht man doch die Erfahrung, dass die von Aufmerksamkeit belagerte Vergangenheit gerade nicht vergehen will. Bekanntlich wollte Freud den Menschen ihre Ich-Souveränität zurückgeben. Sie sollten sich nicht mehr von einer unverstandenen und unbewältigten Vergangenheit beherrschen lassen. Wiederholungszwänge, die aus alten Traumata herrühren, sollten gebrochen werden. Das Ziel war Offenheit für die Gegenwart und für die Zukunft. Man sollte wieder in die Lage versetzt werden, etwas mit sich anzufangen. Doch wenn man sich in die Mythen über das Gewesene verstrickt, wird es immer unwahrscheinlicher, dass ein neuer Anfang gelingt. Man sollte das Verhältnis von Vergangenheit und Gegenwart als Machtfrage verstehen. Lasse ich mich von der Vergangenheit beherrschen oder beherrsche ich sie – das ist die Frage. *Erst durch die Kraft,* so Nietzsche, *das Vergangene zum Leben zu gebrauchen und aus dem Geschehenen wieder Geschichte zu machen, wird der Mensch zum Menschen: aber in einem Übermaße von Historie hört der Mensch wieder auf, und ohne jene Hülle des Unhistorischen würde er nie angefangen haben und anzufangen wagen.*

Das Vergessen gehört zum gnädigen Wirken unserer Natur, die eigentlich nur so viel in Erinnerung behalten will, wie zum Handeln nötig ist. Doch das Erinnern geht in der Regel weit über diese Grenzen hinaus. Wir erinnern eben nicht nur, was wir jetzt für unsere praktischen Zwecke brauchen. Immer wieder, schreibt Henri Bergson 1907 in seiner »Schöpferischen Entwicklung«, *gelingt es ein paar überschüssigen Erinnerungen, sich als Luxusgüter durch die angelehnte Tür zu schmuggeln. Sie, die Boten des Unbewussten, tun uns kund, was wir hinter uns herschleifen, ohne es zu wissen.* Was wir da hinter uns herschleifen, dieser große Sack meist undeutlicher Erinnerungen, kann so schwer werden, dass er die zukunftsoffene Beweglichkeit behindert. Handlungshemmung ist die Folge. Jorge Luis Borges hat sich in einer Erzählung einmal einen Menschen ausgedacht, der nichts vergessen kann. Es ist das reine Grauen. Dieser Mensch kann sich vor lauter gegenwärtig gehaltener Vergangenheit nicht mehr bewegen. Er ist bis zum Überlaufen voll, es darf bei ihm keine Zukunft, auch keine Gegenwart mehr dazukommen. An diesem Gedankenexperiment ist zu bemerken, dass Handeln auch bedeutet, die Zeit gleichsam abfließen zu lassen mit der Zuversicht, dass sie sich dort hinten, im Gedächtnis, nicht staut. Der Handelnde baut auf seine gesunde Vergesslichkeit und ist in der Regel auch der Erste, der sich etwas verzeiht. Anders geht es vielleicht gar nicht.

Wer anfängt, handelt. Das Handeln hat immer auch etwas Gewaltsames, es reißt sich vom Beharren los, lässt sich nicht nur treiben und ziehen, es ergreift Initiative und verengt so den Zeithorizont auf das fürs Handeln Relevante. Umsicht ist erwünscht, doch eine gewisse Rücksichtslosigkeit ist unvermeidlich. Wollte man alle Voraussetzungen seines Handelns erfassen und alle Folgen abschätzen, so würde man niemals damit fertig – und könnte auch nicht anfangen mit dem Handeln. Hat man sich dazu durchgerungen, so zieht jedes Handeln einen neuen Faden in das unabsehbare Gewebe der Welt ein – mit ebenfalls unabsehbaren Folgen, aber mit einem eindeutigen Anfang.

Das Anfangen, womit man jeweils eine neue Ereignissequenz beginnt, verändert die Wahrnehmung der Zeit. In diesem Moment ist es so, als verflüssigte sie sich. Sie bewegt sich, weil ich mich bewege, sie verändert sich, weil ich mich verändere. Sie öffnet sich, weil die Anziehungskräfte einer ungewissen Zukunft stärker sind als das Schwergewicht des Gewesenen. Reinhart Koselleck sagt: Der *Erwartungshorizont* dominiert den *Erfahrungsraum*. Mehr Vorgriff als Rückbezug. Das gilt für das Handeln überhaupt. Es gibt allerdings, wie Koselleck herausgefunden hat, markante Unterschiede je nach Epoche. Vorneuzeitlich war der Rückbezug dominanter. Es galt das Bewährte, die Tradition, von ihr wollte man sich möglichst nicht entfernen, und wenn es eine Neuerung gab, so deutete man sie als Wiederherstellung des Alten. Die Neuzeit hingegen setzt ausdrücklich statt auf Wiederholung auf Neuerung, sie ist die Zeit der Anfänger. Dass die immer ahnungsloser werden, bemerkt man in der Gegenwart. Wer so viel in der Breite kommunizieren muss wie der Zeitgenosse von heute – der Ewigheutige also –, der hat kaum noch Aufmerksamkeit über die Gegenwart hinaus. Seinem unbekümmerten Anfängertum tut das keinen Abbruch. Im Gegenteil.

In jedem Handeln steckt das Pathos des Anfangens, deshalb unterscheiden wir es ja vom bloßen Funktionieren. Handeln, Anfangen und Freiheit – das gehört zusammen. Nun aber lässt sich der Mensch auch definieren als vollkommen determiniertes Wesen ohne Freiheit. Auch das hängt mit der Erfahrung von Zeit zusammen, denn es lag schon immer nahe, das Nacheinander in der Zeit als Kausalität zu deuten. Indem das Frühere als die Ursache des Späteren verstanden wird, erscheint das betreffende Geschehen von Notwendigkeit beherrscht. Ehe die Naturwissenschaften das Feld der Notwendigkeiten für sich entdeckten, war es die Gottesvorstellung, die es in Anspruch nahm. Gott ist der Herr über die Zeit, alles geschieht mit einer von ihm ausgehenden Notwendigkeit. Er hat es nicht nur vorhergesehen, er hat es auch vorherbestimmt. Freiheit gilt aus dieser Perspektive als Illusion (wie der heutigen Gehirnforschung auch). Wir können nichts mit uns anfangen, was nicht schon längst in Gottes Plan vorgesehen oder in den Naturnotwendigkeiten vorherbestimmt ist.

Gottes Handeln in der Zeit und des Menschen Unfreiheit illustriert Augustinus an seinem berühmten Lied-Beispiel im elften Kapitel der »Bekenntnisse«, das dem Thema Zeit gewidmet ist. Wer ein Lied auswendig kennt und sich anschickt, es vorzusingen, umgreift eine ganze Zeitstrecke: er holt das Lied aus der Vergangenheit, aus dem Gedächtnis, trägt es gegenwärtig vor, was eine bestimmte Zeit dauert, sich also in die Zukunft erstreckt. Das Lied, im Nacheinander der Zeit aktualisiert, macht ein zeitübergreifendes Handeln sinnfällig. So etwa, sagt Augustinus, sollen wir uns Gottes Handeln in der Zeit vorstellen. *Gäbe es einen Menschengeist, mit solch großem Wissen und Vorauswissen begabt, dass ihm alles Vergangene und Zukünftige so bekannt wäre wie mir ein einziges ganz bekanntes Lied, es wäre wahrlich ein wunderbarer Geist, den man schaudernd anstaunen müsste.* Der Herr der Zeit hält die Zeit in sich gesammelt, so wie der Sänger sein Lied.

Der Sänger kennt sein Lied. Was aber das Lied Gottes betrifft, so sind wir ein Teil davon, gewissermaßen eine Note oder ein Buchstabe, ohne das ganze Lied zu kennen. Das Lied, zu dem wir gehören, ist wie ein Programm, das abläuft, ohne dass wir darauf Einfluss nehmen können, wobei Gott der große Programmierer ist. Man fühlt sich an den Film »Matrix« erinnert, der von Menschen handelt, die sich für Ichs halten und doch nur programmierte Produkte sind. Das Programm, das sie ausführen, enthält ihre Zukunft. Sie handeln nicht wirklich, sie spielen nicht, sie werden abgespielt.

Die Vorstellung, dass wir ein Lied Gottes sind, mag zunächst sympathisch wirken, bis man in dem anmutigen Bild die schreckliche Vorstellung von absoluter Vorherbestimmtheit bemerkt. Was Augustinus selbst betrifft, so wurde er davon gequält, je älter er wurde. Als die Vandalen im Jahre 430 in Nordafrika seine Stadt und den Bischofssitz belagern, wird er sterbenskrank. Während schon der Belagerungslärm in die Kammer dringt, lässt er vier Bußpsalmen auf ein Pergament schreiben und heftet sie an die Wand, um sie stets vor Augen zu haben und vom Bett aus lesen zu können. Er klammert sich daran, weil er fürchtet, zu den Verdammten zu zählen. Ihn quält die Vorstellung, dass alles, was in der Zeit geschieht, schon von Anfang an entschieden ist, eben wie bei einem Lied. Er erlebt die eigene Zeit als illusionären Vordergrund für das Wirken einer überzeitlichen Macht. Was man auch anfängt, eigentlich hat man nie eine Chance gehabt. Es war alles vorherbestimmt. Die Zeit wird zum Albtraum. In Gottes Ratschluss ist sie erstarrt. Alles bewegt sich nur zum Schein. Die restlos determinierte Zeit ist eigentlich keine Zeit mehr. Sie ist zum abgeschlossenen Raum geworden. Man kann auch sagen: zum Gefängnis.

Es gibt ein Zeitverständnis, das die Freiheit negiert, und eines, das mit der Freiheit im Bunde ist. Bei einem deterministischen Welt- und Menschenbild verliert die Zeit den Charakter der offenen Zukunft und wird berechenbar. Wenn das gegenwärtige Ereignis X notwendig zu Y führt, ist die Zukunft von Y bereits festgelegt. Eine solche Zukunft ist nicht mehr offen. In dem Maße, wie Verursachungsprozesse durchschaut, technisch beherrscht und wiederholt werden können, bildet man sich ein, Zukunft sei nichts anderes als errechenbare erweiterte Gegenwart. Das ist die Prozess- oder Maschinenzeit, im Gegensatz zur offenen Zeit, die mit der Erfahrung von Freiheit korreliert.

Wenn ich mich jetzt entscheide, mit einer bestimmten Handlung anzufangen, werde ich hinterher mein Handeln vielleicht aus Bedingungen erklären können. Ehe ich ein Handeln erklären kann, muss ich aber gehandelt haben. Im Handeln ist man von vielen Zwängen bestimmt, ohne dass man es im Einzelnen bemerkt. Gleichwohl muss ich mich entscheiden, aus Gründen und Impulsen. Das Erklären ist ein nachträglicher Kommentar zum Handeln, der die offene Situation, in der man mit einer Handlung anfängt, im Rückblick beseitigt. Die Erklärung dient oft der Entlastung. Da hat jemand gehandelt, und die Psychologie, Biologie, Soziologie erklärt dann, dass der Handelnde eigentlich gar nicht gehandelt hat. Da ist ein Geschehen durch ihn hindurchgegangen, das er fälschlich als seine eigene Handlung interpretiert. So wird man aus der Verantwortung entlassen. Das wirkt auch als Anstiftung zur Unaufrichtigkeit beim Handeln. Man kann nämlich die nachträgliche Erklärung, warum es so hat kommen müssen, schon an den Beginn einer Handlung setzen im Sinne einer präventiven Absolution für den schlechten Fall. Man bereitet sich schon darauf vor, es nicht gewesen zu sein – wenn es gilt, Verantwortung zu übernehmen und Folgelasten zu tragen.

Gegenwärtig ist man dabei, unsere Programmierungen in den Genen zu entziffern. In absehbarer Zeit wird man DNS-gestützte Prognosen stellen und Umprogrammierungen in unserem Erbgut vornehmen können. Ist das nicht ein Beweis für die restlose Konditionierung des Menschen, also für den Verlust seiner Freiheit und des Anfangenkönnens? Nein, denn wir kommen nicht um die Entscheidung herum, was wir mit dem, was wir machen können, anfangen sollen. Deshalb sprießen an den Rändern der gentechnologischen Großprojekte die Ethikkommissionen. Die Entscheidungsfreiheit lässt sich eben doch nicht wegprogrammieren.

Wir sind Wesen, die selbst anfangen können, und deshalb fragen wir auch nach dem Anfang, danach, wie es mit einem selbst angefangen hat und mit der Welt überhaupt.

Zunächst das genealogische Interesse, die Frage nach der eigenen Herkunft. Dabei wird es unter modernen Bedingungen zu Komplikationen kommen. Sibylle Lewitscharoff hat es treffend das moderne *Fortpflanzungsgemurkse* genannt. Schon jetzt und künftig noch stärker werden sich Menschen als Produkte von Machinationen empfinden müssen. Die Leibgeber – früher waren es die Eltern, in Zukunft werden es vielleicht die Samenspender, Eiliefe-rantinnen, Leihmütter, Fortpflanzungstechniker und Gen-banken sein – werden einen Menschen in die Welt entlassen, der sich als leibgewordene Investition empfinden darf. Die Enthüllung des genetischen Schicksals und die neuen Möglichkeiten, es abzuwenden, stellen die herkömmlichen Haltungen zum Verfügbaren und Unverfügbaren, zu Tod und Krankheit, Zufall und Notwendigkeit in Frage.

Es ändert sich dabei auch das Verhältnis zur Zeit. Denn die Lebenszeit insgesamt erscheint wie die Laufzeit eines Produktes, das sich genetisch bestimmen und optimieren, kaufen und verkaufen, verplanen und versichern lässt. Alles aber wird gesehen aus der Perspektive des Kinderwunsches. Die gentechnischen Täter führen das große Wort, nicht ihre möglichen Opfer. Wie sollten sie auch. Die einen mit ihren Kinderwünschen, Petrischalen, Samenbanken, Eidepots, Gebärsklavinnen, das sind die Anfänger. Und was dabei herauskommt, sind die Angefangenen. Ihnen wird zugemutet, in den Abgrund der womöglich ernüchternden Geschichte ihrer Herstellung zu blicken. Damit müssen sie dann leben, wenn man es ihnen nicht schamvoll verhüllt. Doch auch das ist eine elementare Beraubung. Denn der Wille zum Wissen ist zunächst vielleicht nichts anderes als das dringliche Interesse, zu erfahren, wie man angefangen worden ist.

Früher projizierte man den innigen Zusammenhang zwischen Freiheit und schöpferischem Anfangen in den Himmel oder in den Grund der Welt. Der christliche Glaube und die aus ihm entsprungene Metaphysik entdeckte dort, am Anfang also, die unergründliche göttliche Freiheit. *Am Anfang schuf Gott Himmel und Erde* … Creatio ex nihilo, Schöpfung aus dem Nichts, ein Gedanke, der darum so ungeheuerlich ist, weil er den Ursprung von allem, was ist, einer unerklärlichen Spontaneität zuschreibt. In der Gottesspekulation ist auf erhabene Weise die Erfahrung der Freiheit des Anfangens ins Herz der Welt gesetzt. Nichts konnte Gott zwingen, die Welt zu schaffen. Sie besteht folglich nicht aus Notwendigkeit, das Sein ist vielmehr Resultat eines freien göttlichen Aktes. Ein Anfang aus Freiheit eben. Göttliche Spontaneität. Gott ein echter Anfänger, der sogar mich angefangen hat. Im alten Glauben hatte das allerdings zur Folge, dass die Creatio ex nihilo angewiesen bleibt auf die Creatio continua. Das heißt: das Sein erhält sich nicht selbst, es ist auf den steten Zustrom der Gnade angewiesen. Dieses fortwährende Einströmen der Gnade nannte man Liebe. Deshalb lässt sich der Grundsatz der christlichen Ontologie auch so formulieren: Geliebtwerden ist eine Voraussetzung des Seinkönnen. Wir alle sind Wunschkinder, lehrt der christliche Glaube – und kompensiert auf diese Weise das dunkle Gefühl, dass das wohl doch nur die Wenigsten von uns in Bezug auf die eigenen Eltern sind. Gleichwohl wächst, wenn man sich geliebt fühlen kann, der Mut, etwas mit sich anzufangen. Liebe muss – als Gnade und als Liebe zwischen den Menschen – im Weltspiel sein, damit es seinen Fortgang nehmen kann.

Das alles ist im modernen Weltbild untergegangen. Wir werfen inzwischen einen kalten Blick auf die Natur und auf die Herstellung von Leben. Wie werden wir mit unserer Kontingenz fertig, wenn und falls uns der Glaube an die Liebe als Seinsgrund abhandengekommen ist? Sind wir nicht nach wie vor liebebedürftige Wesen, die nur schwer auf das Gefühl verzichten können, gemeint zu sein? Brauchen wir nicht, wie die Luft zum Atmen, auch eine Atmosphäre aus Sinn und Bedeutung? Brauchen wir nicht auch den Zuspruch der Zeit, das Gefühl, von ihr getragen zu sein?

Tatsächlich benötigt der Mut, etwas anzufangen, ein Grundvertrauen. Man muss die Zeit als vielversprechend erfahren und sich von ihr getragen fühlen können. Doch gleicht solches Welt- und Zeitvertrauen der Brücke über einem Abgrund, die erst wächst, wenn man sie begeht. Es handelt sich um ein Versprechen, von dem man nicht genau weiß, ob man es erhalten oder ob man es sich selbst gegeben hat. Ein erheblicher Teil der philosophischen Tradition lässt sich als ein Unternehmen definieren, durch das der menschliche Geist sich zu einem prekären Selbstvertrauen ermutigt, das einem erlaubt, einen eigenen Anfang zu machen. Immanuel Kant hat auf seine kauzige Weise diese Spannung zwischen dem Anfangenkönnen und dem Angefangenwordensein einmal so formuliert: Der Mensch sei ein Erdenbürger, an dessen Anfang eine Tat der Eltern steht, die eigentlich eine Untat ist, weil sie eine Person *ohne ihre Einwilligung auf die Welt gesetzt und eigenmächtig in sie herüber gebracht* haben. Das Geschrei des neugeborenen Kindes müsse man deshalb als Ausdruck der Entrüstung verstehen. Aus diesem Grund seien die Eltern verpflichtet, diese kleine Person *mit diesem ihrem Zustande zufrieden zu machen.* Wie kann das gelingen? Nur so, dass sie in jener kleinen Person die Kräfte zur Selbstbestimmung wecken, die die Fremdbestimmung ablösen kann. Das leistet die Vernunft. Mit ihr lässt sich der Skandal eines Anfangs, dessen ich nicht mächtig bin, kompensieren, einfach dadurch, dass ich in meiner Vernunft meine Freiheit des Anfangenkönnens entdecke. Dass ich angefangen worden bin, ist nur erträglich, wenn ich lerne, selbst anzufangen. Deshalb beschreibt Kant auch das Erwachen, besser: das Erwecken, der Vernunft als eine zweite Geburt. Was jetzt das Licht der Welt erblickt, ist nicht mehr ein unfreiwilliger Ankömmling, sondern ein Anfänger, der selbst anfangen kann.

Er fängt mit sich an. Die ganze Schwierigkeit liegt in diesem Sich. Es bedeutet den reflexiven Bezug eines bewussten Ichs auf sein Selbst. Was ist dieses Selbst? Es umfasst, was ich bisher war und was ich noch sein kann; was an mir bereits wirklich und was noch möglich ist. Es ist meine Zeit, mit der ich etwas anfangen kann, auch anfangen muss. Wenn das Bewusstsein auf das eigene Selbst stößt, muss es auch die eigene Zeit, als Hypothek und als Chance, übernehmen. Da gibt es ein Problem. Denn man muss etwas übernehmen, dessen man nicht mächtig ist und das man auch nicht selbst gemacht und eigentlich auch nicht zu verantworten hat. Aber man kommt nicht umhin, das Sein, das man ist – zum Beispiel der eigene Körper –, und die Zeit, in der man sich vorfindet – also die Schicksale und Umstände –, mit zu übernehmen. Dabei kann es auch zu Katastrophen kommen, etwa wenn es zu schwer ist, was da übernommen werden soll. Es kann geschehen, dass man sich im doppelten Wortsinn übernimmt. Und doch bleibt nichts anderes übrig, als sich zu übernehmen und etwas aus dem zu machen, wozu man gemacht worden ist. Also: etwas mit sich anfangen, obwohl man doch seiner eigenen Anfänge nicht mächtig ist.

Es war in unserer Zeit vor allem Hannah Arendt, die, nachdem sie dem Holocaust entkommen war, in großen Zügen eine Philosophie des Anfangens entworfen hat. Eine Philosophie, die übrigens auch Spuren ihrer Liebe zu Martin Heidegger in sich trägt. Heidegger war zu ihrer Dachstube in Marburg emporgestiegen zu der Zeit, als er seine Philosophie des Vorlaufens in den Tod unter der Feder hatte. Hannah Arendt, die dem Tod entkam, antwortet komplementär, wie Liebende es tun, auf diese Philosophie des Vorlaufens an das Ende mit einer Philosophie des Vorlaufens an den Anfang, an das Anfangen. *Das Wunder, das den Lauf der Welt und den Gang menschlicher Dinge immer wieder unterbricht und vor dem Verderben rettet, ... ist schließlich die Tatsache der Natalität, das Geborensein ... Das »Wunder« besteht darin, dass überhaupt Menschen geboren werden, und mit ihnen der Neuanfang, den sie handelnd verwirklichen können kraft ihres Geborenseins.*

Bei Hannah Arendt führt vom anthropologischen Verständnis des Anfangens ein direkter Weg zur Idee des Zusammenlebens in demokratischem Geist. Jeder Neuankömmling, erklärt sie, ist für das Miteinander ein Gewinn, vorausgesetzt, man lässt ihn überhaupt anfangen, d. h. seine unverwechselbaren Möglichkeiten entwickeln. Genau das ist die Chance der Demokratie: die Lebendigkeit der Gesellschaft ist dadurch zu gewährleisten, dass man sich, durch institutionelle Regeln unterstützt, wechselseitig dabei hilft, die Möglichkeit zum je eigenen Anfangen zu bewahren. Spielregeln, Einschränkungen und Verbindlichkeiten sind erforderlich. Da aber jeder auf seine Weise neu anfangen können muss, bleibt trotz Konsens und Verständigung ein Rest von Nichtübereinstimmung. Das ist kein Mangel, sondern ein Zeichen für die Lebendigkeit und Humanität einer Gesellschaft. Denn wenn man in einer gemeinsamen Welt ohne Zwang zusammentrifft und zusammenstimmt, muss in der Einheit doch die Differenz bleiben: Jeder kommt von einem anderen Anfang her und wird an einem ganz eigenen Ende aufhören. Das anerkennt die Demokratie, indem sie bereit ist, die Auseinandersetzung um die Fragen des gemeinsamen Lebens immer wieder neu beginnen zu lassen. Auch von der Demokratie gilt: Sie lebt nur, wenn sie immer wieder mit sich anfängt. Worauf es ankommt, ist die Bewahrung einer politischen Kultur, die es jedem erlaubt, seinen Anfang zu machen – oder wenigstens nach ihm zu suchen. Eines scheint gewiss: Für diese Anfänge aus Freiheit sind die Projekte, welche die Welt von einem Punkt aus kurieren wollen, das Ende.

Die Zeit des Anfangens ist, bei halbwegs glücklichem Verlauf, der lichterlohe Moment, da man sich mit der Zeit im Bunde fühlt. Die Zeit des Anfangens ist die Zeit des Einzelnen, der sich als solcher entdeckt, Initiative ergreift und die *ganze alte Scheiße* einmal hinter sich lässt, um es mit Karl Marx zu sagen. Zeit des Anfangens löst aus dem Banne der Gesellschaft und lässt ein neues Lebensterrain ahnen. Doch unweigerlich wird die Zeit des Anfangens wieder zurücklenken in die Bahnen des Gesellschaftlichen. Dort aber wartet die Zeit der Sorge.

Kapitel 3

Zeit der Sorge

Sorge – das diensthabende Organ der erfahrbaren Zeit. Die Sorge geht über den Fluss. Heideggers Sorge: der Welt verfallen und dem Tod ausweichen. Sorge als Möglichkeitssinn. Das Problem: in der Sorge derselbe bleiben. Wieder einmal die Entdeckung eines »glücklichsten Volkes«. Ohne Zukunftsbewusstsein, ohne Sorgen. Die modernisierte Sorge in der Risikogesellschaft. Die Rückkehr der alten Sorge.

Man versuche es einmal, sich ausschließlich auf die Zeit zu konzentrieren, um sie gewissermaßen als Gegenstand rein vor sich zu haben. Man hält, soweit möglich, alle Ereignisse von sich fern und achtet auf sie. Was bemerkt man? Ihr Verstreichen. Aber was verstreicht da eigentlich, wenn man absichtsvoll die Ereignisse, die verstreichen, zu ignorieren versucht? Man schaut beispielsweise auf die Uhr, beobachtet den Zeiger. Was zeigt sich da? Ist es die Zeit, die sich dort bewegt? Nein, es ist der Uhrzeiger, also doch wieder ein Ereignis. Oder man hört auf das Ticken. Als Gegenstand ist die Zeit einfach nicht zu fassen. Immer schieben sich die Ereignisse dazwischen. Das können äußere Ereignisse sein, aber auch die inneren. Beim Versuch, sich ganz still zu stellen, bemerkt man den inneren Zug, das innere Treiben oder Getriebenwerden. Man hat immer etwas zu besorgen. Wenn man auf die Art des Besorgens achtet, merkt man, dass es sich dabei um eine intentionale Spannung handelt. Man ist immer auf etwas aus, auf etwas ausgerichtet, im Raum und in der Zeit. Etwas, das räumlich absteht oder zeitlich aussteht. Diese intentionale Spannung, die sich auf ein Noch-nicht oder Nichtmehr richtet, erleben wir als – Zeit.

Die Zeit, die wir außerhalb unserer selbst nicht rein (also ereignislos) erfassen können, sie treibt in uns – als eben diese intentionale Gespanntheit. Heidegger nennt sie auf seine eigenwillige und doch genaue Weise *das erstreckte Sicherstrecken* des Daseins. Denn es ist nicht so, dass einem die Gegenstände dort draußen begegnen, dass sie auf einen zukommen und man selbst in einer ruhigen Beobachterposition verharrt. Nach diesem Modell wurde über Jahrhunderte die Erkenntnishaltung beschrieben. So aber arbeitet unser Bewusstsein nur in Ausnahmefällen. In der Regel greift es besorgend nach Dingen und Menschen, die stets im Horizont der vergehenden Zeit erscheinen und begegnen. Intentionalität ist genau diese Unruhe und Bewegtheit, diese Art des Bezugs.

Das *Sicherstrecken* gilt im doppelten Sinne: räumlich und zeitlich. Räumlich ist es das Sicherstrecken von hier nach dort, zeitlich vom Jetzt auf die Zukunft hin. Diesen Zeitbezug, der vom Dasein aktiv getätigt wird, nennt Heidegger *zeitigen*. Manche haben auch diesen Ausdruck belächelt. Aber er bezeichnet genau den Unterschied zwischen einer Zeit, in der man sich enthalten fühlt, und einer Zeit, die man mit hervorbringt. Das Zeitigen ist zukunftsorientiert. Man ist ständig dabei, vorzugreifen, sich einen Horizont aus Erwartungen und Erwägungen aufzuspannen, und so wird, in praktischer Hinsicht, die begegnende Welt zur besorgten Welt. Es war der Geniestreich Martin Heideggers, die Sorge als das diensthabende Organ für die Erfahrung von Zeit identifiziert zu haben. Mehr als die Hälfte des Hauptwerkes »Sein und Zeit« ist eine genaue Analyse des Weltverhältnisses unter dem Gesichtspunkt der Sorge.

Als Beispiel für die Auslegung des menschlichen Daseins als Sorge zitiert Heidegger die Fabel des Hyginus, wo die Sorge als allegorische Figur auftritt. Die Sorge, lateinisch ›cura‹, geht über den Fluss, sieht tonreiches Erdreich und formt etwas daraus. Dann bittet sie Jupiter, dem Erdkloß Geist einzuhauchen. Als Cura dem neu geschaffenen Wesen ihren Namen geben will, fordert Jupiter, es müsse nach ihm, der den Geist gespendet habe, benannt werden. Da erhebt sich die Erde und fordert dasselbe für sich, da sie ja den Stoff gegeben habe. Die Streitenden nehmen Saturn zum Richter, und der erklärt: Jupiter, der den Geist gegeben habe, werde nach dem Tode den Geist zurückerhalten und die Erde den Stoff. *Weil aber die »Sorge« dieses Wesen zuerst gebildet, so möge, solange es lebt, die »Sorge« es besitzen.* Heidegger war auf diese Fabel gestoßen in einem gelehrten Aufsatz über »Faust II«. Dort hatte er den Hinweis gefunden, dass Goethe sich von eben dieser Fabel habe anregen lassen für die Szene im letzten Akt, wo die Sorge ihren Auftritt hat. Die *grauen Weiber* der Schuld, des

Mangels und der Not werden abgewiesen, die Sorge aber dringt durch alle Ritzen und erklärt: *Wen ich einmal mir besitze / Dem ist alle Welt nichts nütze, / … / Er verhungert in der Fülle, / Sei es Wonne sei es Plage / Schiebt er's zu dem andern Tage, / Ist der Zukunft nur gewärtig / Und so wird er niemals fertig.*

Die Sorge ist auf die Zeit gerichtet. Das Ungewisse, Unvorhersehbare an ihr ruft sie wach. Der Mensch sorgt sich, weil er auf die Zukunft hinausblickt und eben nicht gänzlich im Augenblick aufgeht. In der Sorge, erklärt Heidegger, ist man *sich selbst immer schon vorweg.* Man sorgt sich, weil man nicht wissen kann, wie sich Verhältnisse entwickeln, an denen einem etwas liegt oder von denen man abhängt. Sorge bezieht sich auf ein Noch-Nicht. Entweder ist etwas noch nicht geschehen, oder es ist zwar schon geschehen, aber die Nachricht davon ist noch nicht bei mir eingetroffen. Sorge richtet sich aufs Künftige. Dabei sorgt man sich um etwas. Der Zeitindex ist allerdings bei der Sorge *um* etwas deutlicher ausgesprochen als bei der Sorge *für* etwas. Wenn jemand *für* sich selbst oder jemand anderen sorgt, dann heißt das zumeist einfach nur, dass er für sich selbst oder jemand anderen aufkommt, finanziell oder sonstwie. Anders aber ist es bei der Sorge *um* etwas. Hier steht dieses Etwas unter der gegebenenfalls bedrohlichen Herrschaft der unvorhersehbaren Zeit und gibt deshalb Anlass zur Sorge. Ein Sorgen, das sich nicht aufs passive Abwarten beschränkt, wird zum Besorgen und damit zum Handeln. Jedes Handeln ist verknüpft mit unabsehbaren Folgen, die sich erst in der Abfolge der Zeit zeigen werden. Man muss sich sorgen, weil man das alles nicht absehen und übersehen kann. Das Besorgen wird darum die Sorge nicht los. Es gibt keine Sorge, die sich auf die Vergangenheit richtet, nur was von der Vergangenheit her in die Zukunft fortwirken kann, bereitet Sorgen: Man sorgt sich etwa, dass etwas Unangenehmes bekannt werden könnte, dass ein Versäumnis sich noch bitter rächt, dass Schulden beglichen werden müssen, dass Vergeltung droht.

Man sorgt sich um anderes und andere, aber vor allem um sich selbst. Sorge ist auch ein Selbstverhältnis. Man hat etwas mit sich selbst vor, weiß aber nicht, ob man sich auf sich selbst verlassen kann. Was bedeutet es aber, wenn man sich nicht auf sich selbst verlassen kann? Auch das hat mit der Zeit zu tun. Man weiß nämlich nicht, ob man noch derjenige bleibt, auf den man gesetzt hat oder ob man, wenn es darauf ankommt, von all seinen guten Geistern verlassen wird.

Der Wandel der Zeit und der Wechsel der Umstände betreffen auf eminente Weise dieses Selbst, um das man sich sorgt. Doch es sind nicht nur die Umstände, die gegenwärtigen und künftigen, die einen besorgt machen. Vielmehr ist das Selbst auch von innen her ziemlich fragil. Es ist erstaunlich genug, dass es sich in der Regel trotz der vielfältigen Erlebnisse und Eindrücke überhaupt als dasselbe durchhält und nicht zerfällt, denn jede Wahrnehmung, jedes Fremdverstehen bedeutet, für einen Moment ein Anderer zu werden. Man wird zu dem, was man draußen wahrnimmt oder versteht. Diese alltägliche, ständige Metamorphose bleibt meist unbemerkt, doch sie findet statt. Unbemerkt bleibt sie, weil die täuschende Suggestion übermächtig ist, es befinde sich hier in mir das Bewusstsein und dort draußen befinden sich die begegnende Welt und die Menschen. So ist es aber nicht. Bewusstsein ist nicht hier drinnen, sondern, da es Bewusstsein von etwas ist, so ist es dort draußen bei der Welt, bei den Dingen und Menschen.

Die Illusion vom Leben als Innenraum des Bewusstseins verhindert die Wahrnehmung unserer alltäglichen Metamorphosen bei jedem Wahrnehmungsakt. Wenn ich also eine andere Person wahrnehme, spiele ich sie mir immer ein Stück weit vor. Unter dem Begriff des Mimetischen haben Theodor W. Adorno und andere diesen Vorgang zu begreifen versucht. Unser Talent fürs Mimetische erinnert uns an die Zerbrechlichkeit unserer sogenannten Identität. Dass sie sich dennoch durchhält, lässt darauf schließen, dass im Fremdbezug offenbar stets der Selbstbezug mit enthalten ist. *Das Ich denke muss alle meine Vorstellungen begleiten können*, heißt es bei Kant. Und doch beschleicht einen gelegentlich die Sorge, man könnte sich an die Gegenstände oder die Personen dort draußen verlieren, und es bleibt nicht aus, dass man nach starken Erlebnissen sich erst wieder mühsam sammeln und zusammensuchen muss: So leicht und selbstverständlich ist es gar nicht, man selbst zu bleiben, wenn man dort draußen seine Erlebnisse hat. Für das Faktum des sich durchhaltenden Selbstbewusstseins hat Hans Blumenberg die frappant einfache Formel gefunden: *Gegenstände zu haben, schließt ein, sie nicht sein zu müssen.* Man versteht diesen Gedanken allerdings falsch, wenn man die Option, etwas zu haben statt es zu sein, für stets gegeben hält. Tatsächlich muss viel geschehen, damit dieses Haben als Entlastung vom Seinmüssen gelingt. Das ist uns nicht in die Wiege gelegt, sondern es gehört zu den ungeheuren zivilisatorischen Errungenschaften, die jeder Heranwachsende sich noch einmal aneignen muss.

Bis hierher wurde der Gedanke verfolgt, wie das sorgende Selbst sich überhaupt bewahren kann und sich nicht an die besorgte Welt verliert. Das ist der erste Aspekt, nun der zweite:

Das Selbst hält sich durch nicht nur bei den gegenwärtigen Fremdbezügen, sondern, was noch erstaunlicher ist, beim gewesenen und künftigen Selbst. Vielleicht ist dies überhaupt die elementare Erfahrung von Zeit, die nämlich, welche im temporalisierten Selbstverhältnis gründet. Was heißt das? Erstaunlich ist, dass es Zukunft und Vergangenheit gibt und alles in der Zeit ist, am erstaunlichsten jedoch, dass dieses Selbst, das ich jetzt bin, schon war und sein wird. In Wahrheit ist es noch komplizierter: Über die Zeitdistanz hinweg, die wie ein Abgrund wirken kann, sieht man sich als ein Anderer und doch als derselbe, genauer: man will sich so sehen, doch nicht immer gelingt es. Das künftige und das vergangene Selbst entgleiten einem bis zu dem Punkt, dass man sich selbst fremd und unbegreiflich wird. Die Sorge um sich selbst verwickelt einen in diese Probleme der Selbstbewahrung und Selbstbehauptung. Diese Probleme werden nicht erst aufdringlich bei der grüblerischen Selbstversenkung, sondern sie begegnen alltäglich, im praktischen Handeln, bei der Treue, bei Versprechungen, die man einhält oder bricht, bei der Übernahme von Verantwortung für Vergangenes oder Künftiges, bei jedem Vertrag, den man abschließt. Immer geht es um das implizite Versprechen: Ich werde, wie immer mich die Zeiten verändern werden, insoweit derselbe bleiben, dass ich die eingegangenen Verpflichtungen als verbindlich ansehe. Der Vorbehalt, man könnte sich in der Zwischenzeit verändern, gilt nicht. Würde er gelten, wären alle sozialen Verpflichtungen und Verträge hinfällig. Im Innersten des Sozialen lebt die Idee, dass sich das Selbst durchhält. Es mag eine Fiktion sein, aber ohne sie gibt es das Soziale nicht. Die Spannungen, die sich aus solchen Akten des Versprechens, der Vereinbarungen etc. ergeben, gehören zur Zeit der Sorge.

Die Zeit der Sorge ist die offene Zeit, die als unvorhersehbar erlebt wird. Es mag ja sein, dass alles mit unerbittlicher Kausalität geschieht, dass es eine Zeit der Determination gibt. Wäre die menschliche Intelligenz imstande, sie vollständig zu erfassen, würde es allerdings keinen Grund zur Sorge geben, denn es gäbe keine Ungewissheit. Nur wo Ungewissheit bleibt, gibt es auch Sorgen. Selbst wenn das Eintreffen von Ereignissen gewiss ist, kann das Wann immer noch ungewiss bleiben, und es ist somit dafür gesorgt, dass die Sorgen nicht aufhören. Denn man muss sich sorgen, ob beispielsweise das, womit man rechnet, nicht doch im falschen Moment eintrifft, ob man es wird ertragen oder mit Anstand durchstehen können.

Der eigene Tod ist gewiss. Kein Grund zur Sorge? Der Zeitpunkt ist ungewiss. Daher sorgt man sich. Nach einer von Euripides überlieferten Version des Prometheus-Mythos wussten die ersten Menschen nicht nur, dass sie sterben würden, sondern auch wann. Und so hockten sie, von diesem Wissen depressiv gelähmt, in ihren Höhlen. Es war Prometheus, der ihnen das Vergessen des genauen Zeitpunktes ihres Todes brachte. So kamen Eifer und Tüchtigkeit unter ihnen auf, die zusätzlich durch die Gabe des Feuers angestachelt wurden. Die lähmende Gewissheit des Todeszeitpunktes milderte sich zur Sorge angesichts der Ungewissheit. Das Wissen um den Tod ist für Heidegger die bedeutendste Hypothek, welche die Sorge, dieses *Sichvorwegsein*, zu tragen hat. Deshalb auch deutet er das *Vorlaufen zum Tod*, dieses Bedenken-Können der eigenen Befristung, als das Besondere des menschlichen Daseins. Elias Canetti, der sich selber als Todfeind des Todes bezeichnete, hat in seinem Stück »Die Befristeten« durchgespielt, wie sich das Wissen oder Nichtwissen um den Todeszeitpunkt aufs Leben auswirkt.

Doch gerade weil der Mensch geöffnet ist auf den künftigen eigenen Tod hin, wirkt in ihm auch die Gegentendenz: das Ausweichen, das Verfallen an die Welt der Dinge, der Produkte, der Vorhaben, der Ideen, der Machenschaften. Mit ihrer Dauerhaftigkeit mag es zwar auch nicht zum Besten stehen, doch sie lenken wenigstens ab. Als existierendes Wesen, das sorgend und besorgend auf die Zukunft hinausblickt, fühlt sich der Mensch zur eigenen Entlastung auch hingezogen zu dem, was einfach vorhanden ist und nicht diese schwierige Existenz zu tragen hat. Dieses Liebäugeln mit dem Vorhandenen, um nicht die Schwierigkeiten der Existenz tragen zu müssen, ist höchst bedeutsam. Denn nur so erklärt sich, dass sich der Mensch selbst gerne als etwas bloß Vorhandenes ansieht, als ein Ding unter Dingen, als eine statistische Größe. Das erklärt auch, warum jene Wissenschaften, die den Menschen etwa als neuronales System, als molekulares Aggregat oder als soziales Relais verstehen, also in den Termini der Dingwelt beschreiben, in so hohem Ansehen stehen und in Wahrheitsfragen fast schon eine Monopolstellung besitzen. Demgegenüber ist festzustellen: Existieren bedeutet, eben kein Gegenstand zu sein, sondern ein Wesen, das sein Leben in der Zeit führt.

Das der Zeit sorgend preisgegebene Dasein ist immer auch auf der Flucht vor der Zeit. Gleichwohl wird es immer wieder auf sich selbst zurückgeworfen, auf seine Zeitlichkeit, und das heißt: auf seine Sorgen. Sich selbst zeitlich zu erfahren bedeutet: Möglichkeiten haben und vor sich sehen. Man möchte im Besitz dieser Möglichkeiten bleiben. Optionen nennt man das heute. Wenn man sich für eine entscheidet, verliert man die anderen. Doch irgendwann muss man sich entscheiden und auswählen. Das ist wie eine Verengung. Man verliert den Reichtum der Möglichkeiten, wenn man eine davon durch das Nadelöhr der Entscheidung in die Wirklichkeit zieht. Sorgend und besorgend entscheidet man sich, trifft Vorsorge, rechnet mit allem Möglichen und hängt jenen Möglichkeiten nach, die man bei jeder Entscheidung preisgibt. Das aber ist nicht zu vermeiden, wenn man Wirklichkeit will und einem der Besitz von Optionen nicht genügt.

Ich bin nämlich eigentlich ganz anders, aber ich komme nur so selten dazu, lässt Ödön von Horváth eine Bühnenfigur sagen. Das ist der Spott auf die Möglichkeitsmenschen, die sich Einiges darauf einbilden, ihr Bestes noch in petto zu haben, nur leider hat sich noch keine Gelegenheit ergeben, es zu verwirklichen. Diese Ausreden, über die Horváth spottet, waren für Heidegger so ärgerlich, dass er darüber nicht lachen konnte (wie er überhaupt kaum lachen konnte). Für ihn war diese Haltung der typische Fall von Uneigentlichkeit. Und umgekehrt bedeutet Eigentlichkeit, nicht in Möglichkeiten auszuweichen, sondern sich mit allen Risiken für die Verwirklichung zu entscheiden im Sinne von: Tu, was du willst, aber was du tust, das tu ganz.

Die so verstandene *Eigentlichkeit* gehört zu einer existenzialistischen Moral, die eine mögliche, wenn auch keine zwingende Konsequenz ist aus einem Verständnis des Lebens als eines sorgenden und besorgenden, denn es kann sich daraus auch ein Sorgen mit Vorsicht und Vorbehalt ergeben, ganz ohne diese ominöse Eigentlichkeit der Entschlossenheit wie bei Heidegger. Jedenfalls macht die Sorge tüchtig und setzt den Menschen in Tätigkeit. Von nun an hat er immer etwas zu besorgen. Die ganze Welt um ihn herum, einschließlich seiner selbst, wird zum Gegenstand des Besorgens. Solange der Mensch lebt, sorgt er sich, und erst wenn seine Zeit abgelaufen ist, ist er auch damit am Ende. Zuvor aber kann es immer noch anders kommen, als man denkt, und deshalb wird man mit der Sorge *niemals fertig*.

Könnte man nicht doch einmal mit der Sorge *fertig* werden? Davon wurde und wird geträumt. Rousseau zum Beispiel dachte, die Quelle der meisten Sorgen würde versiegen, wenn das persönliche Eigentum verschwände, denn was wird nicht alles darauf verwandt, dieses Eigentum zu mehren und zu verteidigen.

Vor einiger Zeit hat der Ethnolinguist Daniel Everett mit einem Bericht über einen indigenen Stamm im Amazonasgebiet Aufsehen erregt. Unter dem Titel »Das glücklichste Volk« schildert er die Lebens- und Denkweise dieses Stammes, der sich immer noch fernhält von den Errungenschaften der modernen Zivilisation und der seine eigentümliche Sprache beibehalten hat. Deren charakteristisches Merkmal ist, dass die Grammatik keine zeitlichen Unterscheidungen kennt. Alles wird auf die Gegenwart bezogen. Das erste Futur zum Beispiel kann, weil es unmittelbar an die Gegenwart anknüpft, gebildet werden, nicht aber die Verflechtungen auf der nächsthöheren Ebene, das

Futur II also. Dieser Präsentismus, so Everett, ist mitverantwortlich dafür, dass man bei den sehr bescheiden lebenden Pirahã Zukunftssorgen offenbar nicht kennt. Haben wir es hier mit einem verspäteten Rousseauismus zu tun oder bloß mit einer radikalen Sprachlogik, für die gilt: Die Grammatik bestimmt das Leben? So oder so, die kulturgenetische Bedeutung von Zeiterfahrung und Sorge wird beide Male vorausgesetzt.

Man könnte die Epochen der Zivilisationsgeschichte unter dem Gesichtspunkt darstellen, welche Bedeutung jeweils die Sorge gehabt hat, von welcher Art sie war und wie sie bewirtschaftet wurde. Wie weit war der Horizont der Sorgen aufgespannt? Mit welchen Übeln rechnete man, von welcher Art waren sie, wie traf man Vorsorge?

In früheren Epochen, etwa vor dem 18. Jahrhundert, sah man das Übel, das einem widerfahren konnte, aus zwei Richtungen kommen. Es kam aus dem Bereich der Natur – Katastrophen, Schiffbruch, Krankheiten – oder aus dem Bereich der notorischen Boshaftigkeit der Menschen – Diebstahl, Krieg, Plünderung, Ausbeutung, Quälerei. Darum musste man sich Sorgen machen und dagegen Vorsorge treffen. Was die Boshaftigkeit betrifft, galt als beste Vorsorge die Abschreckung durch manifeste Gewalt oder strafbewehrte gesellschaftliche Regelungen. Gegenüber den Übeln der Natur (Überschwemmungen, Dürreperioden, Unwetter) war die Reichweite des Handelns begrenzt. Man baute Dämme gegen die Flut, Bewässerungsanlagen gegen die Dürre und betrieb eine ausgeklügelte Vorratswirtschaft. Oft half nur noch Beten. Gottvertrauen konnte Sorgen mindern. Sorge dich nicht, glaube!, hieß es, wo einem diesseitigen Problem nicht anders beizukommen war. Dafür jedoch bekam man die Sorge um sein Seelenheil aufgebürdet.

Die Neuzeit hat einen neuen Grund zur Sorge hervorgebracht: das Risiko. Ulrich Beck hat diesen Vorgang detailliert analysiert, in seinem Buch »Risikogesellschaft« (1986). Das Risiko ist nicht einfach eine Gefahr, die von Seiten der Natur oder der Bösartigkeit der Menschen droht. Das Risiko verweist nicht länger nur auf Gott oder auf blinde Zufälle, auch nicht auf das intentionale böse Handeln einzelner Menschen oder Menschengruppen. Es entsteht aus dem regulären und komplexen Zusammenspiel von technisch verstärkten Aktivitäten. Da aber für diese Art Komplexität mit ihren Nebenwirkungen kein Arzt oder Apotheker zuständig ist, gerät die ganze Gesellschaft unter eine besorgende und besorgte Perspektive. Man rückt das, worin man enthalten ist, auf Distanz und bringt es als Ganzes in die *Vorhabe* – ein Begriff von Heidegger –, um zu bemerken, dass man sich eigentlich in einer ziemlich riskanten Veranstaltung befindet.

Risiken sind die unbeabsichtigten Nebenfolgen des Handelns. Der Handelnde nimmt Risiken in Kauf und hofft, nicht direkt davon betroffen zu sein. Des Einen Risiko ist des Anderen Gefahr. Zum Beispiel bei einem Überholmanöver: Der Eine riskiert etwas, und der Entgegenkommende gerät unverschuldet in Gefahr. Es ist der

Überholende, der ein Risiko eingeht und dabei den Anderen in den Bereich der Folgewirkungen hineinzieht. Der wird dann zwangsläufig an einem Risiko, das er nicht zu verantworten hat, beteiligt. An Voraussicht mangelt es Beiden, dem einen schuldhaft, dem anderen unschuldig. Nach diesem Modell funktioniert in der Regel die Risikogemeinschaft.

Nun lässt sich die Behauptung aufstellen, die Teilnahme am Straßenverkehr sei überhaupt riskant. Man müsse immer damit rechnen, dass einem ein Waghalsiger plötzlich entgegenkommt. Der Straßenverkehr sei eben eine Gefahr, und wer sich in sie begibt, kann darin umkommen. Tatsächlich gehört diese Argumentation zur Legitimationsgrundlage der Risikogesellschaft. Da hierzulande die meisten auch zugleich Nutznießer der hochproduktiven, wohlstandschaffenden, jedoch riskanten (Umweltschäden, Ressourcenknappheit) industriellen Zivilisation sind, ist es nicht nur unvermeidlich, dass sie ein Risiko tragen nach dem Grundsatz: mitgefangen, mitgehangen. In der Risikogesellschaft wird die Gesellschaft als Ganzes in die Rolle des Akteurs gedrängt, obwohl der Grad der Verantwortung im Einzelnen sehr unterschiedlich ist. Wenn Risiken eine bestimmte Größenordnung erreichen (Super-GAU bei Atomkraftwerken, Klimakatastrophe), stellt sich freilich eine fatale Gleichheit vor dem Risiko ein, weil es alle trifft, auch die Unschuldigen. Was Tschernobyl angeht, so sind diejenigen, die darunter zu leiden haben, noch gar nicht alle geboren.

Es mag sein, dass, wo Gefahr ist, auch das Rettende wächst, wie es bei Hölderlin heißt. Beim Risikowachstum aber wächst zunächst einmal nicht das Rettende, sondern es wächst das Geschäft der Risiko-Umverteilung. Beck beschreibt diese Verteilungskonflikte so: Früher habe es die Verteilungskonflikte um die gesellschaftlichen Güter gegeben (Einkommen, Arbeitsplätze, soziale Sicherheit) und es seien Lösungen dafür gesucht und gefunden worden; heute werden diese Konflikte überlagert von den neuen Konflikten um die Verteilung der *miterzeugten ›bads‹*. Hierbei entbrennt der Streit um die Frage: *Wie können die Folgen der mit der Güterproduktion einhergehenden Risiken – der atomaren und chemischen Großtechnologie, der Genforschung, der Umweltgefährdung, der militärischen Hochrüstung und der zunehmenden Verelendung der außerhalb der westlichen Industriegesellschaft lebenden Menschheit – verteilt, abgewendet, gesteuert und legitimiert werden?*

Die Risikogesellschaft hat die uralte Sorge modernisiert. Sie ist zur systemisch angelegten Vorsorge geworden und fungiert als eine Art Spürhund für neue Risiken. Früher betrachtete man die künftigen Ereignisse als Schickungen oder Zufälle, heute blickt man sorgenvoll in eine Zukunft, die einen mit den beabsichtigten und vor allem den unbeabsichtigten Folgen des Handelns (oder Nicht-Handelns) konfrontiert. Aus der Perspektive der Risiko-Vorsorge wird die Zukunft zur erweiterten Gegenwart und nimmt auch noch die Vergangenheit in sich auf, sofern die Wirkungen des vergangenen Handelns noch andauern. So kann es geschehen, dass einem die Folgen der Sünden der Vergangenheit aus der Zukunft entgegenkommen. In der Risikogesellschaft ist nichts so vergangen, dass seine Wiederkehr nicht als Risiko drohen könnte.

Die enorme Eingriffstiefe technisch-gesellschaftlichen Handelns verstärkt seine Rückwirkungen, die sich erst in der Zukunft zeigen. Der menschengemachte Anteil an der Zukunft wächst. Trotzdem gibt es weiterhin noch die Offenheit der Zukunft, denn der Risikofall kann eintreten – oder auch nicht. Keine Risikoversicherungen bringen die Sorge zum Verschwinden; sie kann sich sogar verstärken auf dem Umweg über die Erhöhung der Sicherheitsbedürfnisse. Denn auch diese geraten in eine Wachstumsspirale. Sicherheit verlangt nach mehr Sicherheit, einfach deshalb, weil man, an Sicherheit gewöhnt, überempfindlich wird für das Bedrohliche. Für das System dieser Rundumversorgung gilt: Wo aber das Rettende ist, wächst die Gefahr. Es handelt sich um das Wachstum von Sorgen inmitten von komfortablen Verhältnissen. Man sorgt sich auf hohem Niveau, und die soziale Fallhöhe wirkt auch deshalb immer beängstigender, weil man sich inzwischen an die Verwöhnung gewöhnt hat.

Zu den globalen Risiken und zur aktuellen Kultur der Sorge gehört seit einiger Zeit auch der Terrorismus. Er ist das Übel, das einem von Seiten der Bösartigkeit von Menschen droht. Dem Terror fehlt die Berechenbarkeit von Kriegshandlungen. Der Feind ist unsichtbar. Plötzlich taucht er auf, schlägt zu. Der Terrorist will nicht nur töten und zerstören, vor allem will er Unsicherheit verbreiten. Er operiert auf der konkreten und auf der symbolischen Ebene. Es geht um die Aktion selbst, dann aber auch um die Verbreitung der Schreckensnachricht. Dabei werden die Medien zu unfreiwilligen Komplizen. Die Terroristen produzieren den Schrecken – in der Erwartung, dass die Medien ihn weiter verbreiten. Eigentlich müsste analog zu den medizinischen Praktiken der Blockierung von Übertragungswegen die Verbreitung von Schreckensnachrichten unterbunden werden, was aber der Informationspflicht, der Sensationslust des Publikums und den Geschäftsinteressen der Medien zuwiderläuft. Und so kommt es zu der unheiligen Allianz des Terrors mit den Medien, die für das Gefühl der Allgegenwart der Gefahr sorgt. Öffentliche Plätze, Flughäfen, Bahnhöfe werden zu Orten erhöhten Risikos. Wenn auch hierzulande die Wahrscheinlichkeit, von einem Terroranschlag betroffen zu sein, noch immer im Bereich eines höheren Lottogewinns liegt, so erinnern die vorbeugenden Sicherheitsmaßnahmen doch an die ständige Bedrohung. Die Sorgen wachsen mit der Vorsorge, die außerdem die Spielräume der Freiheit einschränken. In der Regel ist man bereit, diesen Preis zu zahlen.

In verwandelter Gestalt / Üb' ich grimmige Gewalt, erklärt die Sorge in Goethes »Faust II«. Die verwandelte Gestalt der Sorge zeigt sich als nüchtern kalkulierender Umgang mit der Zukunft, als Risikoeintrittswahrscheinlichkeit. Die Eigendynamik der Risikovermehrung ergibt sich dabei nicht nur daraus, dass die ökologischen, ökonomischen, finanziellen und terroristischen Risiken zunehmen, sondern es wandeln sich auch die Risikodefinitionen und damit die Wahrnehmung von Risiken. Risiken sind ursprünglich Gefahren, Schädigungen, Unfälle, die als unbeabsichtigte, allenfalls in Kauf genommene Nebenfolgen eines Handelns auftreten können. Inzwischen aber hat sich der Anwendungsbereich des Begriffs Risiko erheblich ausgeweitet. Er bezieht sich nicht mehr nur auf eine irgendwie gefährliche, unfallträchtige Aktion. Schon mit der Wahl einer bestimmten Berufsausbildung geht man ein Risiko ein, es kann einem nämlich passieren, dass man keine Stelle findet. Dann wird der Betroffene durch Weiterbildungsmaßnahmen und Bewerbungstrainings gefördert. Wenn man dann immer noch keine Stelle findet, kommt man nicht umhin, sich selbst als Risikofall einzustufen.

Eine analoge Verwandlung von Menschen in Risikofälle vollzieht sich im Gesundheitsbereich. Die Versicherungen, Ärztevereinigungen und staatlichen Stellen dringen auf Vorsorgeuntersuchungen. Immer neue Risikogruppen werden entdeckt, Risikoschwangerschaften, Risikokinder, Krankheitsdispositionen aller Art. Mit dem Anwachsen des vermeintlichen Risikowissens werden auch die Anforderungen an den Einzelnen dringlich, sich zu informieren und sich Präventionsmaßnahmen gefallen zu lassen. Man wird zum pflichtschuldigen Konsumenten eines wuchernden Risiko-Vermeidungsangebotes. Greift man hier nicht zu, ist man selbst der Risikofall und kommt nicht umhin, Gesundheit als eine Illusion anzusehen, die sich dem Umstand verdankt, dass man sich nur noch nicht gründlich genug hat untersuchen lassen.

Die Fortpflanzungsmedizin und die Genetik tun ein Übriges, um den Bereich des Risikos auszudehnen. In den USA haben Versicherungsgesellschaften bereits damit begonnen, ihre Klientel nach genetischen Prognosen zu sortieren, und eine nachfrageorientierte Eugenik ist auf dem Vormarsch. Da wird noch Einiges auf uns zukommen. Von Gen-Banken werden patentierte Eigenschaften gekauft werden können. Der Standard eines wohlgeratenen Menschen wird neu definiert werden, und in Verbindung mit der pränatalen Diagnostik wird der Gesundheitsbegriff in bedrohliche Nachbarschaft zur Kategorie vom lebensunwerten Leben rücken, die die Nationalsozialisten benutzten. Es könnte eine neue Klassengesellschaft entstehen von Menschen, die eugenisch modelliert sind, und solchen, die noch naturbelassen und deshalb minder wertvoll zur Welt kommen. Wer in Zukunft seine Identität erfahren will, wird Kataloge studieren müssen, mit deren Hilfe seine Eigenschaften zusammengekauft wurden. Es wird zu Prozessen kommen, bei denen Kinder gegen ihre Eltern auf Schadenersatz klagen werden wegen zu billiger Machart oder, was sogar schon vorgekommen ist, Kinder, die mit ihrem Leben nicht zurechtkommen, verklagen die Eltern, weil sie es unterlassen haben, sie abzutreiben. So kann es geschehen, dass man selbst zum Risikofall wird für sich und für andere. Jedenfalls dringt in den Bereich der Hervorbringung des Menschen durch den Menschen eine neue Art der Vorsorge ein.

Professionell sind es die Versicherungen, die das Geschäft der Vorsorge besorgen. In diesem Geschäftszweig errechnet sich das Risiko aus dem Produkt der Eintrittswahrscheinlichkeit eines Schadens und der monetär ausgedrückten Schadenshöhe. Wie beziffert sich die Schadenshöhe bei einem Menschen, der sich als schlecht gemacht vorkommt? Bei der Atomindustrie gibt es den möglichen Schadensfall, den Super-GAU, der zwar eine geringe Wahrscheinlichkeit hat, dafür aber, wenn er doch eintritt, eine solche Schadenshöhe erreichen würde, dass keine Versicherung ihn abdecken kann. In solche nicht mehr versicherbare Größenordnungen dringen inzwischen auch die Industriezweige der Chemie und Biotechnik vor.

Die Risikoberechnungen haben einen neuen Zugang zur Zukunft eröffnet und erlauben auch einen neuen Blick auf die Gegenwart. Von den im Risikofall anfallenden möglichen Kosten lässt sich nämlich errechnen, wie teuer eigentlich die jeweilige Gegenwart ist. Seit den Rettungsschirmen für die Finanzwirtschaft wissen wir zum Beispiel, wie viel uns die Beibehaltung dieser gigantischen Wertvernichtungsmaschine wert ist: Der Betrag geht in die Billionen. Jetzt könnte man eigentlich entscheiden, wie lange man sich das noch leisten will und ob es nicht besser ist, umzusteuern. In diesem Zusammenhang bemerkt man überrascht, welche systemsprengende Kraft in der Risikoperspektive liegen könnte. Indem man Künftiges im Begriffsfeld des Risikos abschätzt, berechnet, versichert, umverteilt, abwälzt, vermeidet, hat man es mit einer Zukunft zu tun, die vollends als Produkt des gegenwärtigen Handelns verantwortet werden müsste, und die Frage drängt sich dann auf, ob man sich eine solche Zukunft überhaupt leisten kann und ob sie noch verantwortbar ist.

Wo die Risiken unbezahlbar und deshalb unverantwortbar werden, kehrt die alte Sorge angesichts der Unversicherbarkeit des Lebens in der Zeit zurück. Es ist eine Ironie des Schicksals, dass auf dem Wege der Berechenbarkeit sich das Unberechenbare wieder Geltung verschafft. Die in der Risikobewirtschaftung ausgelagerte Sorge hat wieder ihren Auftritt, so wie sie auch den überaus tüchtigen Faust, der ganz in seinen Weltbemächtigungsprojekten aufgeht, schließlich heimsucht. *In verwandelter Gestalt / Üb' ich grimmige Gewalt.*

Die Sorge lässt sich nicht abwehren, sie dringt *durchs Schlüsselloch* und ist ungreifbar wie der Schatten, den das mögliche Unheil wirft. *Nun ist die Luft von solchem Spuk so voll / Dass niemand weiß wie er ihn meiden soll. / Wenn auch ein Tag uns klar vernünftig lacht / In Traumgespinst verwickelt uns die Nacht …* Fausts Affäre mit der Sorge geht am Ende tragikomisch aus. Die Sorge blendet diesen Meister aus Deutschland, indem sie ihn anhaucht. Der glaubt nun, die Arbeiter zu hören, die, wie befohlen, eifrig am Werk der Trockenlegung und Nutzbarmachung des Bodens sind. Tatsächlich aber sind es die Lemuren, die Fausts Grab ausheben. Es dauert nicht mehr lange, dann hat er ausgesorgt.

Kapitel 4

Vergesellschaftete Zeit

Was misst die Uhr? Regelmäßige Bewegungsabläufe messen unregelmäßige. Die Uhr als gesellschaftliche Institution. Zeittakt des Geldes. Zeitdisziplin. Die wunderliche Pünktlichkeit. Robinsons Kalender. Gleichzeitigkeit. Echtzeitkommunikation. Prousts Telefon und die Stimmen aus dem Totenreich. Schwierigkeiten mit der erweiterten Gleichzeitigkeit. Aufwertung der Gegenwart und gespeicherte Vergangenheit.

Zeit der Langeweile, Zeit des Anfangens, Zeit der Sorge – was ist nun aber die Zeit selbst, die uns das eine Mal lähmt, ein andermal beschwingt, und dann wieder bedrückt?

Man könnte einfach sagen: Die Zeit ist dasjenige, was die Uhren messen. Was aber messen die Uhren? Sie geben Antwort auf die Frage nach der Position von Ereignissen auf einer Skala, es geht also um das Wann, den Zeitpunkt; oder sie geben Antwort auf die Frage nach der Länge von Abläufen im Nacheinander eines Geschehens, es geht also um das Wie lange, die Dauer. Früher bezog man sich dafür auf Naturabläufe, deren wiederholtes Auftreten ein ähnliches oder gleiches Muster aufwies – die Bewegung der Gestirne oder der Sonne oder auch den Herzschlag. Solche rhythmischen Abläufe dienten als Maßeinheit für die Einteilung der Zeit und damit als Uhr. Als Maß konnte aber zum Beispiel auch eine bestimmte Sandmenge dienen, die durch einen engen Hals rinnt: die Sanduhr. Noch später, etwa seit dem 14. Jahrhundert, begann man mechanische Uhren zu konstruieren, zuerst die Räderuhren mit Gewicht und Hemmung und dann, seit dem 17. Jahrhundert, die um einiges genaueren Pendeluhren. Aber es bleibt dabei: Stets handelt es sich um regelmäßige Geschehensabläufe, mit deren Hilfe man die Dauer anderer, weniger regelmäßiger Geschehensabläufe misst.

Die immer subtileren Techniken des Messens haben dazu geführt, dass im allgemeinen Bewusstsein die Zeit selbst gerne verwechselt wird mit den Instrumenten, mit deren Hilfe man sie misst. Als ob die Zeit etwas wäre, das taktmäßig wie der Sekundenzeiger voranschreitet. Schon dieser Ausdruck ist missverständlich. Die Zeit schreitet nicht, eher fließt sie, aber auch das ist nur eine ziemlich hilflose Metapher. Zeit ist das Dauern, bei dem man ein Früher und Später markieren kann und dazwischen die Intervalle zählt. Damit man innerhalb einer Zeitspanne etwas hat, das man zählen kann, muss es Ereignisse geben, und wenn es nur die Taktschläge der Uhr oder irgendwelche Schwingungen sind. Bereits für Aristoteles war klar: Es muss etwas geschehen – nur dann kann man sinnvollerweise von Zeit sprechen. Eine leere, eine ereignislose Zeit, eine Zeit, in der nichts geschieht, gibt es nicht. Aristoteles sagt: *Denn eben das ist Zeit: die Zahl der Veränderung hinsichtlich des Davor und Danach.*

Die Zeit und die Zahl sind bei Aristoteles zusammengerückt. Zeit ist für ihn darstellbar in einer zählbaren Reihe von Punkten, die jeweils früher oder später sind. Wenn die Zeit, entsprechend der Definition von Aristoteles, dieses Medium ist, in dem sich die Ereignisse vollziehen, so bedeutet das auch, dass die Zeit nicht verwechselt werden darf mit der Kraft, vermöge derer sich die Ereignisse vollziehen. Dieser Irrtum wird uns durch die Sprache nahegelegt. Die Zeit wird als grammatisches Subjekt gebraucht, das irgendetwas tut und bewirkt. Die Grammatik verleiht der Zeit eine schöpferische Potenz – die Idee Gottes als großer Verursacher und Beweger schimmert durch, denn unversehens wird die Zeit verstanden als dasjenige, was die Geschehnisse selbst hervorbringt, früher sprach man auch vom Füllhorn der Zeit. So verschmilzt die Zeit, in der etwas geschieht, mit der Vorstellung von einer Zeit, die selbst mit schöpferischen Kräften ausgestattet ist. Von Bergsons Zeitphilosophie war im Kontext des Anfangens schon die Rede. Man versucht die Zeit zu begreifen und bekommt doch nur die Ereignisse zu fassen, die in ihr geschehen, und weil die Zeit als bloßes Medium so schwer zu greifen ist, verwandelt man sie in einen Akteur, den man nie direkt, sondern immer nur in seinen Wirkungen fassen kann.

Wenn also die Zeit selbst kaum zu fassen ist, die Uhren sind es. Sie üben, wenn sie einmal existieren, eine große Macht im Zusammenleben der Menschen aus. Sie sind ein soziales Faktum der Koordinierung und Organisierung des Menschengeflechtes. Sie koordinieren die zeitlichen Bezugspunkte des gesellschaftlichen Getriebes, zunächst im lokalen Rahmen. Sosehr die Zeit der Uhren in unser Leben eingreift, dem Erlebnisphänomen ›Zeit‹ steht sie denkbar fern, auch wenn viele Physiker das noch nicht so recht begriffen haben. Heute operieren wir mit einer einheitlichen Weltzeit, wir sind insofern gleich-zeitig geworden, als wir dieselben Maßeinheiten der Zeit nutzen. Anders als die Geldwährungen weltweit können die Zeitzonen und Datumsgrenzen auf eine einheitliche Weltzeit umgerechnet und durch die Standardsekunde vereint werden.

Die Zeit der Uhren hat ihre besondere Geschichte. Sie ist im Einzelnen gut erforscht, und so genügt es, an einige wenige Aspekte zu erinnern, welche die vergesellschaftende Wirkung des Taktgebers der Uhrzeit hervortreten lassen. In der Neuzeit ist die Uhr dominierend geworden, aber bereits die antiken Zeitgenossen beklagten das Zeitmaß, das die Sonnen- oder Wasseruhren vorgaben, als zwanghafte Neuerung, die den gewohnten privaten Lebensrhythmus einschränkte. Die gemessene Zeit galt als öffentliche Zeit, da aber die Vergleichbarkeit der am jeweiligen Ort gemessenen Zeit noch nicht gegeben war – *eher werden noch die Philosophen übereinstimmen als die Uhren*, erklärte Seneca –, etablierte sich die soziale Herrschaft der Uhren erst mit deren flächendeckender Synchronisation. Mit der Entwicklung des Transportsystems, besonders der Eisenbahn im 19. Jahrhundert, geschah der Durchbruch zur Koordinierung der Uhrzeiten. Zuvor hatten die Territorialstaaten schon die Homogenisierung des staatlichen Raumes gebracht, jetzt vollzog sich die Homogenisierung der Zeit. England führte Ende des 19. Jahrhunderts die Greenwich Mean Time (GMT) ein, eine einheitliche Uhrzeit, benannt nach dem Stadtteil, wo sich die Londoner Sternwarte befindet. Zuvor hatte jeder Ort seine eigene Ortszeit, und man kann sich lebhaft vorstellen, wie die Leute auf dem Lande zunächst Einspruch dagegen erhoben, wenn sie sich plötzlich nach der Londoner Zeit richten sollten. Aber es konnte keine geregelten Fahrpläne geben ohne die gesellschaftliche Einigung auf eine gemeinsame Uhrzeit. Jetzt erst wurde die Zeit wirklich vergesellschaftet, sie wurde zuerst in den Regionen, dann weltweit auf einheitliche Maßeinheiten gebracht, man einigte sich auf den Nullmeridian als Zeitachse, von der aus man die jeweilige Ortszeit bestimmen konnte.

Die gesellschaftliche Homogenisierung der Zeit durch die einheitliche Uhrzeit ist das eine. Das andere ist, dass dadurch den Ereignissen und Tätigkeiten eine jeweilige Zeitstelle angewiesen werden konnte. Mit anderen Worten: Erst jetzt konnte sich – menschheitsgeschichtlich zum ersten Mal – das wunderliche Phänomen der Pünktlichkeit herausbilden.

Der eine Hebel, mit dem die Uhr die gesellschaftliche Zeitökonomie revolutionierte, war also das Transportsystem, der andere war die Maschine. Im älteren Handwerk konnte man sich die Arbeit selbst einteilen, die Fabrikarbeiter aber mussten sich nach dem Rhythmus der Dampfmaschine richten. Dies zwang die Menschen zur Pünktlichkeit, und zwar nicht nur auf die Stunde, sondern auf die Minute genau. Bei Revolten zerschlugen englische Industriearbeiter im 19. Jahrhundert nicht etwa nur die Maschinen, an denen sie arbeiteten, sondern auch die Uhren über den Fabrikanlagen. Ihr Zorn richtete sich gegen die allgegenwärtigen Instrumente der Zeitmessung, zugleich die Symbole einer tiefgehenden Kontrolle. Die Herrschaft der Zeit über den Arbeitsprozess aber wurde dadurch nicht gebrochen. Im Gegenteil. Mit den tayloristischen Systemen der Zeiterfassung wurde sie noch perfektioniert. Dadurch sollte der organische Bewegungsablauf mit dem Ablauf der Maschinenprozesse fugenlos koordiniert werden: die rückstandslose Umsetzung der Lebenszeit in die Maschinenzeit. Jede noch so unbedeutende Zeitreserve, versteckte Pausen und Verlangsamungen sollten entdeckt und wegrationalisiert werden. Es sollte keine Reibung mehr geben zwischen Maschinenprozess und Lebensprozess, und auf diese Weise sollte aus dem Arbeiter das Maximum herausgeholt werden. In der Epoche der großen Industrie gibt dann diese Maschinenzeit den Zeittakt vor für die Gesellschaft insgesamt und für den Einzelnen. Diese Mechanisierung wurde zu einer Ideologie, die auch vor den natürlichsten Vorgängen nicht haltmacht: Jahrelang wurden Neugeborene auf einen von der Uhr getakteten Ernährungsrhythmus konditioniert – ein Irrweg, von dem inzwischen wieder abgerückt wird, während andererseits die permanente (Selbst-)Vermessung der Körperfunktionen gerade in Mode kommt.

Die Uhren zeigen also nicht nur an, was ist, sondern wirken immer auch normativ und funktionieren so als Verhaltenssteuerung. Zuerst prangten die größten und auch schönsten Uhren an den Kirchtürmen und brachten von dort ihre mahnende Botschaft an die Leute. Dann fanden wir sie an den Bahnhöfen und in den Werkhallen, bis sie schließlich am Handgelenk der meisten Erdenbürger auftauchten. In diesem Augenblick können dann alle wissen – und vor allem: müssen alle wissen –, was die Stunde geschlagen hat. So hat die Uhr dafür gesorgt, dass sich die Zeit tief ins bewusste und unbewusste Leben eingräbt – als Zeitsensibilität und Zeitdisziplin. Die Verinnerlichung solcher Zeitdisziplin ist für Norbert Elias ein hervorragendes Beispiel dafür, wie der Zivilisationsprozess überhaupt den Menschen dazu bringt, den Fremdzwang in einen Selbstzwang zu transformieren. Die öffentliche Zeit der Uhren, die den Verkehr und die Arbeit regeln, wird zum Zeitgewissen verinnerlicht.

Die Uhr ist die eine Institution zur Vergesellschaftung der Zeit, die andere ist das Geld. Das Geld ist ein Mittel für den zeitlichen Aufschub des unmittelbaren Konsums. Beim Tausch Ware gegen Geld wird der enge Kreis gegenwärtiger Konsumtion gesprengt, und es öffnet sich ein ganzer Horizont von Optionen: Güter und Dienstleistungen, die sich in naher oder ferner Zukunft gegen Geld eintauschen lassen. Dieses Geld entsteht nur aus gesellschaftlicher Interaktion, und die Zukunft, die es eröffnet, ist ebenfalls rein gesellschaftlich bestimmt, es handelt sich dabei um eine Zukunft, die nur dort gilt, wo auch das Geld gilt. Man kann eine Gänsehaut bekommen, wenn man bedenkt, wie fragil diese Geld-Basis ist. Geld gilt ja nicht von Natur aus, sondern muss akzeptiert werden. Wenn es plötzlich nicht gilt, stürzt alles wie ein Kartenhaus zusammen. Die Botschaft ›Gott ist tot‹ hat die Welt bisher ganz gut überlebt, aber ob sie die Botschaft ›das Geld ist tot‹ als Zivilisation überleben würde, ist noch sehr die Frage: Vieles deutet darauf hin, dass von den beiden Grundfiktionen gesellschaftlichen Lebens nicht Gott, sondern das Geld schlechter zu entbehren ist.

Geld ist ein gesellschaftliches Konstrukt, ein Etwas, das an sich selbst keinen materiellen Wert hat, aber einen Wert repräsentiert, für den sich reale Güter erwerben lassen. Erinnert die Münze noch von Ferne an das Goldstück von realem Gegenwert, so wahrt der Geldschein als Papier gewordenes Versprechen kaum noch den Schein, nicht zu reden vom modernen Buchungsgeld, das nur noch in einem semantischen Raum schwebt: Geld hält sich, weil und nur solange es als solches anerkannt wird. Mit dem Geld kann man sich etwas für die Zukunft versprechen, allerdings nur in seinem Geltungsbereich, auf den entsprechenden gesellschaftlichen Spielfeldern. Doch kommt es bekanntlich immer wieder zu Situationen, in denen das Spiel kollabiert, eine große Inflation plötzlich das Geld entwertet, die Geld-Ware-Tauschakte unterbrochen sind und alle Wirtschaftstätigkeiten zum Erliegen kommen. In diesem Moment erlischt das Zukunftsversprechen des Geldes, und es wird zu einem Stück Blech, einem Papier oder einem digitalen Etwas – was alles dann nichts mehr bedeutet. Aber solange das Spiel noch andauert, die Fiktionen noch anerkannt werden, solange also das Geld noch etwas bedeutet, erweist es sich als Instrument der Bewirtschaftung von Zukunft. Sofern es gilt, ist Geld auch ein Spiegel der Vergangenheit, denn in seinem Wertausdruck verbirgt sich eine bestimmte Menge von geleisteter Arbeit oder getauschter Güter, für die man es bekommen hat. Geld öffnet den Zeithorizont also nach beiden Seiten, in die Vergangenheit und in die Zukunft. Mit dem ganz und gar gegenwärtigen Geld wird eine Vergangenheit mit einer Zukunft verrechnet. So ist der Geldverkehr immer auch eine Transaktion mit der Zeit. Deshalb gibt das Geld, zusammen mit der Uhr, den gesellschaftlich bestimmten Zeittakt vor.

Solche Prägung der Zeiterfahrung im gesellschaftlichen Getriebe lässt es fraglich erscheinen, ob die innere Zeiterfahrung tatsächlich – wie Kant und mit ihm eine ganze philosophische Tradition vermuten – zur apriorischen Grundausstattung des Bewusstseins zählt, oder nicht doch erst eine Folge der gesellschaftlichen Zeitdisziplinierung ist – wie Norbert Elias vermutet. Der vergesellschaftete Mensch jedenfalls erfährt die Zeit zunächst immer schon als etwas Gesellschaftliches, sogar wenn er sich zeitweilig von ihr getrennt fühlt, wie etwa Robinson Crusoe.

Dieser Schiffbrüchige aus Daniel Defoes Roman strandet an einer einsamen Insel in der Südsee. Gewissenhaft notiert er das Datum, es ist der 30. September 1659. Eine seiner ersten Maßnahmen besteht darin, sich einen Kalender zu verfertigen, schon allein deshalb, um den Sonntag pünktlich einhalten zu können und auch sonst dem Leben eine innere Ordnung zu geben, die der zeitlichen Ordnung des gesellschaftlichen Lebens in der geliebten englischen Heimat entspricht. Zeitdisziplin also, um nicht zu verwildern und um den stabilisierenden Bezug zur Herkunftswelt, zur Gesellschaft und ihrem Gott, bewahren zu können. Wenn Robinson sich seinen selbstgefertigten Instrumenten der Zeitmessung zuwendet, stellt er Verbindung her zur öffentlichen, gesellschaftlichen Zeit in dem tröstlichen Bewusstsein, doch noch nicht ganz aus der zivilisierten Welt gefallen zu sein. Es ist nicht seine Sache, sich die Rätselhaftigkeit der Zeit etwas angehen zu lassen. Der einsame Robinson, der doch so viel Zeit hat, nimmt sich, was bemerkenswert ist, offenbar keine Zeit, um über die Rätselhaftigkeit der Zeit zu brüten. Der englische Common Sense leistet ihm hinreichende Gesellschaft. Nicht auszudenken, einen Kierkegaard hätte es auf die Insel verschlagen. Was hätten wir nicht alles über den Abgrund der Zeit erfahren! Der einsame Robinson zählt den Tag und die Stunde und weiß, dass es anderswo denselben Tag und dieselbe Stunde gibt. Solche imaginäre Gleichzeitigkeit tröstet ihn, doch erleben kann er sie selbstverständlich nicht.

Das gemeinschaftliche Erleben von Gleichzeitigkeit über räumliche Distanz hinweg war noch bis ins späte 19. Jahrhundert überhaupt sehr beschränkt. Erst mit den telegrafischen und telefonischen Techniken und schließlich der Television lässt sich, erstmals in der Menschheitsgeschichte, die Gleichzeitigkeit zwischen raumentfernten Punkten wirklich erleben.

Dieser Einbruch von Gleichzeitigkeit wirkte überwältigend, wie man einer berühmten Schilderung aus der frühen Zeit des Telefonierens entnehmen kann. In Paris gab es um 1890 nur ungefähr 3000 Anschlüsse, als Marcel Proust am 22. Oktober 1896 vom Grandhotel in Fontainebleau aus mit seiner Mutter zum ersten Mal telefonierte – für ihn eine unauslöschliche Erfahrung, die in der »Suche nach der verlorenen Zeit« mehrfach verarbeitet wurde, eine Schlüsselszene wie die mit dem Madeleine-Törtchen. In der »Welt der Guermantes« ist es die Großmutter, die mit dem Erzähler Marcel, der zu dieser Zeit in Doncières weilt, telefonisch Verbindung aufnimmt. Geschildert wird der *bewunderungswürdige, märchenhafte Vorgang*, wenn plötzlich die Stimme der fernen geliebten Person, das Hintergrundrauschen übertönend, aus dem Hörer dringt. Die Stimme der fernen Person ist sogar noch näher, als wenn sie vor einem sitzen würde. Das liegt wohl daran, vermutet der Erzähler, dass sie nicht überdeckt wird von den physiognomischen Eindrücken, dass sie aus dem Raum gelöst ist, in dem sie sonst ertönt. Sie ist dem Futteral des gewöhnlichen Lebens entstiegen. Es erreicht ihn eine Stimme aus dem Nirgendwo, aus dem Totenreich. Diese gespenstische Nähe stimmt den Erzähler traurig, solche Gleichzeitigkeit wird ihm unheimlich. Jedenfalls ist es wie im Märchen oder in mythischer Vorzeit. Die Telefonfräulein, welche die Verbindungen herstellen und aus der Tiefe des Netzes ihm zurufen *Hier Amt!* wirken auf ihn wie *die Danaiden des Unsichtbaren, die unablässig die Urnen der Töne leeren, füllen und einander übergeben.* Proust war ja eigentlich ein Meister darin, die Personen in der Atmosphäre ihrer Räume und Zeiten zu erleben und darzustellen, die Telefonszene jedoch mutet ihm zu, die geliebte Person nackt, von aller Geschichte entkleidet und aus allen Atmosphären herausgerissen, zu erleben. Deshalb die *Angst, die jener überaus ähnlich war, die ich an dem Tag empfinden würde, da man zu denen spricht, die nicht mehr antworten können.*

Proust ist noch dicht genug an der Zäsur, um das Ungeheuerliche des Vorgangs zu empfinden, wenn die durch Raumentfernung geschützten Sphären der Eigenzeit plötzlich aufplatzen und das Ferne einem so nahekommt. Doch zu seiner eigenen Überraschung gewöhnt er sich schnell an diese Art von Pseudo-Präsenz, denn der Erzähler wird ungeduldig, wenn der *bewunderungswürdige, märchenhafte Vorgang nicht rasch genug funktioniert* und man auf die Herstellung der Verbindung warten muss.

Auch wir haben uns schon längst gewöhnt an diese Echtzeitkommunikation. Man muss sich immer wieder ins Bewusstsein rufen, wie jung diese Möglichkeit noch ist. Früher war man an jedem Raumpunkt in die jeweilige Eigenzeit eingeschlossen. Ein Geschehen an einem entfernten Ort war schon längst vorbei, wenn man davon Kunde erhielt. Gleich-zeitig war nur der Bereich, den man unmittelbar erleben und übersehen konnte, wo man also wirklich dabei war. Jenseits dieser Grenze gab es nur noch unterschiedliche Stufen der Verspätung. Eine kleine Insel von Gegenwart, umgeben von einem Ozean von Vergangenheit. Als Schiller davon hörte, dass in Frankreich die Verurteilung und Hinrichtung des Königs drohte, wollte er nach Paris reisen, um dem französischen Volk hochpathetisch, wie es seine Art war, ins Gewissen zu reden. Als er sich daran machte, das Vorhaben zu verwirklichen, musste er erfahren, dass es schon zu spät war. Der König war bereits enthauptet. Damals war man nie auf der Höhe der Zeit, es war immer zu spät. Das hatte auch Vorteile. Raumentfernungen verzögern zwar die Kommunikation, schützen aber auch davor. Noch blieb das System von Wahrnehmungshorizonten, die sich radial und abstufungsreich um die individuelle Leibzentrierung herum aufbauen, intakt. Heute hat es sich längst aufgelöst. Die Ferne belästigt uns mit trügerischer Nähe, und das Gleichzeitige, vor dem wir durch Raumdistanzen geschützt waren, dringt in unsere Eigenzeit ein.

Früher hatte das verspätet übermittelte Ereignis Zeit genug, sich mit Imaginationen und Interpretationen zu verbinden. Es war schon vielfach bearbeitet, ehe es ankam. Dadurch verloren die fernen Ereignisse niemals ihren Charakter der Ferne, gerade weil sie sich infolge der langen Übermittlungswege mit Bedeutsamkeiten anreicherten und Merkmale des Legendenhaften und Symbolischen annahmen. Vor allem war es die Sprache, die diese Ferne vermittelte. Die Sprache war das Medium, das entfernte Punkte miteinander verband. Sprachliche Repräsentation aber bewahrt die Ferne des Repräsentierten, sie bewahrt damit bei der Übermittlung des fernen Ereignisses die Aura, die, nach einer Definition Walter Benjamins, als *die einmalige Erscheinung einer Ferne, so nah sie sein mag* verstanden werden kann.

Die Herstellung einer Gleichzeitigkeit durch Kommunikation in Echtzeit ist inzwischen ein Grundzug der modernen Welt. Wenn das Nahe und das Ferne sich im künstlich erweiterten Wahrnehmungshorizont vermischen, ist die Orientierung an den herkömmlich eingeübten Raum-Zeit-Koordinaten beeinträchtigt, ein Vorgang, dessen Problematik Goethe vor zwei Jahrhunderten antizipierte. *Der Mensch ist zu einer beschränkten Lage geboren*, heißt es in »Wilhelm Meisters Lehrjahren«; *einfache, nahe, bestimmte Zwecke vermag er einzusehen, und er gewöhnt sich, die Mittel zu benutzen, die ihm gleich zur Hand sind; sobald er aber ins Weite kommt, weiß er weder, was er will, noch was er soll, und es ist ganz einerlei, ob er durch die Menge der Gegenstände zerstreut, oder ob er durch die Höhe und Würde derselben außer sich gesetzt werde. Es ist immer sein Unglück, wenn er veranlasst wird, nach etwas zu streben, mit dem er sich durch eine regelmäßige Selbsttätigkeit nicht verbinden kann.*

Goethe hat hier, wie so oft, etwas Richtiges getroffen. Es gibt eine Reichweite unserer Sinne und eine Reichweite des vom Einzelnen verantwortbaren Handelns, einen Sinnenkreis und einen Handlungskreis. Reize, so lässt sich mit großer Vereinfachung sagen, müssen irgendwie abgeführt werden. Ursprünglich in der Form einer Handlungs-Reaktion: Handeln ist die entlastende Antwort auf einen Reiz. Deshalb sind auch der Sinnenkreis, worin wir Reize empfangen, und der Handlungskreis, in den sie abgeführt werden, ursprünglich miteinander koordiniert. Das gilt für ein anthropologisches Grundverhältnis, bei dem der Mensch den Sinnenkreis noch nicht so nachhaltig erweitert hat durch die Entwicklung von Wahrnehmungsverstärkern. Die Telekommunikationsmedien sind nichts anderes als Prothesen, welche die Reichweite der Wahrnehmung erweitern. Sie ermöglichen, dass die Menge der Reize und Informationen den möglichen Handlungskreis dramatisch überschreitet. Der auf diese Weise künstlich erweiterte Sinnenkreis hat sich vollkommen vom Handlungskreis losgelöst mit der Folge, dass man handelnd nicht mehr angemessen auf die Reize im erweiterten Sinnenkreis reagieren und die Erregung in Handlung abführen kann. Während einerseits die individuellen Handlungsmöglichkeiten schwinden, steigert andererseits die unerbittliche Logik der anschwellenden Informations- und Bilderströme die Zufuhr von Erregungen. Das muss so sein, weil ja die Anbieter von Erregung um die knappe Ressource ›Aufmerksamkeit‹ beim Publikum konkurrieren.

Dieses aber, inzwischen an Sensationen gewöhnt und danach süchtig, verlangt nach einer höheren Dosis von Erregung. Statt Handlungsabfuhr also: Erregungszufuhr.

Man fragt sich natürlich, was wohl mit den Reizen geschieht, die nicht durch angemessenes Handeln abgeführt werden können. Man wird abgebrüht, stumpft ab. Und doch werden die Dauererregungen wohl Spuren hinterlassen, sie lagern sich irgendwo in uns ab und bilden einen Unruheherd mit frei beweglicher Erregungsbereitschaft, nur lose mit ihren jeweiligen Gegenständen verbunden. Man wird, wie Goethe feststellte, *zerstreut*: Man gerät in einen stets erregungsbereiten Zustand, konsumiert begierig das Trommelfeuer von Sensationen, wird latent hysterisch und panikbereit. So entsteht die aufdringliche Gegenwart einer globalisierten Realität als Erregungstheater. Eigentlich ist es kein Theater, sondern sehr oft blutiger Ernst, doch infolge der Ent-Fernung der Entfernung, durch die trügerische Nähe also, können die Ereignisse kaum anders denn als Theater wahrgenommen werden. Denn so viele Ernstfälle hält kein Mensch aus. Das erzeugt auch einen bestimmten politischen Moralismus, eine Fern-Ethik im Zeitalter des Fern-Sehens. Über den Wandel der Kriegführung im Medienzeitalter der Gleichzeitigkeit ist schon vieles geschrieben worden. Deshalb genügt hier der Hinweis, dass die Kriegführung bei verminderter Bodenberührung – mit Raketen-, Bomber- und Drohneneinsatz – die reale Entsprechung zum moralischen Engagement im Fernsehsessel darstellt, wo es zwar überhaupt keine Bodenberührung mehr gibt, doch umso engagierter moralisch Partei ergriffen werden kann. So bringen Kriege unter Televisionsbedingungen den neuen Typus des medialen Schlachtenbummlers hervor, der global informiert, moralisch hochmotiviert, aber doch eigentlich ahnungslos ist. So viel globale Gegenwart lässt sich gar nicht angemessen vergegenwärtigen. Deshalb bilden sich neue Routinen heraus, die es erlauben, virtuos mit dem Nahen und dem Fernen, dem Eigenen und dem großen Ganzen zu hantieren und umstandslos die Formate zu wechseln. Der Mensch, als sorgebereites Wesen, lernt, sich nun auch um die Zukunft des Planeten zu sorgen. Die globale Drohkulisse – von der Klimakatastrophe bis zur Überbevölkerung und vom weltweiten Terrorismus bis zum Rentenfinanzierungsloch – erfährt nicht mehr nur jeder für sich allein oder in überschaubarer Gemeinschaft, sondern sie wird uns in medial rückgekoppelter Gleichzeitigkeit zur gemeinsam erlebten Gegenwart.

Das führt zu einer Aufwertung der Gegenwart. Ist Gegenwart nicht schon immer vordringlich gewesen? Nein, das ist sie nicht. Es gibt eine Epoche, beispielsweise das europäische Mittelalter bis zur frühen Neuzeit, da war die Vergangenheit so dominant, dass die jeweilige Gegenwart sich als ephemer empfand und kaum ein Bewusstsein ihrer selbst entwickeln konnte. Man fühlte sich als Marionetten- oder Schattenspiel in einem Stück aus einer anderen Zeit. Man lebte in einem Echoraum, der widerhallte von Ursprung und Verheißung. Reinhart Koselleck hat das einmal eindrucksvoll an Albrecht Altdorfers großem Historienbild von 1529 über die Alexanderschlacht von 333 v. Chr. illustriert. Das Bild gibt eine Momentaufnahme des gewaltigen Schlachtgewoges mit vielen hundert penibel ausgemalten einzelnen Figuren, angefertigt nach alten Chroniken, also Schriftstücken, die einen Zeitablauf in Worten nachzeichnen und so festzuhalten versuchen. Ohne die im Bild selbst gegebenen Erläuterungen würde man aber gar nicht erkennen können, dass es sich um jene berühmte antike Schlacht handelt, in der das Perserreich untergehen sollte. Die auf dem Bild dargestellten Perser könnten ebenso gut Türken sein, die im Entstehungsjahr des Bildes Wien vergeblich belagerten, und die dargestellten griechischen Heerführer gleichen den gegenwärtigen Fürsten und Rittern. Es ist nun aber nicht so, dass die Gegenwart sich so wichtig nimmt und deshalb die Vergangenheit in ihr Kostüm steckt. Es ist umgekehrt: Im Neuen kehrt das Alte wieder. Nichts Neues unter dem Himmel. In der gegenwärtig (1529) erfolgreichen Selbstbehauptung gegen den Türkensturm wiederholt sich das Geschehen von Issus vor fast 1900 Jahren. Die Gegenwart ist gar nicht ganz gegenwärtig, zu nachhaltig ragt die Vergangenheit in sie hinein. Doch auch die Zukunft. Die Alexanderschlacht präfiguriert zwar die gegenwärtige Schlacht vor Wien, sie ist aber auch ein Vorspiel für den in der Johannes-Apokalypse geweissagten Endkampf zwischen Christ und Antichrist. Und so ist die jeweilige Gegenwart vom Anfang und vom Ende her völlig beherrscht, gegen eine übermächtige Vergangenheit und eine ebenso übermächtige Zukunft kann sie sich kaum ausbreiten.

Auch sonst kam es vorneuzeitlich stets darauf an, eine Neuerung als Wiederherstellung zu präsentieren. Das gilt sogar noch für die Renaissance, die so viel Neues gebracht hat und die von sich selbst glaubte, man sei auf dem Weg zurück zu den Ursprüngen. In früherer Zeit war das Neue begründungspflichtig, nicht die Fortsetzung des Alten, was sich zunächst einmal von selbst verstand. Heute ist es umgekehrt, es ist die Tradition, die sich rechtfertigen muss, nicht die Neuerung. Je dichter und ausgebreiteter die kommunikativen Netze, also die Horizontale, umso dominanter wird das jeweils Neue gegenüber Vergangenheit und Zukunft, also der Vertikalen. Früher ahmte man das Vergangene nach oder die idealen Ideen, heute das Gegenwärtige. Auch die Speichermedien bewirken die Entmachtung der Vergangenheit. Sie zeichnen einmalige Ereignisse auf als Film, Foto oder Tondokument. Dabei scheint das Irreversible des Zeitflusses punktuell aufgehoben. Das Geschehen eines Augenblickes kann reproduziert werden. Das hat Konsequenzen für die unmittelbar erlebte Wirklichkeit. Wir werden einem Musikereignis, dieser hörbar gemachten Zeit, wohl nie mehr so lauschen können wie Menschen in früherer Zeit, die damit rechnen mussten, dass sie an einem einmaligen, unwiederholbaren Ereignis teilnahmen. Speichermedien hat es auch früher gegeben – die Partitur, das Buch, den Brief, das Bild –, aber da sie eher selten waren, wirkten sie auratisch, bisweilen sogar sakral, jedenfalls nicht alltäglich. Die moderne Technik aber ermöglicht alltäglich Reproduktionen, mit der Folge, dass die Aura des Einmaligen verschwindet. Wir leben ganz selbstverständlich mit der Hand auf der Replay-Taste, und es schleicht sich das Gefühl ein, als ließe sich das unwiderruflich verfließende Leben auch sonst einfach wiederholen.

Die Vergangenheit im Zeitalter ihrer technischen Reproduzierbarkeit, um Walter Benjamins Formulierung abzuwandeln, wird zu etwas, das man scheinbar nach Belieben vergegenwärtigen kann. Auch das trägt zur Aufwertung der Gegenwart bei.

Fassen wir zusammen: Vergesellschaftete Zeit bedeutet die Machtergreifung der Gegenwart, bedeutet, die Vergangenheit speichern, die Zukunft bewirtschaften und über die Gegenwart ein engmaschiges Netzwerk von Zeitregelungen legen. Es erhöht sich der gesellschaftlich erzeugte Zeitdruck. Was aber ist es genau, was da drückt, wenn der Zeitdruck zunimmt? Woher die Beschleunigung?

Kapitel 5

Bewirtschaftete Zeit

Gefangen in Zeitplänen. Wenn die Zeit knapp wird, heilsgeschichtlich, geschichtlich, kapitalistisch. Schulden und Kredit. Zeit der Finanzwirtschaft. Beschleunigungen. Verschiedene Geschwindigkeiten. Rasender Stillstand. Eisenbahn. Der Angriff der Gegenwart auf den Rest der Zeit. Romantische Kritik: das sausende Rad der Zeit.

Wir leben heutzutage unter einem strikten Zeitregime. Genau geregelte Arbeitszeit, Freizeit, Schul- und Ausbildungszeit. Genau koordinierte Zeitpläne im Verkehr und in der Produktion. Bei jeder Gelegenheit sind Fristen zu beachten, besonders bei Prüfungen und bei Krediten. In der Wettbewerbswirtschaft kommt es darauf an, Zeit zu gewinnen, früher mit den neuen Produkten am Markt zu sein, Innovationen schneller umzusetzen. Es verdichtet sich das Netz der zeitlichen Verknüpfungen, der Einzelne fühlt sich in Zeitplänen gefangen, selbstbestimmten und fremdbestimmten. So ist man genötigt, ständig an die Zeit zu denken, wie man sie optimal nutzt, wo man sie einsparen kann, ob man sie jemandem schenken darf. Unter solchem Zeitdruck verwandelt sich die Zeit in eine Art Objekt, das man wie einen Gegenstand behandeln kann, indem man es teilt, verschleudert, verwertet, bewirtschaftet. Ein Gegenstand vor allem, der knapp ist.

Die Zeit ist knapp. Wie kann Zeit überhaupt knapp werden? Zeit selbst kann nicht knapp werden, sie wird knapp nur im Verhältnis zu bestimmten Vorhaben. Jede Tätigkeit, jedes Ereignis beansprucht eine bestimmte Dauer. Steht dafür zu wenig Zeit zur Verfügung, weil zum Beispiel gleichzeitig andere Tätigkeiten und Ereignisse Zeit beanspruchen, wird die Zeit knapp. Sie kann auch deshalb knapp werden, und das ist der häufigste Fall, weil man die Dauer nicht richtig eingeschätzt hat, die ein Vorhaben benötigt. Die Knappheit ist jedenfalls keine Eigenschaft der Zeit, sondern ein Problem, das mit ihrer Bewirtschaftung auftritt. Zeitknappheit ist gemacht, sie ist kein Datum, sondern, im wörtlichen Sinne, ein Faktum. Zeitknappheit ist eine Folge davon, wie Zeit in das gesellschaftliche System hineingezogen und dort verarbeitet wird. Zeit wird knapp immer nur für Handlungen, und Zeitknappheit wird nur von Handlungen hervorgerufen. Wenn etwa die Zeit knapp wird, vor dem Gewitter das Heu einzubringen, so ist nicht eigentlich das Gewitter, sondern das Erntevorhaben zu genau dieser Zeit die Ursache. Zeit kann auch knapp werden, wenn um die Nutzung bestimmter Zeiträume konkurriert wird, etwa wenn die Öffnungszeit einer Arztpraxis von zu vielen Patienten beansprucht wird. Die in Handlungssystemen auftretende Zeitknappheit ist es, welche die Verdinglichung der Zeit bis hin zur Verwandlung der Zeit in eine Ware zur Folge hat: Als wäre Zeit ein knappes Gut, das man möglichst teuer verkaufen muss, und man kann sie, wie andere Wirtschaftsgüter auch, verknappen, um ihren Preis zu erhöhen.

Wahrscheinlich aber verbirgt sich in dieser durch die gesellschaftliche Bewirtschaftung bedingten Verknappung der Zeit das existenzielle Problem, nämlich der Umstand, dass dem Menschen die eigene Lebenszeit immer knapp vorkommen muss, weil er weiß, dass sie durch den Tod befristet ist. Er hat in der Regel immer mehr Vorhaben als Zeit, sie zu realisieren. In den alten Mysterienspielen gab es die häufig variierte komische Szene, wie der Sensenmann an den Jedermann herantritt und dieser eilig und angsterfüllt erklärt, er habe noch keine Zeit zu sterben, er habe noch so vieles zu besorgen.

Die gesellschaftlich bedingte Verknappung der Zeit verdeckt für die alltägliche Wahrnehmung dieses existenzielle Problem, um es indirekt doch auch wieder zu Bewusstsein zu bringen. Da man aber an die ultimative Befristung nicht so gerne erinnert werden möchte, lässt man sich bereitwillig von den selbstgemachten Befristungen hetzen. Ich möchte mir einmal Zeit für mich selbst nehmen, sagt man – und hört bald wieder damit auf und wendet sich seinen üblichen Beschäftigungen zu. Warum? Vielleicht gerade deshalb, weil das Sachliche ablenkt, wohingegen das Persönliche näher an der Existenz ist und deshalb die existenzielle Befristung auch deutlicher durchscheinen lässt. Wenn man nicht an den eigenen Tod erinnert werden will, sollte man vorsichtig sein mit dem Versuch, Zeit für sich zu gewinnen. Entfremdung schützt vor Existenzialität, deshalb deutet ja auch Heidegger umgekehrt das Vorlaufen zum Tod als eine Hochleistung der Eigentlichkeit. Jedenfalls gilt eine Regel, die nach einem Merkvers so lautet: *Meist sieht man / des Lebens Frist / vor lauter Alltags- / fristen nicht.*

Bisher war von der Zeitknappheit im gegenwärtigen gesellschaftlichen System und von der Zeitknappheit als existenziellem Problem die Rede. Aber beim Rückblick auf die vergangenen Jahrhunderte entdecken wir noch zwei andere Formen der Zeitverknappung, die gegenwärtig weniger auffällig sind, aber unterschwellig doch auch weiterhin ihre Wirkung tun: die Zeitverknappung im Verständnis der geschichtlichen Zeit und der heilsgeschichtlichen Zeit.

Um mit der heilsgeschichtlichen Zeit zu beginnen, so handelt es sich nach christlichem Glauben um jene Zeit, die uns noch bleibt bis zur Wiederkehr des Herrn und bis zum Weltgericht. Diese Zeit war allein schon deshalb knapp, weil man nicht wusste, wann der Herr kommt. Christus, so lehrte Paulus, kommt plötzlich und unverhofft – *wie ein Dieb in der Nacht*. Für das Urchristentum gab es also eine Naherwartung, man rechnete mit der baldigen Wiederkehr und Erlösung. Geschichte im Warteraum, jeden Augenblick kann die Tür aufgehen und man wird ins Behandlungszimmer gerufen. Um zu den Erwählten zu gehören, empfahl es sich, seine Zeit zur radikalen inneren Umkehr zu nutzen.

Das war die eschatologische Zeitknappheit, an der sich

im Prinzip auch dann nichts änderte, als die Naherwartung enttäuscht wurde und das christliche Abendland auf Entfristung der Heilserwartung umstellen musste. Auch unter diesen Umständen bestand weiterhin das Erfordernis, die Lebenszeit zu nutzen für das seelische Heil. Dafür ist die Zeit immer knapp, weil man ja nicht weiß, wann es mit einem zu Ende geht. Daher war lange vor dem ökonomischen Zeitregime des Industriezeitalters bereits ein heilsökonomisches Zeitregime mit ebenfalls rigiden Zeitvergeudungsverboten installiert. Die Verinnerlichung der Glaubenswelt durch den Protestantismus hat die Zeitsensibilität sogar noch erhöht und das Zeitgewissen verschärft. Für die Presbyterianer war Zeitvergeudung eine schwere Sünde: Die Zeitspanne sei *unendlich kurz und kostbar, um die eigene Berufung* zum Gnadenstande *»festzumachen«. Zeitverlust durch Geselligkeit, »faules Gerede« Luxus, selbst durch mehr als der Gesundheit nötigen Schlaf* sei *sittlich absolut verwerflich.* Max Weber hat diese heilsgeschichtlich bedingte Aversion gegen die Zeitvergeudung als geistige Voraussetzung der Sparsamkeitsethik des neuzeitlichen Kapitalismus gedeutet.

Wahrscheinlich lebt in den heutigen Aversionen gegen Zeitvergeudung noch ein Rest dieser heilsgeschichtlichen Prägung fort – das Nachbeben einer alten Unruhe, die inzwischen ganz diesseitig geworden ist. Niklas Luhmann hat auf die Merkwürdigkeit hingewiesen, dass diese Unruhe geblieben sei, obwohl doch kein Weltende und Weltgericht mehr drohe. Es scheint, so folgert er, dass die Vorstellung des Zeitreichtums *verboten und zwar moralisch verboten* werden müsse, weil sie mit den strukturellen Erfordernissen moderner Gesellschaften unvereinbar sei. Auch wenn nicht das Seelenheil auf dem Spiel steht, kann man immer noch Zeit verlieren, was schlimm genug ist. Wir leben, sagt Luhmann, in einem Zeitalter der *zielvariablen* Tempoideologie. Das Ziel ist egal, Hauptsache, man erreicht es schnell.

Die Neuzeit hat die alte Heilsgeschichte umgedeutet zum zielgerichteten historischen Fortschrittsprozess. Mit Beginn des Maschinenzeitalters fing man an, sich die Geschichte überhaupt als eine Art Maschine vorzustellen, die streng gesetzmäßig abläuft – und die einen Fortschritt produziert, wenn man es nur versteht, sie richtig zu bedienen. Die Geschichte schien beherrschbar zu sein wie noch nie. Daraus ergaben sich neue Varianten von Zeitknappheit. Wie dient man dem Fortschritt, wie beschleunigt man ihn womöglich, welche Kräfte, die ihn zu behindern versuchen, sind zu bekämpfen und auszuschalten – das waren die Fragen, die der geschichtsbewusste Akteur sich nun zu stellen hatte. Die Zeit war knapp, man konnte jetzt die Geschichte verpassen, wie man einen Zug verpasst. Auch wer sich auf die Logik der Geschichte verließ, war immer noch als Geburtshelfer des Neuen gefordert. Man musste geistesgegenwärtig zum rechten Zeitpunkt zur Stelle sein. Auch dem Maschinentakt der Geschichte gegenüber galt es, sich anzupassen. Robespierre in der Französischen Revolution und Lenin in der Russischen Revolution haben mit dem Hinweis auf Zeitknappheit argumentiert. Der Terror, den sie ins Werk setzten, war unter diesem Gesichtspunkt auch eine Methode der Zeitersparnis und Beschleunigung. Das war revolutionäre Zeitökonomie des kurzen Prozesses. Robespierre ließ die Guillotine arbeiten und Lenin die Erschießungskommandos. Michail Gorbatschow sollte später das seither akkumulierte Bewusstsein auf den Punkt bringen mit der Formel: *Wer zu spät kommt, den bestraft das Leben.*

Die Zeit, die für die Revolution arbeitet, hat ihre Konjunkturen, sie zieht sich bisweilen auf den revolutionären Augenblick zusammen, auf die günstige Gelegenheit, die sich dem kühnen Zugriff bietet. In der griechischen Antike nannte man die Zeit in der Bedeutung des günstigen Augenblicks den Kairos und stellte ihn bildlich dar als ein Haupt mit Stirnlocke, die geistesgegenwärtig ergriffen werden muss. Revolutionen sind oft blutige Beschleunigungsmittel der Geschichte unter Zeitverknappungsbedingungen. In solchen Situationen, wo das Beharren begründungspflichtig wird und nur das Verändern und Erneuern sich von selbst versteht, kann es dem, der auf Veränderung setzt, nicht schnell genug gehen.

Mit der Französischen Revolution wird das alte Europa von einer historischen Beschleunigung erfasst, die einen neuen Politikstil hervorbringt. Politik, bisher eine Spezialität der Höfe, wird jetzt auch für die Bürger und Bauern zur Herzensangelegenheit. Man verspricht sich von ihr persönliche Befreiung und soziale Verbesserungen, und zwar möglichst schnell, am besten noch zu eigenen Lebzeiten. Man muss sich klarmachen, was für eine gewaltige Beschleunigung des Politischen diese historische Zäsur zur Folge hat. Die Sinnfragen, für die einst die Religion zuständig war, werden jetzt an die Politik gerichtet. Die sogenannten letzten Fragen verwandeln sich in tagespolitische Aufgaben: *Freiheit, Gleichheit, Brüderlichkeit* ist eine politische Parole, die ihre religiöse Herkunft kaum verleugnet. Jetzt ist es die Politik, die eine Art Erlösung verspricht. Bis zur Französischen Revolution war Geschichte für die meisten ein träges, langsames Geschehen, unterbrochen von einigen schicksalhaften Turbulenzen, die wie Naturkatastrophen über die Menschen hereinbrachen. Erst mit den Ereignissen von 1789 kommt im großen Stil die Vision von der Machbarkeit der Geschichte auf. Das Schicksal ist nichts als Politik, erklärt Napoleon. Sie wird zu einem Motor der Beschleunigung in einem Umfeld, in dem auch sonst die ökonomische, gesellschaftliche und technische Entwicklung Fahrt aufnimmt, in einem bis dahin unvorstellbaren Umfang und Tempo.

Im »Kommunistischen Manifest« von Marx und Engels findet sich die inzwischen klassische Formulierung dieses Beschleunigungsfurors der bürgerlichen Welt: *Die fortwährende Umwälzung der Produktion* zeichne die Epoche aus. *Alle festen eingerosteten Verhältnisse mit ihrem Gefolge von altehrwürdigen Vorstellungen und Anschauungen werden aufgelöst … Alles Ständische und Stehende verdampft, alles Heilige wird entweiht … Unterjochung der Naturkräfte, Ma-*

schinerie, Anwendung der Chemie auf Industrie und Ackerbau, Dampfschifffahrt, Eisenbahnen, elektrische Telegrafen, Urbarmachung ganzer Weltteile, Schiffbarmachung der Flüsse, ganze aus dem Boden hervorgestampfte Bevölkerungen – welches frühere Jahrhundert ahnte, dass solche Produktionskräfte im Schoße der gesellschaftlichen Arbeit schlummerten.

Was hier zum Vorschein kommt, ist eine Beschleunigungsdynamik, die nicht – wie noch die Heilsgeschichte und das Konzept der Fortschrittsgeschichte – von einer Zielbestimmung ausgeht, sondern gewissermaßen im Rücken der Akteure treibt als Logik des Produktionsprozesses, die sich so beschreiben lässt: Die frühere bedarfsdeckende Wirtschaft wurde im Industriezeitalter abgelöst von dem durch die Kapitalverwertung angetriebenen Wirtschaftsprozess, der eine enorme Beschleunigungsdynamik auslöst, weil die eingesetzten Kapitalien sich im Wettbewerb möglichst schnell rentieren müssen. Nur so kann man sich gegen die Konkurrenten behaupten. Es kommt auf Zeitvorsprünge an. Kapitalistisches Wirtschaften beruht dabei in mehrfacher Hinsicht auf der Ausnutzung von solchen Zeitvorsprüngen, die eine so gewichtige Bedeutung haben, dass Karl Marx die bis heute geltende Feststellung treffen konnte, alle Ökonomie sei letztlich zur Zeitökonomie geworden. Die Beschäftigten verkaufen ihre Arbeitszeit und ihre Qualifikation ans Kapital, und in Verbindung mit der Laufzeit und der Effektivität der Maschinen ergibt sich daraus die Produktivitätssteigerung. So geht die Zeit ins ökonomische System ein und verwandelt sich in einen Wert, der berechnet werden kann und sich kaufen und verkaufen lässt. Zeit wird zur Ware, Zeit ist Geld. Und da die Steigerung der Produktivität Wettbewerbsvorteile schafft, indem man billiger und schneller und womöglich mit innovativen Produkten am Markt ist, entsteht ein ökonomischer Zwang zur Beschleunigung bei den Produktionsmethoden und beim Wechsel der Produkte. Es wird auch dafür gesorgt, dass sich die Lebenszeit der Produkte verkürzt. Zur Beschleunigungsökonomie gehört deshalb die Wegwerfökonomie. Die Beschleunigung bewirkt die riesige und fortwährend anwachsende Bugwelle des Abfalls: Die Produktion lässt das, was an ihr Vergangenheit ist – eben den Abfall –, nicht nur hinter sich, sondern schiebt es auch vor sich her. Unsere Vergangenheit – als Abfall – ist auch unsere Zukunft.

In der Zukunft also türmen sich nicht nur die Abfälle, sondern auch die Kreditrückzahlungstermine. Kredit ist ein weiterer Faktor der Beschleunigung.

Kredite haben selbstverständlich schon immer zum Geschäft gehört. Sie ermöglichen die Wirtschaftstätigkeit und den Konsum. Das Kreditsystem ist im eminenten Sinne ein Wirtschaften mit der Zukunft. Die zirkulierenden Kreditmittel basierten bisher auf einer Wertschöpfung, die zum jeweiligen Zeitpunkt bereits geschehen sein musste und deshalb für die Finanzierung weiterer Vorhaben zur Verfügung stand. Sie basierten also auf einer Wertschöpfung in der Vergangenheit. Mit solchen Werten ist immer schon spekuliert worden, das heißt: Es wurden Geschäfte mit möglichen Wertsteigerungen in der Zukunft getätigt. Thales zum Beispiel, der Vater der abendländischen Philosophie, hatte mit Hilfe von Wetterbeobachtungen und astronomischer Berechnung auf eine reiche Olivenernte spekuliert und mit Hilfe von Krediten zahlreiche Ölmühlen angemietet. Die Spekulation ging auf: Die Ernte war gut und die Mühlen knapp, sodass Thales, der sie weiterverlieh, ein gutes Geschäft machte, ein reicher Mann wurde und einmal mehr bewies, dass er sowohl philosophisch wie auch geschäftlich gut spekulieren konnte.

Auf dem Felde der Spekulation haben sich in jüngster Zeit dramatische Veränderungen vollzogen. Zuvor hatte es den *Sparkapitalismus* gegeben, wie ihn Ralf Dahrendorf einmal genannt hat. Mit dem *Pumpkapitalismus* neueren Datums aber hat sich die Bühne gedreht. Jetzt wird, was die Wertschöpfung betrifft, von Vergangenheit auf Zukunft umgestellt, und es werden in großem Stil Kredite ins System gepumpt, die keine Basis in einer bereits getätigten Wertschöpfung haben, sondern auf einer erwarteten Wertschöpfung beruhen. Die Zukunft wird jetzt schon verbraucht und verspekuliert. Die zirkulierenden sogenannten Finanzprodukte, die das Finanzsystem in der jüngsten Krise fast zum Einsturz gebracht hätten, waren ja keine wirklichen Produkte, sondern ein Spinnweb aus Erwartungen und Versprechungen – Phantome und Gespenster nicht aus der Vergangenheit, sondern aus der Zukunft. Man verbrauchte die Zukunft, so wie man das ja auch bei der

Staatsverschuldung und der Umweltzerstörung tut, die man den Kindern und Enkeln als giftigen Müll und offene Rechnungen hinterlässt. Die Haltung *Verbrauche jetzt, bezahle später* erfasste alle Bürger und ermöglichte einen riesigen Kreditmarkt, wo die Akteure Geld machen konnten aus Geld, das ihnen nicht gehörte und das es eigentlich gar nicht gibt.

Der Zusammenbruch dieser Geschäfte ist wohl nichts anderes als eine Wertberichtigungskrise. Man bemerkt, dass es längst nicht so viele Werte gegeben hatte, wie im System zirkulierten – und schon diese Erkenntnis wirkt wie das Anstechen eines Ballons: Es entweicht die Luft. In der Krise, so könnte man sagen, schlägt die Zukunft zurück und reißt die großen Löcher, in der die Finanzwirtschaft immer wieder zu verschwinden droht. Man kann Kosten und Risiken räumlich externalisieren – z.B. als Müll in die Dritte Welt –, man kann sie aber auch in die Zukunft auslagern. Und das ist in einem beängstigenden Ausmaß geschehen und geschieht noch. Die Finanzwirtschaft belastet die Allgemeinheit mit dem Problem der Entsorgung. Man richtet finanzielle Mülldeponien ein, sogenannte Bad Banks, die – ähnlich wie der Atommüll – künftig einige Schwierigkeiten bereiten werden.

Bei der Finanzkrise, verstanden als Krise bei der Bewirtschaftung von Zeit, hat sich drastisch gezeigt, dass wir in einer Gesellschaft der verschiedenen Geschwindigkeiten leben. Der Zeittakt, in dem Geschäfte in der Finanzwirtschaft abgeschlossen werden, ist extrem schnell und erfordert rasche Reaktionen. Die automatisierten Transaktionen am Finanzmarkt nähern sich mittlerweile der Lichtgeschwindigkeit. Die Server, welche die relevanten Informationen beispielsweise über Arbeitslosenstatistiken, Zinsraten oder Pläne und Aktionen von Mitbewerbern Millisekunden früher bekommen, sind beim automatisierten spekulativen Geschäft im Vorteil. Mit verantwortlichem, unternehmerischen Verhalten hat das alles dann aber nichts mehr zu tun. Entscheidungen über das finanzielle Schicksal ganzer Staaten können in solchem Blindflug der Märkte fallen. Bei den gewöhnlichen Kreditnehmern und Sparern geht es demgegenüber geradezu gemächlich zu. Die Großen operieren global im Gedränge dichter Verflechtungen, die Kleinen in einem lokalen, übersichtlichen Feld. Bei den einen geht es um Rendite, bei den anderen um Renten, Eigenheime und sonstige biografische Sicherheitsnetze. An den Berührungspunkten der Sphären kommt es zu Betriebsunfällen. Der eine wirtschaftet nach alter Gewohnheit, in Treu und Glauben, der Partner aber ist bei irgendwelchen rasenden Geschäften inzwischen aus dem Markt gefegt worden. Ein Synchronisationsproblem, konstatieren die Ökonomen kühl – wohl auch, um zu verschleiern, dass es darauf hinausläuft, dass sich die Großen an den Kleinen bereichern. Die da unten haben noch nicht mitbekommen, was da oben läuft und vor allem: wie schnell es gehen kann. Synchronisationsprobleme aber sind keine Nebensache, sondern stellen das Funktionieren von Systemen in Frage: Harmlos ist vielleicht, wenn der Zeitgewinn bei einer schnellen ICE-Verbindung im Nahverkehr wieder verlorengeht. Gravierender sind Synchronisationsprobleme im Verhältnis von technologischer Entwicklung und Ausbildung: Kenntnisse und Qualifikationen veralten immer schneller. Lebenserfahrungen werden entwertet. Der Mensch, heißt es, muss flexibel sein und ständig umlernen. Die klassische Arbeitsbiografie gibt es kaum mehr; heutzutage hat eine Biografie Platz für mehrere Arbeitsbiografien, Leerzeiten der Arbeitslosigkeit mitgerechnet.

Auch die Politik hat gegenüber den industriellen Entwicklungen und den Bewegungen auf dem Markt zumeist das Nachsehen, weil sie nicht schnell genug ist. Es wird immer schwieriger, einen stabilen Rahmen für die Wirtschaftstätigkeit und die sozialen Prozesse zu zimmern, trotz der Flut von Gesetzen, mit denen man halbherzig die Entwicklung zu regulieren versucht.

Analog zum revolutionären Maschinentakt agiert die Wirtschaft schnell, während Entscheidungen der Politik, vor allem wenn sie demokratisch zustande kommen sollen, langsam erfolgen. Weitgehend klandestin werden zum Beispiel unter dem hübschen Namen eines Freihandelsabkommens staatsunabhängige Rechtssysteme eingeführt, ein Vorgang, der die Demokratie über ihren Zeitbedarf aushebeln will: Die Zeit drängt, für die Durchsetzung des Besseren ist sie knapp bemessen, und es gehört einiger Mut dazu, sich für gewisse Entscheidungen von großer Reichweite – Zeit zu lassen.

Die allgemeine Beschleunigung, die mehr Zukunft verbraucht, hat die paradoxe Wirkung, dass sie den Zeithorizont verengt. Sie lenkt die Aufmerksamkeit auf die Probleme von heute, nicht aber auf die von morgen oder gar übermorgen. Die Steigerung der Produktions- und Verbrauchsgeschwindigkeit und die damit verbundene Auslagerung von Risiken in die Zukunft müsste eigentlich kompensiert werden durch eine Entschleunigung, Verlangsamung und eine Tendenz zur Nachhaltigkeit. Aber dazu kommt es in den westlichen Industriestaaten wohl auch deshalb nicht, weil in Gesellschaften mit fallender biologischer Reproduktionsrate sich die Mentalität von Endverbrauchern ausbreitet. Die wollen bekanntlich nichts auf die lange Bank schieben, da sie alles von der Gegenwart erwarten, und auf Nachkommen brauchen sie keine Rücksicht zu nehmen. In einem banalen Sinne gilt für sie der ursprünglich ein wenig anders gemeinte Ausspruch von Goethes Faust: *Und was der ganzen Menschheit zugeteilt ist, / Will ich in meinem innern Selbst genießen.*

Es zeigt sich, dass in der beschleunigten Gesellschaft beides geschieht: Man greift mit den Wirkungen weit in die Zukunft hinaus und flieht zugleich vor ihr zurück in die Gegenwart, die man reich ausstatten und gegen eine bedrohliche Zukunft abdichten will. Die Zukunft war uns noch nie so nahe wie heute, und zwar in Gestalt der selbst produzierten Risiken, von denen bereits im Kapitel über die Zeit der Sorge die Rede war. Auf dem Umweg über die Risiken kommt die Zukunft in der Gegenwart an. *Die*

Umweltschleifen menschlichen Handelns, schreibt Helga Nowotny, *werden zu Zeitschleifen, die auf die Gegenwart zurückwirken.* Die Beschleunigung, könnte man sagen, ist so schnell, dass die Zukunft immer schon begonnen hat.

Als dieser beschleunigte Lebensstil und die damit verbundene Zeiterfahrung noch neu waren, hat ihn Georg Simmel im Begriff der *Steigerung des Nervenlebens* zu fassen versucht. Die Zahl der Reize, die gleichzeitig und in dichter Folge auf den Einzelnen eindringen und auf die er irgendwie reagieren muss, wächst. *Mit jedem Gang über die Straße, mit dem Tempo und den Mannigfaltigkeiten des wirtschaftlichen, beruflichen, gesellschaftlichen Lebens* sieht sich der Einzelne vor neue Aufgaben gestellt. Es wird, sagt Simmel, ganz einfach mehr Bewusstsein verbraucht. Warum mehr Bewusstsein? Stehen nicht auch Gefühle und Gewohnheiten zur Entlastung bereit? Genau das ist das Problem, so Simmel. Die Beschleunigung ist derart, dass wir nicht genügend Zeit haben, uns an den schnellen Wechsel zu gewöhnen, die Seele kommt nicht mit, sie folgt einem langsameren Zeittakt, und deshalb ist es das Bewusstsein, die obere und deshalb beweglichere Schicht, die unaufhörlich affiziert wird, während die *unbewussteren Schichten der Seele* zwar in Unruhe versetzt werden, aber nicht zu ihrem eigentlichen Lebenselement finden, dem *ruhigen Gleichmaß ununterbrochener Gewöhnungen.*

Beim Reden über die Beschleunigung muss man ein Missverständnis ausräumen, das sich leicht einschleicht. Genauso wenig wie die Zeit selbst knapp werden kann, so kann sie sich auch nicht beschleunigen. Es sind die Ereignisse und Geschehensabläufe in der Zeit, die sich beschleunigen. Der Eindruck von Beschleunigung entsteht auch, wenn innerhalb einer Zeitspanne die Zahl und Dichte verschiedener Ereignisse oder Informationen zunimmt, die uns affizieren und auf die es zu reagieren gilt. Der Soziologe Hartmut Rosa gibt eine brauchbare Definition der Beschleunigung des Lebenstempos: Es handle sich, schreibt er, um eine *Steigerung der Handlungs- und/oder Erlebnisepisoden pro Zeiteinheit.*

Die mediale Erfahrung der Welt erzeugt schon deshalb den Eindruck der Beschleunigung, weil, der Definition gemäß, *die Zahl der Erlebnisepisoden pro Zeiteinheit* wächst. Doch da diese Erlebnisse tatsächlich nur episodisch bleiben, da sie zumeist nicht weiter verarbeitet werden und nicht integriert sind in die persönliche Erfahrung, bleiben diese Erlebnisse flach, besitzen keine Nachhaltigkeit und verschwinden wie ein Spuk. Für die medialen Erlebnisse gilt das fast durchgängig. Man kennt das Fernsehparadox: Nach einem Abend vor dem Fernseher hat man in der Regel sofort vergessen, was man soeben gesehen hat. Es hat sich versendet. Paul Virilio hat dafür die Formulierung vom *rasenden Stillstand* geprägt.

Die Beschleunigung durch die technischen Kommunikationsmedien ist das eine. Das andere ist die Beschleunigung der realen Fortbewegungsmittel. Die Techniken der virtuellen Raumüberwindung werden perfektioniert und von immer mehr Menschen genutzt, und gleichwohl nimmt auch das physische Reisen zu, ebenfalls tempobeschleunigt. Von der Eisenbahn als Taktgeber der Einheitszeit war bereits die Rede, ebenso bedeutsam und elementar ist ihr Beitrag zur allgemeinen Beschleunigungsgeschichte. Die Eisenbahn ist wie die Kapitallogik und die Medientechnik ein Schlüsselereignis der modernen Beschleunigung.

Als die Eisenbahn erschien, war den Zeitgenossen sofort klar, dass sie einen Epochenbruch darstellt. Es *beginnt ein neuer Abschnitt in der Weltgeschichte*, schreibt Heine aus Paris bei der Eröffnung der Linie nach Rouen, *und unsre Generation darf sich rühmen, dass sie dabei gewesen.* Man empfand das Tempo der Eisenbahn – damals ca. 30 Stundenkilometer – als lebensbedrohlich schnell und befürchtete bleibende gesundheitliche Schäden. Die inneren Organe könnten nicht mehr wie gewohnt arbeiten, dachte man, die Muskeln würden sich verspannen, die Gehirnmasse werde an die Schädelknochen gepresst. Der Körper, so hieß es, sei ganz einfach nicht für diese Geschwindigkeit gemacht. Und dann die seelischen Schäden; die vorbeifliegende Landschaft versetze die Seele in einen Taumel, und es könnte sein, dass man das Schwindelgefühl nicht mehr loswird. Als diese erste Aufregung abgeebbt war, als eine Gewöhnung an das neue Tempo eingetreten und außerdem die Polsterung der Wagen verbessert worden war, begann man die ruhig gleitende Fahrt zu schätzen; nur der Blick aus dem Fenster musste offenbar geschult werden. Die Landschaftseindrücke wechselten zu schnell, besonders wenn man, wie gewohnt, die Dinge zu fixieren versuchte. Dann huschte alles vorbei und Schwindelgefühle waren nicht zu vermeiden. Man musste das neue Sehen erst lernen. Der Blick aus dem Fenster enthüllte wechselnde Tableaus, die als Gesamteindruck aufzunehmen waren, ans Detail durfte man sich nicht verlieren, dann war man wirklich verloren. Der Blick aus der fahrenden Eisenbahn, schreibt ein Zeitgenosse, *zeigt Ihnen lediglich das Wesentliche einer Landschaft, wahrlich ein Künstler im Stil der alten Meister. Verlangen Sie keine Details von ihr, sondern das Ganze, in dem das Leben ist. Schließlich, nachdem sie Sie durch den Schwung des Koloristen entzückt hat, hält sie an und entlässt Sie an Ihrem Ziel.* Beschaulichkeit also bei hohem Tempo. Als das Tempo noch weiter anstieg, stellte sich der Effekt ein, dass die *äußern Gegenstände farb- und umrisslos dem Auge vorüberschwinden und nicht mehr erkannt werden können.*

Von diesem Moment an, wenn man draußen nichts mehr so richtig erkennen konnte, begann das Lesen im Zugabteil. Bahnhofsbuchhandlungen schossen aus dem Boden. In Frankreich begründete Louis Hachette, gestützt auf den Bahnhofsbuchhandel, sein Verlagsimperium. Ihm liege das seelische Wohl des Reisenden am Herzen: *Sowie er den Waggon betreten hat*, schrieb er 1852 in einer Werbebroschüre, *ist der Reisende zur Untätigkeit verurteilt.* Deshalb habe man die Idee entwickelt, *die erzwungene Untätigkeit und Langeweile einer langen Reise zugunsten der Unterhaltung und Belehrung aller umzuwenden.*

In den gut gepolsterten Abteilen, die dem bürgerlichen Salon nachgebildet waren, trat man von nun an eine doppelte Reise an: im Raum und im Kopf. Auf den harten Holzbänken der dritten und vierten Klasse, wo das proletarische und kleinbürgerliche Publikum zusammengepfercht war, wurde wohl weniger gelesen, und man vergnügte sich auf andere Weise, unterhielt sich, lachte, trank, und das regelmäßige Rattern regte zum Singen an. Durchgeschüttelt und rußgeschwärzt kam man an sein Reiseziel.

Beschleunigung und Unterwegssein kann auch Spaß machen, die Zeit vergeht dabei wie im Fluge. Kein Mensch hat sich je zur Besinnung bringen lassen durch Pascals bereits erwähnte Sentenz, wonach alles Unglück daher komme, dass die Menschen nicht in ihrem Zimmer bleiben. Nach wie vor, auch wenn man virtuell andauernd unterwegs ist, treibt man sich doch auch physisch unentwegt in den Räumen herum, wo möglich immer schneller, um Zeit zu sparen oder sie totzuschlagen. Das mobile Leben trägt dann, wie man weiß, Einiges zur Verwüstung der Räume bei. Es ist, als würde sich die vertriebene Zeit an den Räumen rächen. Um schnell große Distanzen in möglichst kurzer Zeit zu überwinden, werden Straßen, Schienenwege und Flughäfen gebaut, wodurch Landschaft verbraucht wird. Die hohe Geschwindigkeit zwingt zu einem Bau von Wegstrecken, auf denen man sich ohne Hindernis und störende Anteilnahme bewegen kann. Die Bedeutung des durchmessenen Raums verschwindet.

Zwischen Abfahrt und Ankunft gibt es eine Art Tunnel; die Zeit, die man darin verbringt, soll möglichst unbemerkt vorbeigehen. Geworben wird deshalb auch mit dem Hinweis, dass man auf guter Straße, in einem guten Auto oder in einem schnellen Zug so ankommt, wie man abgefahren ist: unzerknittert, frisch und entspannt. Was zum Verschwinden gebracht werden soll, sind die Mühen der Annäherung an einen entfernten Ort.

Aber wahrscheinlich erfährt man etwas nur auf dem Wege der Annäherung. Wer zu schnell irgendwo ist, ist nirgendwo. Von den Ureinwohnern Australiens berichten Ethnologen, dass sie nach längerem Fußmarsch vor ihrem Zielort für einige Stunden niedersaßen, damit die Seele Zeit hätte, nachzukommen. Früher war das Fahren eine Erfahrung, man kam als ein Verwandelter an. Heute aber gilt: Wer immer als derselbe ankommt, wird auch die Orte, wo er ankommt, einander gleich machen wollen. Die globale Mobilität uniformiert die Räume. Und die Waren, Kapital- und Informationsströme, die um den Globus gehen, bewirken dort, wo sie hinkommen, etwas Ähnliches: Sie gleichen die Verhältnisse einander an. Das Lokale wird tatsächlich ›glokal‹.

Die gegenwärtige Beschleunigung hat zahlreiche Aspekte. Mit der technischen Beschleunigung bei Verkehr, Kommunikation, Produktion und Konsum beschleunigt sich auch der soziale Wandel in Beruf, Familie, Partnerschaft bis hinein in die individuellen Lebensentwürfe. Die ganze Gesellschaft, auch wenn ihr äußerer Rahmen stabil bleibt, ist in Bewegung geraten, die Flexibilitätsanforderungen an den Einzelnen sind gewachsen. Man muss sich auf Orts- und Berufswechsel gefasst machen, ebenso auf soziale Auf- und Abstiege. Die sich schnell wandelnden Arbeits- und Lebensverhältnisse entwerten die Erfahrungen. Man muss fortwährend umlernen. Die Produzenten veralten, und noch schneller veralten ihre Produkte. Alles wird in einen riesigen Verdrängungswettbewerb hineingerissen. Etwas hilflos spricht man von der schnelllebigen Zeit, um dem Gefühl Ausdruck zu geben, dass die individuellen Zeitressourcen immer knapper werden gemessen an dem wachsenden Umfang der Angebote und Anforderungen.

Auch die Natur, die wir verbrauchen, wird in diese Beschleunigung hineingerissen. Zum Beispiel die Energievorräte. Sie sind materialisierte Zeit, da sie sich in Gestalt von fossilen Stoffen über Jahrmillionen gebildet haben. Sie werden von der beschleunigten Industriegesellschaft in kürzester Zeit aufgebraucht, ebenso wie die Artenvielfalt, für deren Hervorbringung die Evolution ebenfalls riesige Zeiträume benötigte, und die in kurzer Zeit wieder abgebaut wird. Die Schätze, welche die Vergangenheit angehäuft hat, werden verbraucht, und die Zukunft wird mit den Abfallprodukten belastet. Alexander Kluge hat dafür den treffenden Ausdruck gefunden – er nennt diesen Vorgang den *Angriff der Gegenwart auf den Rest der Zeit.* Wenn aber Naturzeit und Gesellschaftszeit in Konflikt miteinander geraten, können wir sicher sein, dass wir, vom gesellschaftlichen Beschleunigungs-Furor getrieben, den Kürzeren ziehen werden. Der *Schimmelüberzug* von Leben (Arthur Schopenhauer), der die Erde bedeckt, würde sich dann wieder zurückbilden, und der blaue Planet mit den schönen Rundungen eines Buddha-Bauches würde ungerührt im Weltraum weiter kreisen, befreit von den Hysterikern, die für eine Weile lang an seiner Oberfläche für Unruhe gesorgt haben.

Zurück zur Oberfläche: Im beschleunigten Gesellschaftssystem dominiert die gesellschaftliche Betriebsgeschwindigkeit den Zeitrhythmus des Einzelnen, seine Eigenzeit. Die medialen Reize überwältigen das psychische Immunsystem und erzeugen dadurch Abstumpfung oder Hysterie. Der flexible Mensch erweist sich als überforderter Mensch. Das Antriebssystem der Beschleunigung funktioniert also nicht nur äußerlich, es reicht in den Einzelnen hinein, der angetrieben wird von dem Gedanken, er könnte etwas versäumen. So kommt es zu dem Gefühl, auf ein Rad geflochten zu sein, das sich immer schneller dreht.

Dazu gibt es eine eindringliche Parabel. Sie entstand um 1800, als sensible romantische Geister den modernen Zeitumtrieb schon zu spüren begannen. Es handelt sich um den berühmten Text von Wilhelm Heinrich Wackenroder mit dem Titel »Ein wunderbares morgenländisches Märchen von einem nackten Heiligen«.

Der Heilige des Märchens hört unaufhörlich *das Rad der Zeit seinen sausenden Umschwung* nehmen und muss deshalb immerzu die heftigen Bewegungen eines Menschen vollführen, *der bemüht ist, ein ungeheures Rad umzudrehen.* Dieser nackte Heilige, könnte man sagen, macht den Begriff der modernen Arbeitsgesellschaft sinnfällig. Es kommt nicht mehr auf irgendwelche Ergebnisse und Produkte an, sondern auf die Bewegung, den Umtrieb des Rades, also auf den Arbeitsprozess selbst: Alles muss ihm dienen, der Konsum, der Kapitaleinsatz, die produktive Zerstörung. Beschäftigt sein ist alles. Wer aus dem sausenden Umschwung des Arbeitsprozesses herausfällt, fällt aus der Welt. Ebenso wenig wie der nackte Heilige, der das *ungeheure Rad* dreht, darf man sich beim Arbeitsprozess fragen: Wozu das Ganze? Wie der Heilige muss man darauf achten, *dem tobenden … Umschwunge mit der ganzen Anstrengung seines Körpers zu Hülfe* zu kommen, *damit die Zeit ja nicht in die Gefahr komme, nur einen Augenblick stillzustehn.* Wer daneben steht und bloß zuschaut, bekommt den heiligen Zorn des Rasenden zu spüren. *Er zitterte vor Heftigkeit, und zeigte ihnen den unaufhaltsamen Umschwung des ewigen Rades, das einförmige, taktmäßige Fortsausen der Zeit; er knirschte mit den Zähnen, dass sie von dem Getriebe, in dem auch sie verwickelt und fortgezogen würden, nichts fühlten und bemerkten; er schleuderte sie von sich, wenn sie ihm in der Raserei zu nahe kamen.*

Die Romantiker haben es gehört, dieses *rauschende Rad der Zeit*, das die Lebenszeit mit seinem Lärm und der unaufhörlichen Bewegtheit erfüllt. Sie haben aber auch nach etwas anderem gesucht, etwas, das aus diesem elenden Kreisen herausführt; Wackenroder nennt es die *verzehrende Sehnsucht nach unbekannten schönen Dingen.* In dem Märchen ist es am Ende die Sphärenmusik des Weltalls, die den Betriebsamen aus dem engen Umtrieb rettet. Das vergesellschaftete und bewirtschaftete Leben öffnet sich für die Weltzeit. Für das romantische Märchen, *da klangen alle Sterne,* ist der Blick in den Nachthimmel berückend, vielversprechend – aber ist er es auch noch für uns heute?

Kapitel 6

Lebenszeit und Weltzeit

Befristete Lebenszeit, entfristete Weltzeit. Die zyklische Zeit vermindert die Spannung. Der christliche Angriff auf die Weltzeit. Die Nichtigkeit der Zeit. Zweiter Besuch bei Augustinus. Zeitspanne, nicht Zeitpunkte. Eine kleine Phänomenologie der Zeiterfahrung. Vergangenheiten ohne Gegenwart. Die wirkliche und die vorgestellte Zeit. Das Absurde und die Weltzeiterfüllungen: materialistisch, christlich, fortschrittlich, evolutionär.

Der Mensch ist ein exzentrisches Wesen. Er kann aus seinem Mittelpunkt heraustreten und sich selbst von außen betrachten und sich in eine solche Ferne hinausdenken, dass ihn beim Anblick des Ganzen, worin er enthalten ist, ein Grauen beschleicht. Nietzsche hat es eindringlich formuliert: *In irgend einem abgelegenen Winkel des in zahllosen Sonnensystemen flimmernd ausgegossenen Weltalls gab es einmal ein Gestirn, auf dem kluge Tiere das Erkennen erfanden. Es war die hochmütigste und verlogenste Minute der »Weltgeschichte«: aber doch nur eine Minute. Nach wenigen Atemzügen der Natur erstarrte das Gestirn, und die klugen Tiere mussten sterben.*

Wir, die *klugen Tiere*, die das Erkennen erfanden, erkennen auch die Zeit, die eigene und die Weltzeit – und vor allem die Differenz zwischen den beiden Zeiten. Diese Differenz nötigt uns zu dem Eingeständnis, dass wir wie im Raum so auch in der Zeit nur ein winziges Atom sind, das Atom eines Augenblicks. Wir sind Augenblickswesen, doch wir können uns in ungeheure Zeiträume hinausdenken. Allein das gibt uns etwas Erhabenes, eine Art Würde: Denn das ungeheure Ganze der Weltzeit balanciert, wie eine umgekehrte Pyramide, auf der Spitze einer Intelligenz, die mit dem Unendlichen rechnet und doch selbst endlich ist. Nur wenige *Atemzüge der Natur* sind ihr vergönnt.

Die Lebenszeit ist befristet. Aber wie verhält es sich mit der Weltzeit, ist sie ebenfalls befristet? Ist sie womöglich auch nur etwas Entstandenes, das einmal angefangen hat und dereinst aufhören wird? Oder ist sie ohne Anfang und Ende, die Dauer schlechthin im Vergleich zu den Ereignissen, die geschehen und immer einen Anfang und ein Ende haben? In solche Fragen verwickelte sich das Denken schon in der griechischen Antike.

In den griechischen Mythen ist die Zeit anfanglos gedacht, im Unterschied zu den Göttern, die mit ihren Entstehungsgeschichten einen Anfang in der Zeit haben. Sie sind auch nicht die Herren oder Schöpfer der Zeit, sondern sind ihr unterworfen. Die tumultuarische Geschichte ihres Anfangs erzählt Hesiod. Die *breitbrüstige* Gaia (die Erde), von Eros geschwängert, gebar Uranos (den Himmel), der daraufhin seine Mutter begattete und die nächste Göttergeneration zeugte, die Uraniden, unter ihnen Okeanos und Kronos. Dieser zeugte mit seiner Schwester eine weitere Göttergeneration, zu der Zeus gehörte (seiner lateinischen Entsprechung Jupiter sind wir schon im Kapitel über die Sorge begegnet). Doch er fürchtete seine Nachkommen und verschlang sie. In der Überlieferung vermischt sich das Bild des Kronos, der seine Kinder frisst, mit Chronos, dem Gott der Zeit. Es wird daraus das Schreckbild der alles fressenden Zeit. Von den griechischen Göttern gilt, dass sie zwar einst entstanden sind, dereinst aber nicht untergehen werden. Sie können in die Zukunft blicken: Zum Beispiel wissen sie, dass Achill fallen wird, können das aber nicht verhindern. Unsterblich, wie sie sind, stehen sie nicht über der Weltzeit, sondern unterstehen ihr. Die Zeit, in der die Götter agieren, geht auch über diese hinaus, sie gehört zum Apeiron, dem Unbegrenzten.

Etwas Beunruhigendes brauchte eine grenzenlose Weltzeit so lange nicht zu haben, wie sie noch gegliedert war von der zyklischen Zeit. Der Zyklus dämpft das mögliche Grauen vor einer endlosen Linearität, bei der jedes Ereignis einmalig ist und sich nicht wiederholt und verschwindet, als wäre es nie gewesen. Der Zyklus bietet demgegenüber das Gefühl des Beharrens in der Zeit und gehört ja noch bis heute zu unseren elementaren Erfahrungen: die wiederkehrenden Jahreszeiten, die Sonnen- und Mondperioden – einschließlich der durch sie hervorgerufenen ›Gezeiten‹ von Ebbe und Flut –, die Kreisläufe des vegetativen Lebens. Daran orientierte man sich in den agrarischen Gesellschaften, wo die Naturvorgänge den Rhythmus von Aussaat, Ernte, Jagd und Fischfang vorgaben und zusammen mit den darauf abgestimmten gesellschaftlichen

Gepflogenheiten und Ritualen eine Art organische Zeit bildeten. Sie wird inzwischen vom gegenwärtigen Städtebewohner gerne romantisch verklärt. Und doch: Wo immer man diese organische zyklische Zeit, wenn auch nur rudimentär, erlebt, vermag sie dem gestressten Bewusstsein Halt zu geben gegen die lineare, die unwiderruflich verstreichende Zeit. Es ist im Übrigen so, dass, wenn man auch nur kurz in die organische Zeit eintaucht, das gesellschaftliche Zeitgetriebe sofort als ein eher komisches Gezappel erscheint. Die Perspektive der zyklischen Zeit entdramatisiert und dämpft Hysterien. Jedenfalls gibt die zyklische Zeit der Weltzeit ein organisches Gepräge und ist ganz gut dazu geeignet, Lebenszeit und Weltzeit zu synchronisieren, zumal da auch der eigene Körper-Rhythmus zyklisch geordnet ist.

Geschichtlich ist mit dem Christentum ein gänzlich neues Verständnis der Weltzeit aufgetreten. Von ihrer heilsgeschichtlichen Bewirtschaftung, vom Warten, von der fixen Idee des Knapp-Werdens der Zeit und von den damit einhergehenden Zeitvergeudungsverboten war schon die Rede. In diesem Zusammenhang nun geht es um den Vorgang, dass beim Versuch, die Nichtigkeit der weltlichen Zeit im Horizont der göttlichen Gegenwart zu erweisen, die Tiefenstruktur der Zeiterfahrung so deutlich freigelegt wird wie nie zuvor. Das geschieht in jenem 11. Kapitel von Augustinus' Autobiografie, diesem bereits mehrfach zitierten Grundtext der abendländischen Zeitreflexion.

Dass die Frage nach der Zeit in einem Buch der Erinnerungen gestellt wird, ist eigentlich nicht so erstaunlich, denn das Erinnern impliziert bereits ein Denken der Zeit. Augustinus fragt sich, wie er denn zu dem geworden ist, was er jetzt ist, ein zum Glauben Bekehrter, ein Bischof sogar? Er blickt zurück auf eine Zeit der Suche und der Irrwege. Das ganze Buch ist angelegt als Dialog mit Gott, mit dem Herrn der Zeit. Das ist mehr als Rhetorik; im Modus des imaginären Dialogs, fast des Gebets, hält sich der Autor zur Offenheit und Ehrlichkeit an, denn seinem Gott kann er nichts vormachen. Augustinus wendet sich dem Problem der Zeit zu wie einem Rätsel, das ihm Gott aufgegeben hat. *Was also ist die Zeit? Wenn niemand mich danach fragt, weiß ich's; will ich's aber einem Fragenden erklären, weiß ich's nicht.*

Was ist so rätselhaft an der Zeit? Es ist genau diese eigentümliche Nichtigkeit, die Augustinus nicht als theologisches Dogma nimmt, sondern als Hinweis auf eine eigentlich mysteriöse Erfahrung. Augustinus macht sich bewusst, dass das Sein der Gegenwart umschlossen ist von zwei Arten des Nicht-Seins: dem Nicht-Mehr der Vergangenheit und dem Noch-Nicht der Zukunft. Zeit, sagt Augustinus, ist und ist zugleich nicht. Nehmen wir die Gegenwart. Sie hat ein Sein, so scheint es. Aber schon verschwindet sie in die Vergangenheit und ist nicht mehr. Wie lange aber dauert die Gegenwart – ein Jahr, einen Tag, eine Minute? Sie ist nicht teilbar, streng genommen hat sie kaum eine Ausdehnung. Ich sage ›jetzt‹ – und schon ist dieses Jetzt vorbei. Am Ende behält man nur einen winzigen Punkt Gegenwart zurück. Er ist unendlich kurz, aber solange wir leben, hört er nicht auf. Es gibt immer ein Jetzt. Das ist genau der bereits zuvor erläuterte Gedanke von der bleibenden Gegenwart.

Ist die Zeit nun dieses Jetzt der Gegenwart oder ist sie das, wohin sie entschwindet? Dann aber wäre die Zeit nicht ein Sein, sondern ein Verschwinden. Daran würde im Übrigen auch die Zukunft nichts ändern, weil auch sie nichts anderes ist als etwas, das uns entgegenkommt, durch den Jetzt-Punkt läuft und dann verschwindet. Also kommt man zu dem paradoxen Ergebnis, dass die Zeit in der Zukunft noch nicht und in der Vergangenheit nicht mehr ist, und dass sie als Gegenwart auf einen fast ausdehnungslosen Moment, das Jetzt, reduziert ist. Doch wären wir wirklich auf den Jetzt-Punkt reduziert und würde jedes Jetzt das vergangene Jetzt verschlingen, so wäre keine Zeiterfahrung möglich. Wodurch wird sie möglich? Augustinus' Antwort: Weil wir im Verschwinden das Verschwundene noch festhalten. Die Gegenwart ist nicht einfach weg, sie bleibt noch eine Weile lang in der Erinnerung stehen, in einem Nachbild. Die Seele, sagt Augustinus, ist zwar auf das Jetzt bezogen, aber das Vorher bleibt in ihr noch eine Weile erhalten, und dieses Zugleich von Jetzt und Vorher ergibt den Zeitraum, den man – und das ist entscheidend – eben nur in der Seele erfahren kann.

Die Fähigkeit der Seele, mittels der Erinnerung eine Zeitspanne festzuhalten, gehört zur inneren Zeit und ermöglicht die Wahrnehmung der äußeren Zeit. Diese durch Introspektion gewonnene Beobachtung, wonach wir nicht Zeitpunkte, sondern Zeitspannen erfahren, ist seitdem von verschiedener Seite bestätigt worden. Die als Jetzt erlebte Gegenwart, schreibt William James, *ist keine Messerschneide, sondern ein Sattelrücken mit einer gewissen ihm eigenen Breite, auf den wir uns gesetzt finden und von dem aus wir nach zwei Seiten in die Zeit hineinblicken.* Ähnlich hat Edmund Husserl das Erlebnis von Gegenwärtigkeit phänomenologisch als ein Zugleich von Protention und Retention analysiert: Nur deshalb fällt uns die Zeit nicht in Zeitpunkte auseinander und nur deshalb können wir sie als sukzessives Kontinuum erleben, weil im jeweiligen Moment das soeben Vergangene noch präsent ist (Retention) und man zugleich erwartend angezogen wird vom Künftigen (Protention). Der Hirnforscher Ernst Pöppel schließlich hat dieses Gegenwartsfenster der Wahrnehmung ausgemessen: Drei Sekunden dauert jene Zeitspanne, die vom Bewusstsein jeweils zur Gegenwart zusammengezogen wird.

Die Zeitspanne, die zu einer Gegenwart zusammengezogen wird, kann übrigens, wie der Biologe Jakob von Uexküll Ende des 19. Jahrhunderts herausgefunden hat, bei anderen Lebewesen größer oder kleiner sein, und es ist reizvoll, sich vorzustellen, wie einem Wesen mit erheblich längerer oder kürzerer Gegenwartsspanne die Welt wohl vorkommen müsste. Es wäre wie bei der Zeitlupe und dem Zeitraffer: Tag und Nacht würden im schnellen Takt wechseln, man würde die Bäume wachsen und die Sonne über den Himmel jagen sehen. Und umgekehrt, wenn die Gegenwartsspanne beispielsweise um das 1000fache verkürzt wäre, würde eine abgeschossene Kugel fast unbewegt in der Luft stehen.

Doch wie lang auch immer die Gegenwartsspanne ist, es muss eine Spanne sein und nicht nur ein Punkt, weil sonst die Wahrnehmung der Zeit unmöglich wäre. Es ist sehr wichtig, an diesen phänomenologischen Einsichten festzuhalten, auch wenn sie durch die modernen Naturwissenschaften, besonders die Physik, oft zurückgedrängt werden. Man sollte nicht vergessen, dass ein Denken, das nur mit Zeitpunkten rechnet, die Zeit als erfahrbares Kontinuum der Dauer vollständig verfehlen muss. So wie die Linie nicht die Summe der Punkte ist, ganz einfach, weil ein Punkt ausdehnungslos ist und man aus Ausdehnungslosem niemals zur Ausdehnung gelangt, ebenso wenig ist das Kontinuum der Zeit die Summe von Zeitpunkten, ganz einfach, weil ein Zeitpunkt ohne Dauer ist und man noch so viele Zeitpunkte zusammenrechnen kann und doch keine Dauer bekommt. – Nach diesem Exkurs über das Rechnen mit Zeitpunkten als den Versuch, an der Zeit gerade das Zeitliche zum Verschwinden zu bringen, nun zurück zur erlebten Zeit.

Erst wenn die Gegenwartswahrnehmung an den Rändern einerseits ins erinnernde Festhalten und andererseits ins intendierende Erwarten übergeht, kommt Bewegung in die Zeit und wird die Zeit als solche überhaupt erfahrbar. Nicht die Fixierung von Zeitpunkten, sondern das

Erleben der Zeit als dieses Verstreichen eröffnet die Zeitdimensionen. Sie gibt es, wie gesagt, nur für einen zeitbewussten Beobachter. Und deshalb gilt: Der Mensch ist nicht nur in der Zeit, wie alles andere auch, er *zeitigt* die Zeit, wie Heidegger treffend sagt. Steine, Pflanzen und die meisten Tiere aber sind nur in der Zeit, ohne sie in diesem Sinne zu *zeitigen*.

Wenn aber ein zeitbewusster Beobachter vorausgesetzt werden muss, falls von Vergangenheit, Gegenwart und Zukunft die Rede sein soll, so hat das die paradoxe Konsequenz, dass man von der kosmischen Vergangenheit vor dem Auftauchen eines Beobachterbewusstseins eigentlich sagen müsste, es handele sich dabei um eine Vergangenheit, die nie eine Gegenwart gehabt hat, weil es keinen Beobachter gab. Wir denken uns den Beobachter immer dazu. Es zeigt sich dabei, dass wir uns nur schwer oder gar nicht von der Vorstellung lösen können, es müsse, damit etwas ist oder gewesen ist, dieses Etwas sich in einem Bewusstsein gespiegelt haben. Dieser Stein hier, der nicht von sich weiß und deshalb auch keine Gegenwart hat, und der seine Vergangenheit ist, ohne dass er sie hat, und den es vielleicht noch lange geben wird – wie ist er überhaupt in der Welt? Eigentlich sind das beunruhigende Fragen, die einst zur Vorstellung eines Gottes führten, der wie ein Bewusstseinsschirm über alles ausgespannt ist und wodurch alles im Sein gehalten wird. Gott hat sie alle gezählt, die Sternlein am Himmelszelt, die Haare auf meinem Kopf und die Blätter am Baum.

Der Mensch hat nicht das Problem des Steins, denn sein Sein hat Bewusstsein und damit ist er auch gegenwartsfähig. Von der Gegenwart aus ordnet sich ihm die Zeit in Vergangenheit und Zukunft. Dieser Dimensionsgewinn hat allerdings erhebliche Konsequenzen, indem er eine Barriere aufrichtet gegenüber der bewusstseinslosen und in diesem Sinne zeit-losen Welt. Wir spüren das an der Schwierigkeit, sich ins Bewusstlose hineinzudenken, obwohl wir ja auch daran partizipieren, denn vieles an unserem Körper und unserer Seele ist und geschieht ohne Bewusstsein. In die bewusstseinsferne Sphäre einzudringen ist nur beschreibend und beobachtend, also von außen, möglich, nicht von innen, eben weil es hier kein Innen im Sinne von Bewusstheit gibt. Deshalb ist es leichter, sich in einen Gott, mag es ihn geben oder nicht, hineinzudenken, als in einen Stein, der greifbar vor uns liegt. Gott als etwas Geistiges ist uns verwandter als der bewusstlose Stein. Augustinus wollte in seinem Gott Ruhe finden. Aber vielleicht ist das die falsche Adresse. Möglicherweise sind die Steine dafür besser geeignet.

Dem in Vergangenheit und Zukunft hinausblickenden Beobachter bieten sich überwältigende Aussichten. Riesige Zeiträume, wobei der Raum selbstverständlich eine trügerische Metapher für die Zeit ist, weil man im Raum vor und zurück und nach allen Seiten gehen kann, in der Zeit aber nicht. Sie ist gerichtet, sie ist irreversibel. Es gibt kein Zurück. Das Früher und Später ist nicht umkehrbar. Und doch können wir uns in der Vorstellung frei bewegen, vor und zurück. Wir leben in zwei Zeit-Zonen: In einer wirklichen Zeit, die wir als verfließende, irreversible erleben. Und in einer vorgestellten Zeit, die uns Zeiträume vorspiegelt, in denen wir uns frei bewegen können zwischen dem göttlichen Schöpfungsakt oder dem Urknall und dem Jüngsten Tag oder dem entropischen Wärmetod.

Ob eine unbegrenzte oder begrenzte Weltzeit – aus der Perspektive des befristeten Lebens ist sie immer auf ungeheuerliche Weise unbegrenzt, weil die Grenzen nicht erfahren werden können. Diese so übergeräumige Weltzeit könnte einem eben deshalb gleichgültig sein, doch es geschieht in der Regel das Umgekehrte: Angesichts dieser monströsen räumlichen und zeitlichen Ausdehnung des Kosmos wirkt das einzelne Leben wie ein schlechter Witz, winzig und belanglos. *Es kann die Spur von meinen Erdetagen / Nicht in Äonen untergehn* – sagt Faust. Der arme Mann hat wohl Unrecht. Am Ende wird nichts bleiben. Die Weltzeit ist, wie ein schöner Ausdruck Hegels dafür lautet, eine *Furie des Verschwindens*.

Dazu kommt der zweite Hauptsatz der Thermodynamik, der auch zur schlechten Laune beitragen kann, denn er besagt, dass die unwahrscheinlichen, d. h. die hoch strukturierten Zustände zu den wahrscheinlichen, d. h. den unstrukturiert gleichförmigen Zuständen streben, wenn sie nicht durch hohen Energieaufwand daran gehindert werden. Diese Unumkehrbarkeit konstituiert den Zeitpfeil von den unwahrscheinlichen zu den wahrscheinlichen

Zuständen, wobei die Ordnung dann zu den unwahrscheinlichen gehört. Wer sich mit unaufgeräumten Kinderzimmern herumschlägt, wird sofort zum Anhänger des Zweiten Hauptsatzes der Thermodynamik. Am Anfang war das Zimmer so schön aufgeräumt, und nachher? Aufgeräumte Kinderzimmer gehören, wie Kulturen überhaupt, zu Unwahrscheinlichkeiten, die über kurz oder lang von der Drift zur nächst erreichbaren Unordnung, als dem Wahrscheinlichen, gedrängt werden. Keine heiteren Aussichten. Allerdings können sie mit Humor oder, wenn der Galleanteil steigt, mit einigem Zynismus ertragen werden.

Beängstigend wirkt die Weltzeit, wenn sie als sinnauflösende Dimension erscheint. Das ist eine Wahrnehmung, die Camus im Begriff des Absurden verdichtete, verstanden als Schrecken darüber, *mit welcher Intensität die Natur uns verneint* und den *trügerischen Sinn* verliert, mit dem wir sie *bedachten*.

Diese Erfahrung ist nicht ganz neu. Schon die Antike kennt die Weltzeit eines Naturgeschehens, das die menschlichen Sinnansprüche zurückweist. Nehmen wir Platons Gegner Demokrit, der mit seinem Atomismus auf die modernen Naturwissenschaften vorausdeutet. Demokrit postuliert die fallenden Atome, den leeren Raum und die leere Zeit. Da die Atome infolge ihrer unterschiedlichen Größe unterschiedlich schnell fallen, stoßen sie wie Billardkugeln aufeinander, verwirbeln sich und bilden Gestalten. Die menschliche Seele und der Geist sind auch nur Verkettungen und Verwirbelungen besonders winziger Atome. Leerer Raum, leere Zeit und diese Atomverkettungen, das ist alles. Dazu aber kommen noch die herumschwirrenden Meinungen, die nur lästig sind, weil sie einen dazu verleiten, die Dinge falsch zu sehen. Dazu gehört die Vorstellung, dass die Natur von Zweckursachen, also von einem Ziel her, bestimmt werde. Nein, erklärt Demokrit, sie wird nicht von einem Ziel bestimmt, sondern vom Zufall, auch wenn man es lieber anders hätte, beispielsweise dass die Natur so funktioniert wie der menschliche Verstand, der sich Ziele setzt und darauf zuarbeitet. Die Natur ist eben anders. Es geschieht in ihr zwar alles nach strenger Notwendigkeit, allerdings ohne Zweck: Eine blinde Notwendigkeit, die es auf keinen Sinn abgesehen hat. Bei Demokrit gibt es also keinen Geist als weltbildende Kraft, sondern nur dieses atomare Geschehen, das die Weltzeit mit seinen Spielen des Zufalls anfüllt. Das muss einen nicht ängstigen und bedrücken, denn die Furcht vor Göttern und anderen Schicksalsmächten ist man jedenfalls los. Kein Kosmos spendet Sinn, den muss man sich schon selbst geben.

Dieser antike Naturalismus präfiguriert das Denken der modernen Naturwissenschaft. Als Unterströmung war er nie verschwunden, wurde allerdings überlagert von den Varianten der sinnträchtigen Versöhnung von Weltzeit und Lebenszeit, sei es in der christlichen Heilsgeschichte, in der säkularen Fortschrittsgeschichte oder in dem Konzept der Evolutionsgeschichte der Natur. Zwar lässt sich der Abgrund zwischen Lebenszeit und Weltzeit nicht ganz zudecken, doch er wird durch die genannten Sinnbezüge überbrückt, wie notdürftig auch immer.

Mit der christlich verstandenen Heilsgeschichte verlagert sich, anknüpfend an die jüdische Prophetie, alles Interesse auf die Zukunft der Erlösung und des Weltgerichtes. Die Zeit wird nun als nach vorwärts gerichtet erlebt. Man fragt: Wohin gehen wir? Was kommt auf uns zu? Ereignisse, die alles neu machen. Die Wiederkehr des Messias, das neue Jerusalem. Es handelt sich um eine Ablösung vom alten Athen mit seinem zyklischen Geschichtsverständnis. Zwar konnte ein Alexander oder ein Augustus sein Reich als Ernte eines ganzen Zeitalters empfinden, doch der Zyklus der Zeiten würde weitergehen, ein neuer Umlauf würde beginnen. Die Antike hatte keinen Sinn für eine finale, auf übergreifende Ziele gerichtete Geschichte. Noch nicht einmal Aristoteles, der sonst über alles nachgedacht hat und immerhin der Lehrer des großen Alexander gewesen ist, noch nicht einmal er kam auf die Idee, Geschichte philosophisch zu adeln. Auch für ihn war sie nichts anderes als das immerwährende Auf und Ab der Leidenschaften und der Widerstreit der Machtgelüste, immer dasselbe Stück, nur auf verschiedenen Bühnen und in wechselnden Kostümen aufgeführt. In der Antike also der Zyklus, in christlicher Zeit die Eschatologie.

Wenn der Glaube schwindet, verliert sich auch das Eschaton, das Heil, doch es bleibt die Orientierung auf die Zukunft und die Ausrichtung nach vorwärts. Zukunft ist der wahre Horizont der Zeit, und es würde keinen weltlichen Glauben an den Fortschritt geben, wenn es nicht den Glauben an das überweltliche Heil gegeben hätte. Vor diesem Hintergrund bekamen in der Neuzeit die Revolutionen, diese Brandbeschleuniger der Fortschrittszeit, ihren Heiligenschein oder wurden von ihren Gegnern dämonisiert. Um 1800 notiert Friedrich Schlegel: *Der revolutionäre Wunsch, das Reich Gottes zu realisieren, ist der elastische Punkt aller progressiven Bildung und der Anfang der modernen Geschichte.*

Hegel war es, der das Kunststück fertigbrachte, die Zuversicht des Glaubens umzuwandeln in eine vernünftige Ansicht der Welt, ganz ohne Glauben ans Überirdische. Man musste nur an die eigene Vernunft glauben, an diesen inwendigen dialektischen Geist, dem man draußen in der Welt bei seiner Arbeit zusehen kann, wie er zuerst in der Natur, dann in Gesellschaft und Geschichte zu sich selbst kommt und alles mit Freiheit durchdringt. Bei Hegel konnte man sich so fühlen, als wäre man schon in der Zukunft angekommen. Wie wohl keiner vor ihm zog er die Weltzeit in die Nussschale seiner Lebenszeit. Ob sich Hegel der tiefen Zweideutigkeit seines Unternehmens bewusst wurde, ist fraglich. Jedenfalls bemerkt man keine Ironie, wenn er den *Willen Gottes* mit seiner *Idee der Freiheit* gleichsetzt und als weltlicher Priester der absoluten Vernunft auftritt. Es gehe dabei ja nicht um seine Person, erklärt er ohne Eitelkeit, sondern eben nur um sein Mandat, dem er sich nicht entziehen könne.

Bei Hegel ist die religiöse Restwärme des Fortschrittsgedankens überdeutlich zu spüren, sogar noch bei Marx, der ja eigentlich die Hegelsche Metaphysik vom Himmel auf die Erde bringen will. Bei Hegel beginnt die Eule der Minerva ihren Flug in der Abenddämmerung, wenn angeblich alles getan ist. Bei Marx fliegt sie der Morgendämmerung entgegen und verkündet die Stunde der wirklichen Befreiung. *Die Kritik hat die imaginären Blumen an der Kette zerpflückt nicht damit der Mensch die phantasielose, trostlose Kette trage, sondern damit er die Kette abwerfe und die lebendige Blume breche.* Die Träume des Idealismus, das besagen diese hochgestimmten Worte, werden überboten durch eine Wirklichkeit, die in Fahrt kommt. Eine Weltzeit also, die als Geschichtszeit mit dem Prozess der Befreiung im Bunde ist.

Viele Hoffnungen wurden enttäuscht. Die große politische Revolution, die alles neu macht, fand zunächst nicht statt; dafür aber vollzog sich die industrielle Revolution in atemberaubendem Tempo, zuerst in England und Frankreich und dann auch in Deutschland. Der technisch-wissenschaftliche Geist enthielt ein mächtiges Fortschrittsversprechen und begünstigte ein Bewusstsein, das nach einem kurzen Weg vom Erkennen zum Herstellen sucht, und am Geheimnis nur den Umstand schätzt, dass man ihm auf die Schliche kommen kann. Respektlos näherte man sich einer Natur, die man im Experiment, wie Goethe gern sagte, auf die Folter spannt, und der man, wenn man weiß, wie sie läuft, zeigt, wo es langgeht. Es ist schon erstaunlich, wie seit der Mitte des 19. Jahrhunderts, nach den Höhenflügen des absoluten Geistes, plötzlich überall die Lust aufkommt, die Dinge in einem nüchternen Licht zu sehen und sie womöglich klein zu machen. Es begann die Karriere der Denkfigur: Das ist doch nichts anderes als … Dieser neue Realismus wird das Kunststück fertigbringen, klein vom Menschen zu denken und doch Großes mit ihm anzustellen – wenn wir die moderne verwissenschaftlichte Zivilisation, von der wir profitieren, groß nennen wollen. Es triumphiert eine aufs Praktische und Nützliche gerichtete Gesinnung. Gegen Ende des Jahrhunderts lässt Werner von Siemens im Zirkus Renz, dem größten Versammlungssaal Berlins, den Geist des Zeitalters Revue passieren: *Wollen wir uns nicht irre machen lassen in unserem Glauben, dass unsere Forschungs- und Erfindungstätigkeit die Menschen höheren Kulturstufen zuführt, … dass das hereinbrechende naturwissenschaftliche Zeitalter ihre Lebensnot, ihr Siechtum mindern, ihren Lebensgenuss erhöhen, sie besser, glücklicher und mit ihrem Geschick zufriedener machen wird.*

Auch bei solchen Zukunftserwartungen fühlte man sich mit der Weltzeit im Bunde, vorausgesetzt, man nutzt sie gut. Gewissenhafte Beobachtung und Experiment, statt unfruchtbares Grübeln und Spekulieren. Man setzte auf Versuch und Irrtum, wobei man sich bestätigt fühlen konnte von Charles Darwins Evolutionsbiologie, deren bedeutsame Einsicht bekanntlich ist, dass auch die Natur mit der Methode von Versuch und Irrtum ihre Entwicklung betreibt. Mutationen, so Darwin, sind fehlerhafte Übertragungen von Erbinformationen, fehlerhafte Zufälle also, aus denen innerhalb der Art sich die Variationsbreite ergibt. Der Anpassungserfolg selektiert dann. Erhalten bleibt, was sich bewährt. Auf diese Weise – durch Zufallsmutation plus Selektion im Überlebenskampf – trifft die Natur, ohne zu zielen. Man kann auch sagen: In der Evolution irrt sich die Natur empor. Allerdings braucht es dafür eine ungeheure Menge von Zeit. Gut, dass seit der kopernikanischen Wende die kosmischen Zeitspannen, mit denen man zu rechnen beginnt, im Begriffe sind, immer weiter ins Ungeheure zu wachsen.

Das über Jahrhunderte geltende chronologische Korsett der Bibel wurde gesprengt, nicht nur infolge des Blicks nach oben zu den Sternen, sondern auch nach unten zur Erde. Allein die fossilen Funde und die Erkundung der geologischen Schichtungen der Erde ließen die sieben- oder achttausend Jahre des Schöpfungsberichtes obsolet erscheinen. Es genügte auch nicht die eine Sintflut, um die Struktur der Erdoberfläche zu verstehen, sondern man musste, um die gegenwärtige Erdoberfläche erklären zu können, gleich mehrere Sintfluten und sonstige Katastrophen annehmen. Eine einflussreiche geologische Theorie vom Ende des 17. Jahrhunderts beschrieb die Erde in ihrer gegenwärtigen Gestalt als eine einzige Ruine aus geborstenen Resten der ursprünglichen Erdkruste, mit den Ozeanbecken als gigantischen Löchern, mit untergegangenen Kontinenten, explodierten Vulkanen, Endmoränen und Wüsten aller Art.

Als Kant seine erste kosmologische Theorie vorlegte, waren aus den sechseinhalbtausend biblischen Weltjahren bereits eine Million Jahre geworden, mit denen der ehrgeizige junge Philosoph rechnete. Das war kein Problem, denn es gab Zeit genug, seit Isaac Newton sie als absolute Größe eingeführt hatte. Für Newton war der ausgedehnte Raum unendlich, und ebenso die Zeit. Wie den Weltraum hat man sich auch die Weltzeit als absolut vorzustellen, so als würde über allem Geschehen eine Welt-Uhr ticken, die jedem Ereignis seine Zeitstelle zuweist. Da aber die Ereignisse in dieser Weltzeit endlich sind – für Newton blieben sie Schöpfungstatsachen – handelte man sich das Problem einer leeren Zeit ein. Denn man musste fragen, was war die Zeit, ehe es Ereignisse, wie die Entstehung der Erde und des Kosmos, gab? Man kam hier selbstverständlich nicht weiter, weshalb Newton es ablehnte, sich mit den Fragen der Weltentstehung und ihres Zeitpunktes herumzuschlagen und sich lieber auf seinen Deismus zurückzog.

Und doch tauchte immer wieder die Frage auf, was denn in Newtons absoluter Zeit geschieht, wenn nichts geschieht. Das ist das Gespenst der leeren Zeit. Eine Generation nach Newton hat Kant das absurde Nichts, das sich daraus zwangsläufig ergeben musste, aus der Realität entfernt und allein dem Bewusstsein angelastet, das von seiner Struktur her, so Kant, gezwungen sei, vor jedes

Davor noch ein weiteres Davor zu setzen. Damit war aus der absoluten Zeit eine bloße Denknotwendigkeit des Bewusstseins geworden, ohne Anhalt im Sein.

Indem man aber die Probleme der leeren Zeit auf sich beruhen ließ und sich der nun ganz und gar nicht leeren, sondern von Ereignissen geradezu überquellenden Zeit der Evolution zuwandte, sah sich das Bewusstsein statt mit einer schrecklichen Leere mit einer ungeheuren Fülle konfrontiert, die, so Kant, *ganze Gebürge von Millionen Jahrhunderten* benötigt, *um die ganze grenzenlose Weite der unendlichen Räume mit Welten ohne Zahl und Ende zu beleben.*

Seit dem Ende des 18. Jahrhunderts ist die Idee der Entwicklung allgemein akzeptiert. Doch die über Jahrhunderte gültige Vorstellung von der *großen Kette der Wesen* in der Natur wandelt sich, indem sie nun als zeitliche Abfolge begriffen wird. Lange hatte man geglaubt, dass alle Wesen, die in dieser Kette einen so prachtvollen, dichten Zusammenhang zeigen, mit einem Mal ins Leben getreten seien; dann geriet dieses Bild in Bewegung, als man annahm, dass die einzelnen Arten und Gattungen aus den jeweiligen Keimen unabhängig und auch nacheinander entstanden seien. Doch das umwälzend Neue, das mit dem Namen Darwin verbunden ist, war die Vorstellung, dass die Arten und Gattungen nicht etwa nur nacheinander, sondern dass sie sich auseinander entwickelt hätten, über die Grenzen der Art und der Gattung hinweg. Das Leben, lehrt der Darwinismus, hat sich über riesige Zeiträume seinen Weg gebahnt von den ersten Keimen des Lebendigen bis zum Menschen, doch nicht im Sinne einer teleologischen Absichtlichkeit, sondern durch zufällige Mutation und Selektion. Es gilt nicht nur für den Menschen, aber für ihn ganz besonders, dass die Evolution sich viel Zeit gelassen hat, ihn hervorzubringen. Das könnte den alten Stolz, den Mittelpunktwahn des Menschen, bestärken, wenn es eben nicht der Zufall wäre, der hier Regie geführt hat. Wie auch immer, der Weltzeitverbrauch für die Entwicklung des Homo sapiens sapiens ist ehrfurchtgebietend groß. Darauf wird im zweiten Teil des »Faust« angespielt. Der im Labor erzeugte Homunculus erweist sich als nicht lebensfähig und muss zurück ins Wasser, in den Ozean, wo diesem menschlichen Machwerk das ganze Pensum der Evolution aufgebrummt wird. *Da regst du dich nach ewigen Normen, / Durch tausend abertausend Formen, / Und bis zum Menschen hast du Zeit.*

Evolutionszeit als Weltzeit, die bereits vergangen ist, hört selbstverständlich nicht auf mit dem Menschen, der sich deshalb nicht als Höhe- und Zielpunkt missverstehen darf. Sie geht weiter, über den Menschen hinaus, wie immer auch als Fortentwicklung, Abzweigung oder Rückbildung. Damit stellt sich aber auch die Frage, welche Eingriffsmöglichkeiten in diese evolutionären Prozesse es gibt. Darwin selbst plädiert für das Seinlassen, nicht für das Machen, aber schon er konnte nicht verhindern, dass die einschlägigen Potenzphantasien ins Kraut schießen, zuerst im Rasse- und Züchtungsdenken, dann aufgrund des technologischen Fortschritts durch genetische Eingriffe. Wie auch immer, es verbindet sich die menschengemachte Geschichtszeit mit Evolutionszeit, ob nun die Eingriffe beabsichtigte oder unbeabsichtigte Effekte haben.

Es war ein Traum der Aufklärung gewesen, das Naturgeschehen, in das der Mensch verwickelt ist, selbst in die Hand zu bekommen. Wenn Herder die unsichtbare Hand der Natur dafür verantwortlich macht, dass der Mensch zur Humanität findet, so widerspricht Kant und erklärt, der Mensch sei ein Wesen, das von Natur aus darauf angelegt ist, sich selbst zu bestimmen und zu dem zu machen, was er im besten Falle sein kann. Der Mensch dürfe sich nicht einfach auf die Naturentwicklung verlassen, er müsse selbst Hand anlegen. Als ein von der Natur losgelassenes Wesen müsse er im Prozess der Geschichte seine Entwicklung selbst tätig bewirken, sich nach Zwecken perfektionieren, die er sich gesetzt habe, wodurch er aus sich selbst ein *vernünftiges Tier* machen kann. Doch nicht das einzelne Individuum, so Kant, sondern allenfalls die Gattung könne sich durch viele Generationen hindurch zu ihrer Bestimmung *empor arbeiten*.

Evolution in eigener Regie – das geht nicht mehr nach dem Prinzip von zufälliger Mutation und Selektion, auch nicht nach den Prinzipien von Aufklärung und Vernunft, es soll nicht mehr so lange dauern, auch die Evolution soll beschleunigt werden. Die Evolutionstechniken, mit denen gegenwärtig experimentiert wird, sind Versuche, einen

Aspekt der Weltzeit, nämlich die Zeit der Naturentwicklung, dichter an die Lebenszeit heranzurücken – und dies in einem Augenblick, da sich im astrophysikalischen Weltbild die Schere zwischen Weltzeit und Lebenszeit immer weiter, ins Ungeheure, öffnet.

Kapitel 7

Weltraumzeit

Zeitanfang. Anfangssingularität. Physikalische Eschatologie. Bertrand Russells Floß der Kultur und die große Weltraumnacht. Einsteins Relativitätstheorie. Es ist nicht alles relativ, aber wir leben nicht alle in derselben Zeit. Das Rätsel der Gleichzeitigkeit. Raumzeit. Überwindung des Dualismus zwischen Mensch und Welt. Einsteins Kosmosfrömmigkeit. Das Erhabene.

Alle heute als physikalisch realistisch angesehenen Weltmodelle besitzen ... einen absoluten Nullpunkt der Zeit, schreibt der Philosoph Bernulf Kanitscheider, in Übereinstimmung offenbar mit der vorherrschenden Ansicht seiner Zunft. Man habe immer wieder versucht, mit mathematischen Methoden einen Weg hinter diese *Anfangssingularität* zurück in eine unbegrenzte Vergangenheit zu finden, doch welche plausiblen Annahmen über Beschaffenheit von Materie und Kausalstruktur man auch zugrunde legte, man kam doch über diesen eigenartigen absoluten Nullpunkt der Zeit nicht hinweg. Die Zeit hat also, aus heutiger astrophysikalischer Sicht, einen Anfang – was man sich aber nicht als erstes Ereignis vorstellen darf, denn Ereignisse sind immer bewirkend und bewirkt zugleich. Ein Ereignis, das nur anderes bewirkt, ohne selbst bewirkt zu sein, ist undenkbar. Deshalb darf die ominöse *Anfangssingularität* auch nicht als Ereignis verstanden werden, sondern als *Rand für alle vergangenen Ereignisketten des Universums*. Dieser Rand, wie gesagt, ist selbst kein Ereignis, sondern jene Grenze, wo die Zeit beginnt. Es bleibe nichts anderes übrig, schreibt Kanitscheider, *als den Beginn der Welt als spontanen akausalen Entstehungsvorgang ohne zeitlichen Vorgänger anzusehen,* wobei schon der Ausdruck *Entstehungsvorgang* missverständlich ist, weil es sich eigentlich nicht um einen Vorgang handelt, sondern um einen Zustand, der eben nicht aus einem früheren Zustand entstanden ist – was man sich nun auch wieder nicht vorstellen kann. Es zeigt sich nur, dass der Unterschied zur Creatio ex nihilo, der Schöpfung aus dem Nichts, nicht erheblich ist: In den entscheidenden Fragen ist man nicht viel weiter gekommen. Wie dem auch sei, in diesen subatomaren Anfangszustand knapp oberhalb des Nichts, in dieses hochverdichtete, extrem heiße Gemisch aus Elementarteilchen, kommt etwa vor 13,82 Milliarden Jahren Bewegung, explosionsartig expandiert er, wobei die ursprüngliche Materiedichte und die Temperatur sich so weit verringern, dass sich endlich Atome und dann chemische Elemente bilden können. Aus der homogen verteilten Materie entstehen im Zuge eines Wirbelgeschehens die Galaxien. In einer davon bildete sich vor ungefähr 5 Milliarden Jahren unsere Sonne und dazu die Planeten, unter ihnen auch die Erde.

Das Universum ist also nicht anfangslos, und auch die Zeit hat einen Anfang; da es sie nur geben kann, wenn etwas geschieht, muss sie in dem Moment begonnen haben, als jener Anfangszustand in Bewegung geriet. Natürlich ist das alles schon längst nicht mehr vorstellbar, und so wird uns zugemutet, daran zu glauben, wie man früher an die mythischen Schöpfungsgeschichten geglaubt hat. Der einzige Unterschied ist, dass wir die Hintergrundstrahlung, eine Begleiterscheinung des astrophysischen Schöpfungstages, wirklich aufzeichnen können.

Überblicken wir noch einmal die Kosmogonien: Für die Antike waren der Kosmos und die Zeit anfangslos. Im christlichen Weltbild ist der Kosmos eine Schöpfung und hat als solche einen Anfang, eben den Schöpfungsakt, mit dem auch die Zeit beginnt. Newton behielt den Schöpfer im Hintergrund, aber für seine Naturgesetze benötigte er den absoluten, also den unendlichen Raum und die absolute, also die unendliche Zeit. Die moderne Kosmologie hat sich wieder von der Absolutheit von Raum und Zeit verabschiedet. Raum- und Zeitgrößen werden, seit Albert Einstein, nicht nur in Relation zueinander begriffen, als Raumzeit, wovon gleich die Rede sein wird, sondern die Zeit bekommt wieder einen Anfang – und ein Ende: Irgendwann einmal erlischt alles Geschehen. Strittig ist, ob das Universum davor in eine Kontraktionsphase übergeht oder ob sich die jetzige Expansion mit unterschiedlichen Geschwindigkeiten fortsetzt. Eine physikalische Eschatologie aus heutiger astrophysikalischer Sicht liest sich so: *Das erste markante Ereignis wird die Entwicklung der Sonne sein, die … in das Rote-Riesen-Stadium eintritt. Dabei dehnt sie sich weit ins Sonnensystem hinein aus, was die Erden-*

bewohner zwingen wird, ihren Heimatplaneten zu verlassen. Als nächstes, in etwa 10^{12} Jahren, wird es sich bemerkbar machen, dass die Sternbildung nachlässt, die massiven Sterne haben sich dann bereits in Neutronensterne oder schwarze Löcher verwandelt ... Nach 10^{27} Jahren zeigt das Universum galaktische und supergalaktische schwarze Löcher, die von der Expansion des Raumes voneinander fortgetragen werden, während verstreute schwarze Zwerge, Neutronensterne und isolierte schwarze Löcher, die aufgrund des Verdampfungsprozesses ihre Eltern-Galaxien verlassen haben, in den wachsenden Räumen umherirren. ... Klassisch gesehen ist tote Materie stabil, aber quantenmechanisch zerfallen auch die Protonen ..., was dazu führt, dass nach 10^{34} Jahren alles auf Kohlenstoff aufgebaute Leben ausstirbt. Wartet man noch länger, machen sich weitere Prozesse bemerkbar ... In 10^{66} Jahren greift die Quantenmechanik auch die schwarzen Löcher an. Sie zerfallen über Teilchenstrahlung, die in den Außenraum entweicht ... Das äußerste durch die Eschatologie noch erfassbare Bild des Universums ist also ein immer langsamer expandierender und sich ausdünnender See der übriggebliebenen stabilen Teilchen. So sieht also das E n d e a l l e r D i n g e *in einem langlebigen Universum aus. Die menschliche Existenz hat zusammen mit allen höheren Gestalten der Komplexität den Charakter einer einmaligen Übergangsform in der mittleren kosmischen Epoche. Zwischen Anfang und Ende der Zeit entwickelt sich die Vielfalt der Dinge, sie kommt nie wieder.*

Mit einer Handvoll von Naturgesetzen und Naturkonstanten, entdeckt und formuliert von Newton bis Einstein, von Galilei bis Heisenberg, lässt sich ein solches finales Geschehen konstruieren. Auch der zweite Hauptsatz der Thermodynamik, Ende des 19. Jahrhunderts von Ludwig Boltzmann aufgestellt, spielt in diesem Szenario eine Rolle, weil er sich als Gesetz eines gerichteten Zeitpfeils verstehen lässt. Es sei noch einmal an den Grundgedanken erinnert, der besagt, dass die in geschlossenen Systemen mit Energieaufwand aufrechterhaltene Ordnung das jeweils Unwahrscheinliche ist, das zum Wahrscheinlichen strebt, nämlich zur Unordnung. Die Auflösung der jeweiligen Ordnung wird als Zunahme der Entropie bezeichnet. Illustriert wird das Verhältnis von unwahrscheinlicher Ordnung und wahrscheinlicher Unordnung gerne am Beispiel eines Kartenspiels. Am Anfang ist es auf eine bestimmte Weise geordnet, dann werden die Karten gemischt, und es ist höchst unwahrscheinlich, dass sich zufällig wieder die Ordnung des Anfangs ergibt. Oder ein anderes Beispiel: Ein Glas zersplittert, aber Splitter setzen sich nicht zufällig wieder zum Glas zusammen. Nach den Gesetzen der klassischen Physik ist jeder einzelne Vorgang des Zersplitterns eigentlich umkehrbar und die durch die Luft wirbelnden Glassplitter könnten sich theoretisch wieder zum Glas zusammensetzen – doch genau das geschieht nicht, und deshalb der Zeitpfeil: die unumkehrbare Gerichtetheit des ganzen Vorgangs, von der Unwahrscheinlichkeit einer gegebenen Ordnung zur Wahrscheinlichkeit ihrer Auflösung. Deshalb auch wird in der oben zitierten physikalischen Eschatologie das Ende der Dinge beschrieben als die vollständige Auflösung des Universums zum *sich ausdünnenden See der übriggebliebenen stabilen Teilchen.* Mit dieser Gleichförmigkeit und Ereignislosigkeit hört dann auch die Zeit auf. Eine schlechte Ewigkeit.

Ein solches Universum ist in höchstem Maße sinnabweisend. In der Antike war, außer bei den Atomisten, der Kosmos in der Regel sinnhaft gedacht, ebenso im christlichen Weltbild, und selbst Newton, der ein Universum aus kalten mechanischen Gesetzen konstruierte, behielt Gott als Wärmequelle im Hintergrund. Er glaubte ja sogar daran, dass Gott das Wunderwerk der Gravitation und der Planetenumläufe vor ungefähr 6000 Jahren geschaffen hatte. Newton ließ die Kirche im Dorf. In der Weltraumzeit der Moderne erst verschwindet beides, die kosmische Unendlichkeit und das Gefühl, von Gott getragen zu sein. Das verschärft noch einmal die Erfahrung von Befristung, weil nun die Furie des Verschwindens nicht nur das personale Bewusstsein ergreift, sondern das Sein insgesamt. Die monströse Gleichgültigkeit des Weltraums gegen den Menschen schreckte schon Pascal, jetzt aber kommt die kosmische Endlichkeit dazu. Das muss allerdings nicht unbedingt Panik hervorrufen, denn ein kühler Kopf kann sich sagen: Nicht schlecht, wenn nicht nur ich, sondern letztlich auch der Weltraum und alles, was darin geschieht, verschwinden. Auch die Sterne sind sterblich!

Gegen das sinnabweisende Universum helfen, wenn der Glaube nicht hilft, bis auf weiteres nur die selbstgeschaffenen Sinnwelten, auch Kulturen genannt, in denen man es sich heimisch machen kann, so gut es geht. Bertrand Russell beschreibt eindringlich dieses Lebensgefühl des metaphysisch obdachlosen Kulturmenschen, der in seiner Sinnbehausung Schutz sucht gegen das Ungeheure: *Wir blicken rings um unser kleines Floß … den dunklen Ozean, auf dessen rollenden Wogen wir für eine kurze Stunde umhertreiben. Aus der großen Nacht im Weltall fällt ein kalter Windhauch in unser Refugium. Die ganze Einsamkeit des Menschseins inmitten feindlicher Gewalten erfasst die einzelne Seele, die, mit all dem Mute, der ihr zu Gebote steht, allein gegen das ganze Gewicht eines Universums kämpfen muss, das gleichgültig bleibt gegen ihre Hoffnungen und Ängste.*

Doch wie, wenn dieses ganze Bild eines Universums, das in der Zeit entstanden ist und in der Zeit auch vergehen wird, gar nicht stimmt? Wenn womöglich alles irgendwie wirklich bleibt, was einmal geschehen ist, wenn nichts vergeht, wenn aber auch das Künftige irgendwie schon wirklich ist, ehe es wirklich wird; wenn demnach alles Geschehen nur Vordergrund ist für etwas Bleibendes, das sich durchhält; wenn, mit anderen Worten, die Zeit nichts anderes ist als eine Illusion? Einstein hat gegen Ende seines Lebens offenbar mit solchen Gedanken gespielt, als er anlässlich des Todes eines Freundes an dessen Angehörige schrieb: *Für uns gläubige Physiker hat die Scheidung zwischen Vergangenheit, Gegenwart und Zukunft nur die Bedeutung einer wenn auch hartnäckigen Illusion.*

Bei dieser Gelegenheit wendet Einstein den Gedanken vom illusionären Charakter der Zeit offensichtlich ins Erbauliche. Doch schon zuvor hat die »Spezielle Relativitätstheorie« (SR, 1905) und dann die »Allgemeine Relativitätstheorie« (AR, 1915) viel dazu getan, auf streng physikalisch-mathematischem Weg illusionäre Aspekte der gewöhnlichen Erfahrung der Zeit aufzudecken. Mittlerweile gelten Einsteins Einsichten als der nach Newton bedeutendste Einschnitt im physikalischen Verständnis von Raum und Zeit. Seine einschlägigen mathematischen Formeln haben längst alltagspraktische Bedeutung.

Einstein konnte an Leibniz anknüpfen, der zwei Jahrhunderte früher ein gegen Newtons absolute Zeit gerichtetes relationistisches Konzept von Raum und Zeit entwickelt hatte. Um nochmals daran zu erinnern: Für Newton waren Raum und Zeit unabhängige und primäre Realitäten, die den Dingen und Ereignissen ihren Platz anwiesen. Es waren eben absolute Größen, in denen das Wirkliche enthalten war. Auch Newton sprach von der *relativen* Zeit, wenn er die Zeitangaben der irdischen Uhren meinte, die nie ganz genau die absolute, verfließende Zeit messen könnten. Dass es keine absolute Uhr geben könne, wusste er natürlich auch. Doch hielt er es für eine Denk- und Rechennotwendigkeit, von seiner solchen absoluten Zeit als Bezugspunkt auszugehen.

Ganz anders Leibniz. Er postulierte demgegenüber, dass der Raum sich erst bilde mit den Relationen zwischen Gegenständen. Raum sei nichts weiter als das Nebeneinanderbestehen von Dingen, wie entfernt voneinander sie auch sein mögen. Es war Leibniz, der sich vor diesem Hintergrund durchaus einen sich ausdehnenden Weltraum vorstellen konnte. Mit der Zeit verhielt es sich für ihn analog: Es gab sie nicht als absolute vorauszusetzende Größe; sondern wie der Raum durch das Nebeneinander der Dinge geschaffen wird, so die Zeit durch das Nacheinander von Ereignissen und das Verhältnis der unterschiedlichen Dauer zueinander. Für Leibniz galt: Wo keine Gegenstände, da auch kein Raum; und wo keine Ereignisse, da auch keine Zeit. Zeit war für Leibniz nicht eine Art gleichmäßiger Raum, in dem sich die Ereignisse befinden und der einen Maßstab für sie alle zur Verfügung stellt, sondern man konnte nur die verschiedenen Ereignisse aneinander messen und eben nicht an einem absoluten Maßstab. Das bedeutete in Bezug auf die Uhren, dass sie wirklich nichts anderes tun als mit Hilfe von regelmäßigen Ereignissen (Pendel, Uhrzeiger, Atomfluktuation) weniger regelmäßige Ereignisse zu ›messen‹. Eine absolute Uhr kann es nicht geben, weil sogar der Sternenhimmel, auf den sich Newton bezog, Unregelmäßigkeiten aufwies, woran Leibniz immer wieder erinnerte. Für ihn war einfach alles in Bewegung, von den winzigen Monaden bis zu den Riesengestirnen, und alles unterhielt vielfältige Beziehungen im Nebeneinander des Raumes wie auch im Nacheinander der Zeit. Damit war bereits das relativistische Zeitverständnis antizipiert. Indem Leibniz die Zeit als absolute Größe zurückwies, richtete er die Aufmerksamkeit ganz auf das Verhältnis der unterschiedlichen Dauer der Ereignisse. Hier spielt die Zeit. Kurz, Leibniz weigerte sich, die Zeit von den Ereignissen abzulösen, und definierte sie stattdessen als eine Eigenschaft von ihnen, er näherte sich in seinem Verständnis dem, was die Relativitätstheorie ›Eigenzeit‹ nennen wird.

Gemäß der Speziellen Relativitätstheorie (SR) hat jeder Körper im Vergleich zu einem relativ dazu bewegten Körper seine Eigenzeit. Das hat nichts damit zu tun, dass jeder das Verstreichen der Zeit anders erlebt, wenn sie einmal wie im Fluge vergeht oder ein andermal sich dehnt; das gehört zur emotionalen Subjektivität von Zeiterlebnissen, die von keiner Uhr gemessen werden. Die Zeitdifferenz zwischen unterschiedlich bewegten Körpern, die das Thema der SR sind, ist dagegen durchaus messbar. Würde, so das Gedankenexperiment, der Beobachter A dem im schnell vorbeifahrenden Zug sitzenden B auf die Uhr schauen können, so würde er bemerken, dass dessen Uhr im Vergleich zu der seinen tatsächlich langsamer geht. Dieser B würde auch, was sich natürlich so nie beobachten lässt, langsamer altern, die Haare und die Fingernägel würden langsamer wachsen und das Herz langsamer schlagen. Diese Verlangsamung der Zeit bei B würde allerdings nur aus der Perspektive von A wahrnehmbar sein. Für B selbst, der im Zug sitzt, ändert sich nichts: Für ihn geht seine Uhr nicht langsamer, sein Haar und seine Fingernägel wachsen nicht langsamer und auch sein Herz schlägt nicht langsamer. In dem bewegten System ändert sich nichts für den, der darin enthalten ist; nur vom anders bewegten System aus ist eine Veränderung feststellbar. Und doch: Wenn dann B bei A wieder ankommt, nachdem B beispielsweise die Erde umrundet hat, würde er, da er sich im Unterschied zu A bewegt hat, um einen winzigen Betrag jünger sein, als wenn er bei A geblieben wäre und sich nicht bewegt hätte. Es gilt: Was sich gegenüber dem eigenen Standpunkt bewegt, hat ein langsameres Zeitmaß. Dieses langsamere Zeitverstreichen in einem bewegten Objekt im Verhältnis zum Zeitverstreichen am Ruhepunkt ist in einem berühmten Experiment getestet worden: Eine Atomuhr wurde im Flugzeug um die Erde geflogen. Diese reisende Atomuhr ging bei der Ankunft gegenüber der stationär am Ausgangspunkt gebliebenen Atomuhr um genau eine 59milliardstel Sekunde nach.

Es gibt also keine Zentraluhr für alle. Je schneller im Verhältnis zu einem anderen sich jemand bewegt, umso langsamer verstreicht bei ihm die Zeit – wie gesagt: gesehen aus der Perspektive des jeweils anderen. Es geht also immer um Zeit in Relation zur eigenen Bewegung und der Bewegung eines anderen Objekts. Die Relativitätstheorie hieße deshalb auch besser Relationstheorie der Zeit. Denn es ist hierbei eben nicht alles relativ, wie die inflationär gebrauchte Redewendung heißt. Absolut ist bei Einstein zum Beispiel weder Raum noch Zeit, dafür aber – die Lichtgeschwindigkeit. Das hatte nicht Einstein entdeckt, aber er hat ein damit zusammenhängendes Problem gelöst. Man hatte nämlich festgestellt, dass der Lichtstrahl immer mit derselben Geschwindigkeit unterwegs ist, egal ob man ihn von einem ruhenden oder von einem sich parallel zum Lichtstrahl bewegenden Gefährt aus misst. Man würde ja erwarten, dass, wenn man sich entlang dem Lichtstrahl bewegt, die gemessene Geschwindigkeit sich vermindert um den Betrag der eigenen Geschwindigkeit, also 300 000 km/sec minus x. Doch es bleibt immer die volle Lichtgeschwindigkeit, unabhängig von der eigenen Bewegung. Einsteins genial-einfache Idee war nun die: Wenn die gemessene Geschwindigkeit des Lichts dieselbe bleibt, egal wie schnell ich mich bewege, so kann eben die gemessene Sekunde, je nachdem wie ich mich bewege und in welche Richtung ich mich bewege, nicht dieselbe sein. Bewege ich mich in der Richtung des Lichtstrahls, dehnt sich die Sekunde, und in dieser gedehnten Sekunde bleibt es deshalb bei den 300 000 km/sec. Bei einer Bewegung entgegen dem Lichtstrahl kommt es zum entgegengesetzten Effekt, und in der geschrumpften Sekunde würden wieder diese 300 000 km/sec gemessen werden können. Die Lichtgeschwindigkeit ist absolut, variabel dazu ist die je nach Eigenbewegung unterschiedliche Dauer einer Sekunde. So kommt es, dass der Lichtstrahl immer dieselbe Geschwindigkeit hat. Die Sekunde dehnt sich also mit der Geschwindigkeit. Würde ich mich allerdings so schnell bewegen wie der Lichtstrahl, wäre diese Sekunde so gedehnt, dass gar keine Zeit vergeht. Nur die anderen würden mich dann mit 300 000 km/sec vorbeihuschen sehen. Mit solchen nicht gerade aus dem Leben gegriffenen Beispielen illustrierte Einstein gerne seine grundstürzende Theorie, die mit gewohnten Sichtweisen und der natürlichen Intuition bricht. Über die herkömmlichen Begriffe von Raum und Zeit bemerkt er: *Begriffe, welche sich bei der Ordnung der Dinge als nützlich erwiesen haben, erlangen über uns leicht eine solche Autorität, dass wir ihres irdischen Ursprungs vergessen und sie als unabänderliche Gegebenheiten hinnehmen.* Daraus würden dann Denknotwendigkeiten, die einem von der Sprache vorgegeben werden. *Der Weg des wissenschaftlichen Fortschritts wird durch solche Irrtümer oft für lange Zeit ungangbar gemacht.*

Noch komplizierter und für die gewöhnliche Denkweise noch befremdlicher wurde die Sache in der zehn Jahre später veröffentlichten Allgemeinen Relativitätstheorie (AR). In der SR hatte Einstein die Gravitation explizit ausgeklammert, in der AR berücksichtigt er sie – mit dem Ergebnis, dass er eine zweite Relativität formulieren konnte: Zeit hängt nicht nur ab von den jeweiligen Bewegungen und Bewegungsrelationen, sondern auch von den Massen in der jeweiligen Umgebung. So wird die Zeit auch von der Gravitation beeinflusst. In der Nähe von schweren Massen verstreicht sie merklich langsamer. Somit ist die Zeit eine Größe, die nicht nur von der Bewegung im Raum, sondern auch vom Raum selbst, genauer: von der in ihm wirkenden Gravitation abhängt. Für dieses Bedingungsgefüge aus Raum und Zeit hat Einstein nun also den Begriff der Raumzeit entwickelt.

Jedes Objekt hat je nach der Positionierung im Raum und je nach der Bewegung (in Relation zu anderen Bewegungen) seine raumzeitlich bestimmte Eigenzeit. An jedem Punkt des Universums vergeht, je nach Eigenbewegung und Nähe zu schweren Massen, die Zeit im Vergleich zu anderen Punkten anders, schneller oder langsamer. Damit ist die absolute Zeit vollends aufgelöst. Es gibt keinen absoluten Maßstab für alle Geschehnisse, es lassen sich nur die verschiedenen Zeiten, d. h. die jeweiligen Dauern miteinander vergleichen. Eine Sekunde hier ist nicht dasselbe wie eine Sekunde dort. Alltagspraktisch allerdings benutzen wir auch weiterhin unbemerkt Newtons absolute Zeit, denn die Zeitdauer-Differenzen, die sich nach Einsteins Berechnungen ergeben, sind zu minimal. Doch schon bei technischen Systemen wie etwa dem Navigationsgerät, und überhaupt bei der elektronischen Kommunikation, spielen sie eine Rolle und müssen eingerechnet werden. Insofern leben wir bereits alltäglich in einer technischen Welt, die nur funktioniert, weil die Formeln der SR und der AR berücksichtigt werden.

Wenn jedes im Raum bewegte Objekt im Vergleich zu anders bewegten Objekten eine Eigenzeit hat, so ändert sich auch das, was man Gleichzeitigkeit nennt. Zwar haben wir kein Problem damit, wenn wir etwa in Echtzeit, wie es heißt, raumfern miteinander kommunizieren. Wir sind dann gleichzeitig miteinander – ganz so, als ob das Wort den hinzugewonnenen Möglichkeiten nicht mehr gerecht würde, hat sich inzwischen mit ›zeitgleich‹ ein vermeintlich neuer Terminus in die deutsche Sprache eingeschlichen. Wir teilen denselben Augenblick und wir wissen es. Aber ist es wirklich derselbe Augenblick? Schon einfache physikalische Überlegungen weisen darauf hin, dass es ein Problem mit der Gleichzeitigkeit gibt. Das Funksignal braucht doch auch seine Zeit, um anzukommen. Bei großen Entfernungen verschiebt sich zueinander, was hier und dort jeweils Gegenwart ist. Da kommunizieren nicht nur sprechen bedeutet, sondern auch Lichtsignale austauschen, kommunizieren wir auch mit Sternen, die wir jetzt sehen. Deren Licht ist bisweilen schon Jahrmillionen unterwegs. Erst wenn der Strahl ankommt, sind wir gleichzeitig zu dem Moment, da er ausgesendet wurde. Wir sind also gleichzeitig mit der Vergangenheit dieses Objektes, nicht mit seiner Gegenwart. Wenn wir in den Sternenhimmel blicken, schauen wir in eine tiefe Vergangenheit, und manche dieser Sterne, die wir jetzt sehen, gibt es gar nicht mehr, und wenn sie dort jetzt gerade verlöschen sollten, würden wir das erst in Jahrmillionen sehen können: Dann erst wäre jenes Ereignis für uns hier gleichzeitig.

Das ist noch ein recht sinnfälliges Beispiel für verspätete Gleichzeitigkeit, das sich einfacher nachvollziehen lässt, weil man nur die Lichtgeschwindigkeit einrechnen und sich klar machen muss, dass sie das absolute Maß für Gleichzeitigkeit ist. Der Terminus ›gleichzeitig‹ bedeutet unter dieser Voraussetzung die Spanne zwischen Aussenden und Eintreffen eines Lichtsignals, doch da ungeheure Raumabstände dazwischen liegen können, so hat das zur Folge, dass bei solcher Gleichzeitigkeit der Empfänger des Signals genau genommen nicht mit der Gegenwart, sondern mit der Vergangenheit des Signalgebers verbunden ist. Was hier eintrifft, ist dort schon vergangen, und umgekehrt, was hier schon vergangen ist, ist dort gerade gegenwärtig. Eine unheimliche Vorstellung, die noch unheimlicher wird, wenn man sich, mit Brian Greene, Folgendes vorstellt.

Man würde vom Beobachter A aus eine Liste der gleichzeitigen Ereignisse erstellen, ebenso von einem Beobachter B aus. Diese beiden Listen müssten theoretisch identisch sein, weil es sich ja – wenn man die durch Lichtgeschwindigkeit verursachte Differenz einmal beiseite lässt – um denselben Jetzt-Punkt handelt: Man zieht gewissermaßen eine direkte Jetzt-Linie von A nach B. Doch das gilt, nach der SR, nur dann, wenn sich A und B nicht relativ zueinander bewegen. Tun sie das, dann wäre ihre jeweilige Jetzt-Liste vollkommen verschieden, und zwar deshalb, weil das Zeitverstreichen bei beiden verschieden ist, also auch die Jetzt-Punkte verschieden sind und sich deshalb von den verschiedenen Punkten aus auch verschiedene gleichzeitige Ereignisse ergeben. Gemäß der SR haben Beobachter, die sich relativ zueinander bewegen, eben einen verschiedenen Begriff davon, was zu einem gegebenen Zeitpunkt gleichzeitig ist. So kommt es, dass von A aus gesehen andere Ereignisse gleichzeitig sind als von B aus gesehen. Alltäglich spielt das keine Rolle, weil die Differenz der unterschiedlichen Jetzt-Punkte zu winzig ist. Aber bei riesigen Abständen würde diese Differenz wie bei einer Schere aufklaffen, was bedeutet: Würde der ferne B sich relativ zu A nicht bewegen, so hätten beide dasselbe Jetzt und deshalb dieselbe Gleichzeitigkeit. Würde B sich aber relativ zu A bewegen, so würde sein Jetzt, je nach der Bewegungsrichtung, einem vergangenen oder künftigen Jetzt bei A entsprechen.

Dieser intuitiv schwer nachvollziehbare Vorgang lässt sich sinnfällig illustrieren mit Hilfe des Bildes vom Brotlaib der Raumzeit, der gerade durchgeschnitten wird, wenn A und B sich nicht relativ zueinander bewegen. Auf dieser Zeitscheibe von Gleichzeitigkeit würden dann dieselben Ereignisse liegen. Wenn aber der Lichtjahre entfernte A sich relativ zu B und zwar auf ihn zu bewegt, dann würde von A aus der Brotlaib im Winkel angeschnitten und auf dieser Zeitscheibe fänden sich Ereignisse, die, von B aus gesehen, in der Vergangenheit liegen. Doch noch gespenstischer wird es, wenn A sich von B wegbewegt, dann nämlich würde die Zeitscheibe der Gleichzeitigkeit auch in anderer Richtung abgeschrägt geschnitten werden, sodass sie von B aus in der Zukunft liegt.

Das Problem der Gleichzeitigkeit war es, das Einstein zu lösen suchte, seit er Anfang des 20. Jahrhunderts im Berner Patentamt an der landesweiten Synchronisierung der eidgenössischen Bahnhofsuhren arbeitete. Worin aber bestand denn das Problem der Gleichzeitigkeit? Darin, dass es sie eigentlich nicht gibt, jedenfalls nicht so, wie wir uns das alltäglich vorstellen. Diachron, im Nacheinander und Früher und Später, bereitet die Zeit weniger Probleme, aber synchron wird es, wie wir gesehen haben, sehr kompliziert. Raumferne Punkte kommen nie gleichzeitig zusammen, allein schon wegen der Signalübermittlungszeit, die immer eine Verspätung zur Folge hat, aber auch wegen der letztlich nicht genau korrelativ erlebten Jetzt-Punkte an entfernten Orten, bei unterschiedlichen Bewegungen und in der Nähe von schweren Massen. Dass sich die Zeit als homogenes Medium auflöst, wird vielleicht gerade bei der Gleichzeitigkeit deutlich. Nach Einstein gibt es unmittelbar erlebte Synchronizität zwischen raumfernen Punkten nicht, sondern es gäbe sie allenfalls für einen eminenten Beobachter, der alles gleichzeitig im Blick hätte. Vielleicht hat man Gott unter anderem auch deshalb erfunden, weil man schon immer dieses heikle Problem spürte: Das wäre dann ein Gottesbeweis aus der verfehlten Gleichzeitigkeit. Er würde so lauten: Es gibt, erstens, Gleichzeitigkeit, da ich sie aber, zweitens, nicht unmittelbar erleben kann, muss es, drittens, Gott geben, denn nur er kann sie erleben. Wie auch immer, für uns gilt: Jeder bleibt im Kokon seiner Eigenzeit eingeschlossen. Sie umhüllt ihn, und genau genommen teilt er sie mit keinem anderen, außer mit denen, die sich im selben Moment in dieselbe Richtung und mit derselben Geschwindigkeit an denselben schweren Massen vorbeibewegen. Jeder ist also ein Nomade in seiner Zeit-Monade.

Einerseits löst Einstein also die homogene Zeit auf, andererseits aber zeigt er sich fasziniert von der geradezu anstößigen Kompaktheit eines zeitenthobenen Wirklichkeitsbegriffs, ohne die lästigen Modi der Zeit.

Selbstverständlich erscheinen Vergangenheit, Gegenwart und Zukunft als hartnäckige Gegebenheiten, doch so wie in diesen drei Dimensionen die Wirklichkeit entgleiten kann und schließlich nur der Jetzt-Punkt, die unmittelbare Gegenwart, als Wirklichkeit übrig bleibt, so lässt sich auch das Umgekehrte denken: Alles ist wirklich, war wirklich und wird wirklich sein. Was gewesen ist, bleibt wirklich, auch wenn keiner sich mehr daran erinnert, und das Zukünftige ist wirklich, wenn es denn wirklich wird, auch wenn es jetzt noch nicht wirklich ist. Die Auseinanderfaltung in Vergangenheit, Gegenwart und Zukunft entspräche dann einer Vordergrundwahrnehmung, und nicht der eigentlichen, der tieferen Wirklichkeit, die auf rätselhafte Weise immer schon fertig ist. Das hatte Einstein womöglich im Sinn, als er *die Scheidung zwischen Vergangenheit, Gegenwart und Zukunft* zu einer *wenn auch hartnäckigen Illusion* erklärte.

Wenn dieser Satz nicht nur erbaulich gemeint war, so würde er bedeuten, dass die Umwandlung der absoluten Größen von Raum und Zeit in das Relationsgefüge der Raumzeit für ihn ein erster Schritt war in Richtung auf das Bild einer Wirklichkeit jenseits von Raum und Zeit. Doch für ihn war das keine aparte überweltliche Wirklichkeit, an die man nur glauben kann, sondern noch immer dieselbe Wirklichkeit, die wir zu kennen glauben und in der wir leben und sterben; doch kam es für ihn darauf an, diese Wirklichkeit noch einmal anders zu verstehen, mit anderen, reicheren, beweglicheren Begriffen sie einzufangen als mit den herkömmlichen von Raum und Zeit.

Bei Einstein bemerkt man, dass die Unermesslichkeit des Weltalls in Bezug auf den Menschen kein Unbehagen und keine Angst wachruft, sondern ihn eher in eine andächtige Stimmung versetzt, in ein *verzücktes Staunen* über die *Harmonie der Naturgesetzlichkeit*. Es erfülle ihn, schreibt er, eine tiefe Befriedigung, wenn er begreife, dass noch im winzigen Teil eine *Vernunft* wirkt, die sich überall *in der Natur* manifestiere.

Eine solche Sichtweise ist nur möglich, wenn der über viele Jahrhunderte hin vorherrschende Dualismus zwischen menschlichem Bewusstsein und Natur nicht mehr dominant ist. Deshalb Einsteins angstfreier Blick in den Weltraum.

Kant hatte mit seinem Begriff des Erhabenen etwas zu fassen gesucht, was dazwischen liegt und den Schrecken angesichts der Natur und den Stolz auf die Sonderstellung des Menschen eigentümlich miteinander verbindet. Die klassische Formulierung dafür findet sich in den berühmten Schlusssätzen der »Kritik der praktischen Vernunft«: *Zwei Dinge erfüllen das Gemüt mit immer neuer und zunehmender Bewunderung und Ehrfurcht ...: Der bestirnte Himmel über mir, und das moralische Gesetz in mir ... Der erstere Anblick einer zahllosen Weltenmenge vernichtet gleichsam meine Wichtigkeit, als eines tierischen Geschöpfs, das die Materie, daraus es ward, dem Planeten (einem bloßen Punkt im Weltall) wieder zurückgeben muss, nachdem es eine kurze Zeit (man weiß nicht wie) mit Lebenskraft versehen gewesen. Der zweite erhebt dagegen meinen Wert, als einer Intelligenz, unendlich, durch meine Persönlichkeit, in welcher das moralische Gesetz mir ein von der Tierheit und selbst von der ganzen Sinnenwelt unabhängiges Leben offenbart.*

Kant versteht sich, anders als Einstein, nicht so vollkommen von der Natur, von der Welt her. Bei ihm bleibt der Mensch ein Weltfremdling, doch einer, dem der Blick in den gestirnten Himmel eine goldene Brücke baut. Ehrfurcht vor dem Weltall, diesem ungeheuren Reich der Notwendigkeit, und Ehrfurcht vor sich selbst, vor der eigenen Freiheit und Sittlichkeit. Dazu das erstaunliche Erkenntnisvermögen. Ist es nicht so, als würde auf dem Umweg über den Menschen die Natur sich selbst erkennen – mit ihren ganzen Ungeheuerlichkeiten in Raum und Zeit?

Stellen wir uns noch einmal jenen Brotlaib der Raumzeit vor, die überall gleich wirklich ist, egal wie man den Laib anschneidet, und die wirklich bleibt, ob sie nun vergangen, gegenwärtig oder auch zukünftig ist. Es würde sich dabei nur um zeitliche Modalformen derselben an sich überzeitlichen Wirklichkeit handeln. Es wäre, um noch ein anderes Bild zu verwenden (die Vorstellung kommt hier nur mit Bildern weiter), als würde eine Schallplatte abgespielt. Die Platte wäre die Gesamtwirklichkeit, und die Nadel wäre die Zeit, in der und mit der diese eigentlich zeitlos fertige Wirklichkeit in ein zeitliches Nacheinander auseinandergelegt und hörbar gemacht wird. Wie von Ferne erinnert man sich an das Lied-Beispiel bei Augustinus. Es ist wie zusammengerollt im Gedächtnis gespeichert und wird beim Vortrag in eine Zeitfolge auseinandergewickelt und vorgetragen. Es ist – im Gedächtnis – überzeitlich und geht erst beim Vortrag in die Zeit über. Aber vielleicht ist das zu schön, um wahr zu sein.

Kapitel 8

Eigenzeit

Die Eigenzeit des Körpers und Körperrhythmen. Die Verteidigung der Eigenzeit als politische Aufgabe. In den Labyrinthen der Eigenzeit. Worin die Wirklichkeit verschwindet. Eigenzeit löst Identität auf. Jeder ist ein letzter Zeuge. »Jene Wolke blühte nur Minuten«. Der ornithologische Gottesbeweis. Sartres Nichts und die Zeit. Die zweite kleine Phänomenologie der Zeiterfahrung. Warum wir uns notorisch verspäten. Das Plötzliche.

Aus der Weltraumzeit zurück zur Zeit am eigenen Leibe.

Auch dort ticken Uhren. Paarweise hinter der Nasenwurzel angeordnete winzige Nervenknoten synchronisieren das Körpergeschehen und fungieren als Taktgeber. Von diesem Zentrum – dem sogenannten suprachiasmatischen Nucleus – gehen elektrische Signale aus, die etwa der Periode von 24 Stunden folgen und einen Aktivitätsrahmen schaffen für Atmung, Herzschlag, Schlaf- und Wachphasen, Nahrungsaufnahme, Verdauung. Diese Steuerung wird mit der Wahrnehmung des natürlichen Tages verknüpft, aber über eine gewisse Zeit gewährleistet sie auch unabhängig davon einen Tagesrhythmus. Da dieser innere biologische Tag dem äußeren Tag allerdings nur annähernd entspricht, kommt es über längere Zeit ohne Synchronisation zu Verschiebungen: Nach einer ausgedehnten Periode künstlicher Dunkelheit würde die Abfolge von biologischen und wirklichen Tagen nicht mehr übereinstimmen, was am Ende einer solchen künstlichen Dunkelphase zu einem veritablen Jetlag führen würde.

Auch unter unnatürlichen Bedingungen folgt der Körper der Eigenzeit seines biologischen Tages, seine zeitlichen Grundrhythmen bleiben erhalten, und die bewusstseinsunabhängigen Körperfunktionen setzen sowieso nicht aus. Für das Bewusstsein jedoch ginge ziemlich bald jede zeitliche Orientierung verloren, und es käme am Ende zu einem geistigen Zusammenbruch. Dem zeiterfahrenden Bewusstsein genügt die Bindung an die Eigenzeit des Körpers eben nicht, es bedarf auf jeden Fall eines Anhaltes draußen in der Welt, über den eigenen Körper hinaus. Bewusstsein ist im Körper und in der Welt, und deshalb ist die Zeit körperlich und weltlich.

Die körperinternen chronometrischen Regulierungen bleiben natürlich zumeist unbemerkt und sind der willentlichen Beeinflussung entzogen, das gilt etwa für die Oszillationen der Stoffwechselvorgänge, für die zeitliche Steuerung der Körperchemie und für die Aktivitätsmuster der inneren Organe, die sich, wie zum Beispiel das Herz oder der Magen, als besonders zeitsensibel erweisen, was man merkt, wenn einem ein plötzliches Ereignis auf den Magen schlägt oder das Herz bei aufregenden Ereignissen ins Rasen gerät.

Wie sehr unser Körper durchherrscht ist von den inneren Rhythmen, bemerken wir nur im Störungsfall, wenn wir etwa gegen unsere inneren Taktgeber leben und nur der äußeren gesellschaftlichen, abstrakten Zeit folgen. Bekannt sind die Gesundheitsschäden bei längerer Schichtarbeit: Es kommt zu Schlafstörungen, Depressionen, Herz-Kreislauf-Erkrankungen. Wer hartnäckig gegen die Eigenzeit seines Körpers lebt, der hat nicht lange zu leben.

Einerseits geschieht also Zeitwahrnehmung mit unserem Körper, andererseits aber ist er selber ein zeitlich strukturierter Organismus, und zwar nicht nur in dem Sinne, dass er der linearen Zeit von Geburt bis zum Tod unterliegt, sondern dass er in allen Phasen geprägt ist durch Rhythmen und Frequenzen, die von der Tausendstelsekunde der neuronalen Schwingungen bis zu der zeitlichen Gliederung von Lebensperioden reichen. Zahlreiche Klugheitslehren sehen genau darin ihre Aufgabe: den bewusst gestalteten Teil des Lebens in Übereinstimmung mit den Körperrhythmen zu bringen. Lebenskunst wird in diesem Zusammenhang verstanden als die Fähigkeit, am eigenen Leibe spüren zu können, was zu welcher Zeit am besten zu erledigen ist. Es geht um Synchronisierung der aktiven Tätigkeiten mit dem unbewussten Körpergeschehen.

Es ist nicht immer leicht, die bewussten Aktivitäten mit der Eigenzeit des Körpers in Übereinstimmung zu bringen, und außerdem hat zwar jeder körperintern seinen biologischen Tag, aber der ist nicht bei allen derselbe. Beim einen fängt der Tag früher an als beim anderen, wenn beide aber, aufgrund gesellschaftlicher Verpflichtung, zur selben Zeit aufstehen müssen, ist der eine ausgeschlafen und der andere noch müde, und abends werden die einen erst richtig munter, wenn die anderen schon dabei sind einzuschlafen. Die Morgenmenschen und die Abendmenschen sind schon fast Angehörige zweier Kulturen, die sich gar nicht mehr viel zu sagen haben und womöglich nicht lange zusammen bleiben, wenn sie sich zusammentun. Wenn sie sich doch arrangieren und mit ihren verschiedenen Eigenzeiten kooperieren, dann kann sich die öffentliche Zeit als Kompromisszeit bewähren. Oft jedoch herrscht ein gebieterisches Zeit-Diktat. Schon lange zum Beispiel ist erwiesen, dass der Schulbeginn so früh am Tag vor allem für die Kleinen unzumutbar und wenig lernfördernd ist. Doch das entsprechende Zeitregime ist wie in Stein gemeißelt. Ein besonders krasses Beispiel eines symbolträchtigen Zeitdiktats haben die Deutschen 1940 in den Niederlanden statuiert, als sie das Land nicht nur militärisch besetzten, sondern ihm auch die deutsche um 1 Stunde 40 Minuten verschobene Zeit aufnötigten. Ein Zeitdiktat ist überhaupt auch die sogenannte Sommerzeit, mit der sich bis heute die Politik zweimal jährlich in die Synchronisationsvorgänge jedes Einzelnen einmischt.

Die Eigenzeit, verstanden als Zeiterfahrung am eigenen Leibe, hat es immer schwer, sich gegen gesellschaftliche Normierung – und nichts anderes ist ja die Zeit der Uhr – zu behaupten. Allerdings haben die letzten Jahrzehnte auch in Deutschland eine deutliche Flexibilisierung im Arbeitsleben gebracht. Der Freiheitsspielraum, dem eigenen inneren Rhythmus zu folgen, ist gewachsen, doch ob die Spielräume gut genutzt werden, ist noch sehr die Frage:

In der Regel ist man wohl noch nicht eigensinnig genug für die Eigenzeit. Von Hermann Lübbe stammt die pointierte Formulierung, dass für die Menschen in den entwickelten Industriestaaten sich jene Zeiträume ausdehnen, *in denen nichts geschähe, wenn es nicht selbstbestimmt geschähe.* Es wächst also der Zeit-Anteil, der eigenzeitlich genutzt werden könnte. Doch wird er hauptsächlich vor dem Fernseher und im Internet verbracht und von den dortigen Zeit-Takten beherrscht. Für Eigenzeit ist auch hier wenig Zeit.

Gewiss gibt es Methoden, vernünftig mit seiner Zeit umzugehen, und es fehlt nicht an einschlägigen Ratgebern für eine persönlich abgestimmte Zeithygiene – wie man Zeitdiebe erfasst, Prioritäten setzt, Nein zu sagen lernt; wie man komplexe Aufgaben in Einzelschritte zerlegt und vermeidet, mehrere Dinge zugleich erledigen zu wollen, was in der Regel kaum zu Zeitersparnis, sondern nur zu größerer Verwirrung und Stress führt; wie man ähnliche Aufgaben bündelt, Fixpunkte für den Tag setzt, Ruhepunkte, die wohltätige Wirkung von Ritualen und Gewohnheiten nutzt. Entschleunigung lässt sich üben, und es gibt durchaus Möglichkeiten, in einem insgesamt beschleunigten Umfeld sich seine Zeitsouveränität zu bewahren und seiner Eigenzeit zu folgen.

Aber das reicht natürlich nicht.

Berücksichtigt man, was im Kapitel über die bewirtschaftete und beschleunigte Zeit gesagt wurde, so ergibt sich, dass tatsächlich nicht mehr und nicht weniger erforderlich ist als eine neue Zeit-Politik, eine Revolution des gesellschaftlichen Zeitregimes, das den Schutz und die Entfaltungsmöglichkeiten der jeweiligen Eigenzeiten einbezieht, psychologisch, kulturell, wirtschaftlich. Denn es häufen sich die Probleme, die sich aus der Bewirtschaftung der Zeit ergeben, und die alle mit der Rücksichtslosigkeit gegenüber der Eigenzeit zu tun haben. Erinnert sei hier nur an die durch Beschleunigung bei Produktion, Konsum und Mobilität verursachten Umweltschäden, an die Phänomene der Verwahrlosung in der Folge des medialen Trommelfeuers, an den konfliktträchtigen Gegensatz zwischen der beschleunigten Industriewelt und der unfreiwilligen Langsamkeit der armen, unterentwickelten Welt; und an die immer häufiger auftretenden Zeitpathologien, die Depressionen und Hysterien, die entstehen, wenn der Einzelne zu stark unter Strom gesetzt oder leer und ausgebrannt zurückgelassen wird.

Auch wenn umstritten bleiben muss, wie eine Zeit-Politik im Einzelnen aussehen sollte und vor allem, wie sie durchgesetzt werden könnte, sind wir doch an einem Punkt angelangt, vielleicht zum ersten Mal in der Geschichte, wo die Zeit und die Berücksichtigung der jeweiligen Eigenzeit zu einem Objekt der Politik werden muss.

Der Umgang mit der Zeit war natürlich auch schon früher ein Thema in den politischen Auseinandersetzungen, etwa beim Kampf der Arbeiterbewegung um den Achtstundentag. Doch gegenwärtig wird der Faktor ›Zeit und Eigenzeit‹ auf neue Weise politisiert, wenn Entschleunigung von Produktion, Kommunikation und Konsum gefordert wird dort, wo die schädlichen Nebenfolgen überwiegen, wenn es um Synchronisierung der öffentlichen Zeit mit den individuellen Lebensrhythmen geht, im Arbeitsleben und in der Schule, oder um Nachhaltigkeit. Überhaupt entstammt die Idee der Nachhaltigkeit aus der zunehmenden Sensibilität für die jeweilige Eigenzeit von Lebensprozessen. Sie bedeutet ganz einfach, Zeit zu lassen und zu geben, damit etwas nachwachsen kann – in der Natur, aber auch unter den Menschen.

Peter Glotz hat vor einigen Jahren prognostiziert, dass die Frontlinie der künftigen Kulturkämpfe in den westlichen Industriestaaten zwischen den Beschleunigern des digitalen Kapitalismus und den Entschleunigern verlaufen werde. Man muss kein Prophet sein, um die Beschleuniger einstweilen im Vorteil zu sehen. Sie sind mit der technischen Dynamik und den Grundprinzipien des Wirtschaftslebens im Bunde, Homo oeconomicus und Homo technicus bleiben vorherrschend. Die Technik ist immer noch der Taktgeber des allgemeinen Lebenstempos. Andererseits weiß man auch, dass, wenn künftig zehn Milliarden den Lebensstil pflegen, den man sich hierzulande angewöhnt hat, die Lebensgrundlage von allen bedroht ist und die Bühne zerstört wird, auf der das Theater der Weltgeschichte spielt. Wer im Zuge der modernen Beschleunigung der knappen Zeit möglichst viel Lebensgewinn abringen will, der erreicht auf lange Sicht das Gegenteil, denn die Zeit wird erst recht knapp, wenn es um die Bewältigung der gigantischen Probleme geht, die als Folge dieser Beschleunigung auf uns zukommen. Beim Versuch, über die Zeit zu triumphieren, gerät man vollends unter die Herrschaft der Zeit.

Jedenfalls wird es darauf ankommen, andere Arten der Vergesellschaftung und Bewirtschaftung der Zeit zu entwickeln und durchzusetzen. Zeit und Eigenzeit werden dabei notwendig zum politischen Thema, und es ist leider zu bemerken, dass die politische Klasse das noch nicht so recht begriffen hat. Es hat ja auch lange genug gedauert, bis man die Natur als Thema der Politik entdeckte. Und so wird es noch dauern, bis das große Thema Zeit auf der politischen Agenda der absoluten Dringlichkeiten erscheint. Es geht um den Gewinn von Zeitsouveränität und um die Bewahrung der Vielfalt von Eigenzeiten. Individuell kann man jetzt schon einiges dafür tun, wenn man nur aufhört, sich immer nur auf die objektiven Zwänge hinauszureden. Man weiß ja ziemlich genau, was einen hetzt, was einem die Zeit stiehlt, wo man sie verschwendet, wem man sie schenken sollte, wie man sie besser verwenden und genießen könnte und wann man sie sich lassen sollte. Man kann hier eine neue Aufmerksamkeit entwickeln. Gelassenheit ist auch Übungssache. Über das Individuelle hinaus aber wird es um politische Machtfragen gehen. Es ist eine politische Machtfrage, die verschiedenen Geschwindigkeiten – die der Ökonomie und die der demokratischen Entscheidungsprozeduren – aufeinander abzustimmen, was darauf hinauslaufen müsste, die Ökonomie unter die Eigenzeit demokratischer Entscheidungen zu zwingen und nicht umgekehrt. Es ist eine politische Machtfrage, zu entscheiden, welchen Preis an Umweltschäden und Lebensbelastungen wir zu zahlen bereit sind – nur um eine schnellere Fortbewegungsart zu ermöglichen. Und es ist eine politische Machtfrage, wieviel Zeit wir den Kindern geben und lassen wollen – und wieviel den Alten und dem Altern.

Wenn das Bewahren der jeweiligen Eigenzeit zum politischen Thema wird, dann handelt es sich um Eigenzeit verstanden als Zeit, die primär nach den Bedürfnissen und Rhythmen des eigenen Lebens zu gestalten ist und nicht nach jenen des wirtschaftlich-öffentlichen Lebens. Die so verstandene Eigenzeit ist etwas, das entwickelt, geschützt und ins Gleichgewicht mit der öffentlich-wirtschaftlichen Zeit gebracht werden muss und kann. Die tiefere Dimension der Eigenzeit ist damit allerdings noch nicht berührt. Vielleicht bleibt man auch so gerne dort draußen an der Grenze zur öffentlich-gesellschaftlichen Zeit, weil die Labyrinthe der Eigenzeit, wenn man in sie eindringt, etwas Irritierendes, auch Verstörendes haben.

Eigenzeit ist nämlich auch – und vielleicht sogar in der Hauptsache – jene innerliche Zeit, die der Einzelne erfahren kann, vorausgesetzt, er verlässt für Momente die öffentlich geregelte Zeit und gerät dabei in den unheimlichen Sog eines Zeiterlebens, bei dem die sonst so feste und dauerhafte Welt einen Riss bekommt. Es geht um den

Moment, da man plötzlich an den Rändern des Lichtkegels der Gegenwart in jenen Schattenbereich eintaucht, wo das Flüchtige der Zeit, das Entschwinden und Verschwinden der Dinge und Menschen eigens erfahren wird. Von dieser Schattenzone des Entschwindens aus gesehen erscheint die gesellschaftliche Zeit einigermaßen stabil und verlässlich. Dort nämlich herrscht die Kontemporalität, also eine Zeit, die man ganz selbstverständlich mit anderen teilt, wodurch das Flüchtige eine Weile lang gebannt wird. Sich im Sein zu halten, ist ein Gemeinschaftswerk. Wenn man längere Zeit auf sich alleine gestellt wäre, würde man am Ende an seiner eigenen Realität zweifeln, und es käme einem so vor, als würde man von der Zeit verschlungen. Jeder ist auf die Mithilfe von anderen angewiesen, um sich als wirklich empfinden zu können. Die gesellschaftliche Kontemporalität bietet Schutz gegen die Furie des Verschwindens. Wenn man sich alltäglich unter Menschen und Dingen bewegt, mit ihnen umgeht und sich selbst im Horizont dieses Umgangs erfährt; wenn man, zumeist medial, mit Bildern und Diskursen in Berührung kommt, die Vergangenes und Zukünftiges ins gemeinschaftlich Gegenwärtige ziehen, dann wird das Gefühl für das Vergehen der Zeit herabgestimmt. Die Wirklichkeit erscheint haltbarer. Doch sobald wir auf die Zeit achten, merken wir, wie diese Wirklichkeit sich von innen her unablässig auflöst und verschwindet, sodass sie allmählich Fassadencharakter annimmt. Zwar bleibt vieles stehen, dahinter aber ist es hohl, und man selbst bleibt auch eigenartig in der Schwebe, wenn einem die Vergangenheit entgleitet.

Ich nehme einen Brief zur Hand. Er ist zerrissen. Ich weiß noch, bei welcher Gelegenheit es geschah, ich kann auch versuchen, mir den inneren Zustand von damals – Erregung, Enttäuschung, Wut – in Erinnerung zu rufen, doch selbst wenn ich ihn jetzt noch zu spüren glaube, kann ich nicht wissen, ob es auch wirklich der Zustand von damals ist. Es fehlt das Original, an dem ich die gegenwärtige Erinnerung messen könnte. Das Ungeheuerliche, was man häufig vergisst: Alle subjektiven Zustände sind verschwunden und können als dieselben niemals wiedererlebt werden.

Weil das so ist, hat Marcel Proust auch so großes Aufhebens gemacht von jenem Augenblick, da er die reine Wiederkehr des Vergangenen zu erleben meinte. Mit der Geschmackserinnerung der in den Tee getunkten Madeleine ist ihm plötzlich ein längst vergangener Zustand der Kindheit wieder gegenwärtig, nicht als erinnerter, sondern eben als originaler. Das Ich damals und das Ich jetzt verschmelzen für einen lichterlohen Moment. Für Proust ist das ein platonischer Erlösungsaugenblick von Überzeitlichkeit. Davon wird noch die Rede sein (im Kapitel über das Spiel mit der Zeit). Festzuhalten bleibt, dass solche Momente der Wiederkehr als fast mystische Ausnahme die Regel bestätigen, welche besagt, dass in der Zeit nichts wiederkehrt, weil, selbst wenn es wiederkehrte, wir es als solches nicht identifizieren könnten: Da die Vergleichsgröße, das vergangene Original, nicht zur Verfügung steht, können wir das Wiedergekehrte als solches eben nicht erkennen. Um es formallogisch auszudrücken: Der Identitätssatz A = A gilt nicht für seelische Ereignisse auf der Zeitachse. Ob das vergangene A gleich dem gegenwärtigen A ist, ist prinzipiell nicht entscheidbar. Es mögen zahlreiche sonstige Zeugnisse fortbestehen, Bilder, andere Briefe aus jener Zeit, Erinnerungen von Freunden, vielleicht ist auch die Wohnungseinrichtung noch dieselbe, das sind Zeugnisse, Reste, Ruinen, in denen das Verschwundene, nämlich der Zustand von damals, allenfalls wie ein Gespenst umgeht. So fließt aus jeder realitätsgewissen und handfesten Gegenwart unaufhörlich der subjektive Inhalt ab, nämlich die inneren Zustände, denen das Äußere Form und Anhalt gegeben hat und gibt. Jetzt ist die Gegenwart voll, im nächsten Moment schon ist sie entleert und steht als Ruine da, was man in der Regel nicht sonderlich bemerkt, weil ja unablässig eine neue Gegenwart die Lücke füllt.

Wie wirklich ist die Wirklichkeit, wenn infolge des Zeitverstreichens jeweils das Innere aus ihr verschwinden muss? In der Welt der Physik bleiben die Dinge erhalten, deshalb kann man auch hier auf die Idee kommen, dass die Zeit eine Illusion ist. In der psychophysischen Realität aber regiert die Furie des Verschwindens, und sie ergreift auch den Physiker, wenn vielleicht auch nicht die Physik. Die Vergänglichkeit betrifft die äußeren Dinge, aber mehr noch die inneren. Denn diese haben gar keinen Ort, wo sie dauern können. Sie sind im Nu vorbei und können nicht als sie selbst, sondern nur in äußeren sprachlichen oder neuerdings technischen Medien und Aufzeichnungen aufbewahrt werden. Es sind äußere Zeichen, die auf ein Inneres verweisen, das aber selbst immer schon vergangen ist. Für dieses vergängliche Innere vor allem gilt: *Dies ist ein Ding, das keiner voll aussinnt, / Und viel zu grauenvoll, als dass man klage: / Dass alles gleitet und vorüberrinnt.*

Das dramatische Verschwinden der Wirklichkeit aus der Wirklichkeit hat Bertolt Brecht einmal in seinem berühmten Gedicht »Erinnerung an die Marie A.« zum Thema gemacht. Erinnert wird eine Liebesszene, im *blauen Mond September,* unter einem Pflaumenbaum, ein Mädchen im Arm, Sommerhimmel darüber und für einen kurzen Moment eine Wolke: *Sie war sehr weiß und ungeheuer oben / Und als ich aufsah, war sie nimmer da.* Alles ist längst vorbei, die Liebe von damals ist verschwunden, das Gesicht sieht er nicht mehr vor sich – nur diese *Wolke* von damals sieht er noch, genauer: Er sieht, wie sie verschwand. Das Verschwinden als Verschwinden sehen können – das ist eine der fragwürdigen Auszeichnungen des Menschen. Dieses Gedicht vom Verschwinden der Wirklichkeit aus der Wirklichkeit ist ein Gedicht über die Zeit, eines der schönsten, das ich kenne.

Weil unaufhörlich die Dinge und Menschen verschwinden, gibt es so unendlich vieles, für das man der einzige Zeuge ist. *Doch jene Wolke blühte nur Minuten / Und als ich aufsah, schwand sie schon im Wind.* Wer hat sie sonst noch gesehen? Wenn kein anderer, wird sie auf immer verschwunden sein, so als hätte es sie nie gegeben. Man sieht zum Beispiel ein buntes Blatt von einem Baum fallen, vom Herbstwind gewiegt, trudelt es langsam zu Boden vor einer schräg stehenden Sonne. Das geschieht so oft, doch einmal aufmerksam beobachtet, bleibt dieses Ereignis eine Weile lang wie eingeschreint im Gedächtnis. Die singulären Vorkommnisse brauchen, um ihren Platz im Wirklichen zu behaupten, Zeugen. Wenn sie in keinem Gedächtnis aufbewahrt sind, ist es, als wären sie nie geschehen. Wenn die Zeugen verschwinden, stürzt das Wirkliche ins Nie-Gewesene. Der Poesie gelingt es bisweilen, dem Wirklichkeitsverlust Einhalt zu gebieten durch stellvertretende Erinnerung: *Die Blätter fallen, fallen wie von weit, / … / sie fallen mit verneinender Gebärde* (Rainer Maria Rilke).

Jeder ist ein letzter Zeuge für Dinge, Menschen, Erlebnisse, die mit ihm unweigerlich verschwinden werden. Weil es dann nämlich keinen mehr geben wird, der sie im Wirklichen festhält. Eine Vergangenheit, die nicht mehr erinnert wird, gibt es nicht, auch wenn es sonstige Zeugnisse, z. B. zerrissene Briefe, noch geben mag. So weicht die Wirklichkeit aus der Wirklichkeit. Und doch kann man nicht sagen, dass die Wüste wächst, denn es entsteht neue Wirklichkeit, wo die alte unwiederbringlich abfließt und verschwindet.

Aber der Mensch sträubt sich gegen dieses Verschwinden von Wirklichkeit durch die Zeit. Jorge Luis Borges hat, halb ernst, halb ironisch, eine Art ornithologischen Gottesbeweis ersonnen, der ungefähr so geht: Ich habe geträumt und wache auf. Mir träumte, ich sah einen Zug Vögel. Ich habe sie nicht gezählt. Kein anderer kennt meinen Traum. Es war aber eine bestimmte Menge. Also muss es Gott geben, nur er weiß, wie viele Vögel es waren, die durch meinen Traum flogen.

Der zugrunde liegende Gedanke ist der: Damit etwas im Sein bleibt, muss es in einem Bewusstsein sein. Sonst ist es, als wäre es nie gewesen. Wenn man sich aber ein Bewusstsein vorstellt, das alles Sein enthält, dem kein Ereignis ins Nicht-Sein entgleitet, dann ist der Name für dieses alles Sein umfassende und deshalb im Sein haltende Bewusstsein – Gott.

Die Eigenzeit ist also auch die höchst subjektive Perspektive auf das Verschwinden und die Wirklichkeitsauflösung, und nur aus dieser Zeiterfahrung heraus kann man auf solche Ideen kommen wie die der Rettung des Seins vor der Zeit.

In der Welt der Objekte gilt: Was es gibt, das gibt es, und was es nicht gibt, das gibt es nicht. Das rätselhafte Schattenreich aus Sein und Nicht-mehr-Sein öffnet sich allein auf der inneren Bühne des Menschen mit der unerhörten Erfahrung des Vergehens. Der Mensch ist der Hiatus, der in der Welt aufklafft. Alles vergeht, aber nur im Menschen wird Vergehen als solches erfahren, und damit kommt ein Nichts ins Spiel, das es nur hier im Bewusstsein gibt, und nicht draußen in der Welt.

Diesen Gedanken verfolgt Jean-Paul Sartre in seinem philosophischen Hauptwerk »Das Sein und das Nichts«.

Wenn sich jemand für einen Treuebruch, den er in der Vergangenheit begangen hat, heute schämt, dann schämt er sich für ein Ich, das es jetzt so nicht mehr gibt. Er ist inzwischen ein anderer, wenn auch nicht ein gänzlich anderer. Er fühlt sich mit dem vergangenen Ich immerhin noch so verbunden, dass er sich für dessen Treulosigkeit schämen kann, und zwar nicht nur vor Zeugen der damaligen Situation, sondern auch ohne Publikum, nur auf der inneren Bühne des Selbstbezugs. Er sieht sich selbst über eine zeitliche Entfernung hinweg als jemand, der damals so treulos handeln konnte, und indem er sich schämt, übernimmt er sein vergangenes Ich, ohne es im vollen Sinne zu sein. Zwischen dem Ich von jetzt und dem Ich von damals wirkt das *Nichtende* der Zeit. Das damalige Ich gehört zwar zu mir, ich habe eine innere Verbindung zu ihm, ich sehe es aber auch zugleich von außen. Dieses innerliche Außen nennt Sartre, in hegelscher Terminologie, das *An-sich-Sein* meines vergangenen Ichs. Das bedeutet: Es ist zu einer Objektivität geworden, die nicht mehr ungeschehen gemacht werden kann. Dass ich damals treulos war, ist ein Faktum, das sich als solches nicht verändern lässt. Man kann zwar versuchen, es irgendwie wieder gutzumachen. Das betrifft aber nur die Folgen, nicht das Faktum selbst. Für das unveränderliche Faktum selbst kann ich nur um Verzeihung bitten, ändern kann ich es nicht. Die Tat hat sich von mir gelöst (sie ist ein *An-sich-Sein*), und doch bin ich sie.

Das gegenwärtige Ich hingegen ist immer ein *Für-sich-Sein*. Es ist immer in Bewegung, hat sich nie als Gegenstand vor sich; jede aktuelle Selbstwahrnehmung ist immer schon eine Selbstveränderung, Selbstmodellierung. Für das gegenwärtige Ich gibt es kein Ich, das stillhält und um das man betrachtend herumgehen kann. Das gegenwärtige Ich ist immer zugleich die Wirkung seiner selbst.

Wenn ich jetzt im Begriffe bin, treulos zu sein und es in genau diesem Augenblick bemerke – was geschieht dann? Ich kann die Treulosigkeit unterlassen und realisiere damit das *Für-sich-Sein*. Ich empfinde meine Treulosigkeit eben nicht wie eine Naturkatastrophe, an der ich nichts ändern kann. Ich kann daran etwas ändern, und zwar genau jetzt, da ich im Begriff bin, treulos zu werden. Wenn ich aber umgekehrt die Treulosigkeit nicht unterlasse, obwohl ich sie als solche bemerke, dann mache ich aus meinem Handeln ein Naturgeschehen. Ich bin untreu, sage ich mir, aber ich kann nicht anders. Das *Für-sich-Sein* versteckt sich hinter dem *An-sich-Sein* – das passende Versteck für ein *Für-sich-Sein*, das aus der Verantwortung flieht. Diesen Selbstbetrug eines Ichs, das sein Handeln in ein Geschehen umlügt, nennt Sartre *Unaufrichtigkeit*.

Diese *Unaufrichtigkeit* hängt mit der inneren Zeiterfahrung zusammen. Ich verhalte mich nämlich bei der Unaufrichtigkeit zu mir selbst wie zu einem objektiven Geschehen in der Zeit und verhülle mir, dass beim Handeln (im Unterschied zum Geschehen) die eigene Initiative sich zwischen das Früher und Später schiebt. Das Spätere ist dann nicht nur eine zeitliche Folge des Früheren, sondern meine Hervorbringung. Und genau das möchte man bei der Unaufrichtigkeit nicht wahrhaben. Man gibt der Zeit eine Schuld, die man selbst hat. Allerdings kann man sich nur deshalb auf die Zeit herausreden, weil es zuvor die Zeit ist, die einen von sich selbst trennt, *von dem, was ich gewesen bin, von dem, was ich sein will, von dem, was ich tun will, von den Dingen und vom Andern.*

In der Eigenzeit vollziehen sich diese Trennungen. Bei jedem Aufwachen kann man darüber staunen, dass man überhaupt an das Ich des Vortages anknüpfen kann und es nicht gänzlich verschwunden ist. Die Zeit trägt, doch man kann sich nicht auf sie verlassen, sie trägt auch davon, was man gerne festgehalten hätte und sie entfernt einen von dem Ort, wo man gerne geblieben wäre. Die trennende Kraft der Zeit bezieht sich nicht nur auf Vergangenheit und Gegenwart, sondern auch auf die Zukunft. Sie trennt mein gegenwärtiges Ich vom künftigen und macht es eigentlich unmöglich, heute für das einzustehen, was ich morgen sein werde. Nehmen wir einen harmlosen Fall: Man möchte in einer Gesprächsrunde auf der Höhe seiner Möglichkeiten sein, doch es bleibt immer ungewiss, ob das gelingt. Denn oft geschieht es, dass man von sich selbst im Stich gelassen wird, wenn es darauf ankommt. Man kann eben nicht fest auf sich rechnen. Es kann geschehen und geschieht immerzu, dass ich – wie Karl Jaspers sagt –

mir selbst ausbleibe. Das Ich ist keine Substanz, die der Zeit trotzt. Doch es muss sich dabei nicht immer um einen Verlust handeln, auch ein Gewinn ist möglich: Man wird von sich selbst überrascht, man ist zu etwas imstande, was man sich gar nicht zugetraut hätte. In besonders prekären Situationen hilft manchmal nur die Zuversicht als eine Art sich selbst erfüllende Prophezeiung; mit ihrer Hilfe aktiviert man in sich jenes Selbst, das die Krise meistert. Was man gewöhnlich Selbstvertrauen nennt, ist ein sehr verwickelter Vorgang. Das Selbstvertrauen vertraut nicht einfach auf ein bereits vorhandenes Selbst, sondern auf ein Selbst, das erst wachgerufen, ja ins Leben gerufen wird durch das Vertrauen. Mit diesem Kredit ausgestattet, kann es geschehen, dass dieses wachgerufene Selbst sich hinterher als kreditwürdig erweist und für eine Überraschung gut ist, auf die man zuvor zwar hoffen, mit der man aber nicht rechnen konnte.

Die Zeit des Selbst, die Eigenzeit, ist voller Wandlungen und Diskontinuitäten, im Guten wie im Schlechten. Doch eines bleibt sich gleich, nämlich, dass man nicht mit sich selbst gleich bleibt. Die Kontinuität der Person ist, so oder so, durch die trennende Kraft der Zeit unterminiert.

Die Zeit trennt in Früher und Später, im Gleichzeitigen aber sind die Eigenzeiten miteinander verbunden, denkt man. Dass es damit doch keine so eindeutige Bewandtnis hat, wurde bereits erläutert, beim Problem der physikalischen Gleichzeitigkeit und bei der Vergesellschaftung der

Zeit, die sich überhaupt erst in einer langen Geschichte herausgebildet hat.

Wir sind also schon darauf vorbereitet, dass nicht gleichzeitig ist, was auf den ersten Blick gleichzeitig scheint. Was das rein Physikalische betrifft, das wissen wir bereits, so braucht auch der Lichtimpuls seine Zeit, um Distanzen zu überwinden. Der gegenwärtige Blick in den Sternenhimmel ist deshalb immer auch ein Blick in die Vergangenheit. Doch streng genommen ist auch unsere Wahrnehmung der nahen Objekte nicht gleichzeitig, denn selbst kleine Distanzen müssen durch Lichtimpulse überwunden werden, und das braucht seine Zeit, auch wenn sie kaum zu messen ist. Alles, was wir jetzt wahrnehmen, ist um eine Winzigkeit verspätet.

Eine Verspätung bei der Gleichzeitigkeit ergibt sich auch durch die körpereigenen Nervenbahnen. Die Impulse müssen von der Peripherie ans Verarbeitungszentrum weitergegeben werden und auch das braucht seine Zeit. Als Hermann von Helmholtz Mitte des 19. Jahrhunderts zum ersten Mal die Geschwindigkeit maß, mit der in den Nervenbahnen die Impulse unterwegs sind, und damit einen bisherigen Grundsatz der Physiologen empirisch widerlegte, wonach die Reizung eines Sinnesorgans augenblicklich die Empfindung des Bewusstseins bewirkt, stieß er zunächst auf Unverständnis, bis dann Alexander von Humboldt seitens der Berliner Akademie sich zu der Anerkennung durchrang: *Eine so merkwürdige Entdeckung spricht durch das Erstaunen, das sie erregt.*

Solche Verspätungen irritieren, weil sie dem intuitiven Begriff der Präsenz widerstreiten, wonach das Jetzt der Wahrnehmung auch das Jetzt der wahrgenommenen Objekte ist. Organisch bedingte Verzögerungen stören diese Intuition. Wir wollen es ungern akzeptieren, dass wir eine lange Leitung haben, eben die Nervenbahnen.

Warum diese Erörterungen über Verspätung? Weil sie zur Eigenzeit gehören. Das gilt für die organisch bedingten Verzögerungen am eigenen Leibe, die körperliche Eigenzeit. Doch worauf es in diesem Zusammenhang vor allem ankommt, ist die eigenzeitliche Verspätung in den Bewusstseinsvollzügen selbst, also solchen, die nicht von außen als Gehirnströme gemessen, sondern auf phänomenologische Weise von innen erfahren werden – Introspektion statt bildgebende Verfahren.

Der Phänomenologe Manfred Sommer hat, an Husserl anknüpfend, Einiges herausgefunden über Verspätungen bei der Arbeit des Bewusstseins. Empfindungen und Eindrücke an der Peripherie tauchen – wenn auch durch lange Leitungen verspätet – im Bewusstsein auf, dann aber, denkt man gewöhnlich, sind sie da. Doch sie sind noch nicht so ganz da, Präsenz ist immer noch nicht gegeben. Das Bewusstsein leuchtet nämlich nicht auf beim unmittelbaren Eindruck, der *Urimpression* (Husserl), sondern erst leicht verzögert bei den Spuren, die diese *Urimpression* zurücklässt. Wir können nicht in die Sonne blicken, und ebenso wenig ist das Bewusstsein dieser *Urimpression* gewachsen. Das Bewusstsein beginnt seine Arbeit nicht in dem Moment, da der Stein ins Wasser fällt, sondern erst, wenn sich die Wellen ausbreiten. Warum diese Verzögerung?

Um das verständlich zu machen, lässt sich eine fundamentale Entdeckung der phänomenologischen Bewusstseinsforschung heranziehen. Es ist nämlich so, dass das Bewusstsein sich stets in einer intentionalen Grundspannung befindet. Bewusstsein funktioniert nicht wie eine Kamera, die passiv einfach aufnimmt, was hereinkommt. Intentional heißt: Die bewusste Wahrnehmung ist von Wollen, Erwarten, Begehren etc. durchstimmt und in lebendiger Spannung auf den Gegenstand bezogen. Solche spontane Wahrnehmung ist nie objektiv. Objektivität ist eine künstliche, gegen die spontane Tendenz gerichtete Haltung, die folglich auch am besten von den Nicht-Menschen, eben den Apparaten, eingenommen werden kann.

Das höchst lebendige Geschehen der bewussten Wahrnehmung vollzieht sich nicht punktförmig, sondern umfasst eine Zeitspanne. Sie gliedert sich im Einzelnen in die Protention, d. h. der wahrgenommene Gegenstand steht in einem Erwartungshorizont; und die Retention, d. h. der wahrgenommene Gegenstand gleitet sogleich hinüber in die Erinnerung. Es handelt sich dabei nicht um die auf länger zurückliegende Ereignisse zurückgreifende Erinnerung, sondern um den unmittelbaren Nachhall des Eindrucks im Bewusstsein. Dieser Nachhall ist die Voraussetzung dafür, dass überhaupt etwas zu Bewusstsein kommt. Eine Tonfolge zum Beispiel kann nur dann als Melodie gehört und erkannt werden, wenn der soeben gehörte Ton in der Erinnerung noch nachklingt, während der nächste ertönt. Nur vermittels dieser Kopräsenz der Töne im wahrnehmenden Bewusstsein kann sich die Melodie bilden. Wenn das Bewusstsein nur Schnappschüsse der Töne liefern würde, gäbe es keine Wahrnehmung einer Melodie.

Die Pointe der phänomenologischen Untersuchung ist nun, dass zwischen Protention und Retention als Schnittpunkt eigentlich der unmittelbare Eindruck liegen müsste, die *Urimpression*. Doch ist dieser Punkt überhaupt zu erfahren? Nein. Wir erfahren ihn immer nur eingebettet in die Spanne zwischen Protention und Retention. Das Bewusstsein liefert eben keine Schnappschüsse, sondern es repräsentiert in seiner zeitlichen Eigenbewegung zeitliche Bewegungssequenzen draußen in der Welt. Reine, d.h. aus dem Zusammenhang des Bewusstseinslebens gelöste Eindrücke sind nicht zu fassen. Die *Urimpression* ist verwoben mit der Arbeit des Bewusstseins und lässt sich aus diesem Kokon nicht herauslösen. Das Bewusstsein ist dieser *Urimpression* gegenüber als Protention verfrüht und als Retention verspätet. Die reine *Urimpression* ist nicht zu fassen, allenfalls kann sie hinterher erschlossen werden. Das Bewusstsein kommt eben immer zu spät für die *Urimpression*. Jacques Derrida hat aus dieser Verspätung des Bewusstseins seine Philosophie der *Différance* entwickelt, die aber jetzt schon wieder dabei ist, ins Vergessen zu versinken.

Strukturell verhält es sich mit der Ungreifbarkeit der *Urimpression* ähnlich wie mit dem Kantschen Ding an sich: Man muss davon ausgehen, dass es sie gibt, aber eben nicht fürs Bewusstsein. Doch wie der Deutsche Idealismus einst aus dem unerkennbaren Ding an sich eine ganze Metaphysik hervorzauberte, so lässt sich auch aus der ungreifbaren *Urimpression* spiritueller Honig saugen. Die *Urimpression* wäre dann zu verstehen als der lichterlohe Augenblick der vollkommenen Präsenz, die uns stets entgleitet. Und was verspricht die vollkommene Präsenz?

Was man verpasst, das erscheint einem in der Regel als besonders bedeutsam. So rückt die unerreichbare *Urimpression*, die sich ja auf ganz gewöhnliche Vorkommnisse beziehen kann, in den Bereich vielversprechender Geheimnisse, als wäre sie eine Art Epiphanie, der Anblick des Blitzes für den, der bisher nur den Donner gehört hat. Die vollkommene Gleichzeitigkeit mit dem Blitz wäre offensichtlich dann, wenn man vom ihm getroffen wird.

Wie auch immer, die Eigenzeit führt zu Verspätung. Was einem entgeht, wenn man nicht vollkommen auf der Höhe der Gegenwart ist, werden wir nie genau herausfinden können. Das weckt die Neugier. Deshalb war damals die Theorie über die unvermeidliche Verspätung des Bewusstseins und die Ungreifbarkeit der *Urimpression,* die vor Husserl bereits Ernst Mach anvisiert hatte, mit einiger Aufregung zur Kenntnis genommen worden. Hofmannsthal zum Beispiel, der bei Ernst Mach studiert hatte, wurde in eine regelrechte Krise gestürzt, deren literarischer

Ausdruck der sogenannte »Chandos-Brief« war. Dort verzweifelt der fiktive Briefautor an seiner Wirklichkeitsbeziehung. Er hat das Gefühl, mit jedem Augenblick seine Gegenwart zu versäumen, die sich ihm als etwas Unbegreifliches darstellt. Wenn die *Urimpression* im blinden Fleck der Wahrnehmung bleibt, zerreißt für das Bewusstsein die unmittelbare Verbindung zur Wirklichkeit und das Hier und Jetzt hängt gewissermaßen in der Luft, wodurch die Erfahrungswelt in die Gefahr gerät, zur Fiktion zu werden.

Das ist eine dramatische Reaktion auf den Befund über die Verspätung des Bewusstseins. Man kann sich allerdings auch gelassener dazu verhalten. Es könnte ja sein, dass die verzögernden Wirkungen der Eigenzeit auch ihr Gutes haben, dass sie nämlich das Bewusstsein schützen vor dem allzu Plötzlichen und Bedrängenden. Eine Schrecksekunde davor, nicht nur danach. Auch das wäre dann eine Folge der trennenden Macht der Zeit: Sie lässt Abstände entstehen, die geeignet sind, das Selbst zu bewahren und es nicht der womöglich unerträglichen Evidenz des Augenblicks auszuliefern.

Kapitel 9

Spiel mit der Zeit

Spielräume durch Sprache und Schrift. Die Entdeckung der Zeitstufen und die Geburt des Erzählens. »Der Untergang von Kasch«, ein afrikanischer Mythos. Erzählen als Überlebensmittel. Eine kleine Typologie der literarischen Zeitmuster. Von der Odyssee bis Balzac, von Ödipus bis zum Detektivroman. Das Motiv der Lebenslüge. Hamlet und die Handlungshemmung. Epische und dramatische Zeitbehandlung. Zeit der Bilder. Warum schreit Laokoon nicht? Plötzlichkeit. Fotografie und Wahrheit. Eine Frau geht über den Fluss. Bob auf Augenhöhe. Zenons Paradoxie. Prousts unwillkürliche Erinnerungsbilder. Der ewige Augenblick. Musik.

Die Zeit ist der Stoff, aus dem wir gemacht sind. Nicht nur gilt, dass alles seine Zeit hat, sondern auch: Jeder hat die seine, die Eigenzeit. Als Furie des Verschwindens erleben wir die Zeit bei den äußeren Ereignissen und bei den inneren Vorgängen. Wir stehen unter der Herrschaft der Zeit und leiden auch daran. Doch das ist nicht alles. Das Wunderbare ist nämlich, dass wir mit ihr auch spielen können, so als seien wir Herr über sie.

Das beginnt mit der Sprache. Mit ihr entsteht ein Spielraum. Mit der Sprache überschreitet man die Grenze des gemeinsamen Ortes und der gemeinsamen Zeit. Man kann über andere Orte und Zeiten kommunizieren. Wenn zwei miteinander reden, befinden sie sich immer schon in zwei Zeiten: in der Zeit, in der sie kommunizieren, und zugleich in jener Zeit, über die sie kommunizieren. Dort sind sie frei beweglich. Doch solange es noch keine Schrift gibt, sind sie bei der Kommunikation angewiesen auf die gleichzeitige physische Anwesenheit. Mit der Schrift allerdings löst sich die freie Beweglichkeit auch von dieser Bedingung. Der eine schreibt einen Text und der andere liest ihn womöglich viel später, und was er liest, kann sich dann noch einmal auf eine ganz andere Zeit beziehen. Mit der Sprache und dann mit der Schrift öffnet sich eine ungeheure Welt von Bedeutungen, jenseits der physischen Welt der gemeinsamen Anwesenheit. Eine antike Papyrusrolle, vor zweitausend Jahren beschrieben, lässt sich heute noch entziffern. Die gnostischen Schriften zum Beispiel, die man 1946 in Tongefäßen an einem Felsblock in der ägyptischen Wüste bei Nag Hammadi fand, apokryphe Evangelien und mystische Traktate, sprechen zu uns von der sündigen Welt und versprechen Erlösung, immer noch. Ein Nag Hammadi gibt es überall, wo Religion sich auf ein Buch bezieht. Heilige Schriften sind Schriften in Höchstform, die zeigen, was Schrift leisten kann: Sie sammeln in sich die Fülle der Zeit und spenden sie aus an alle Zeiten.

Durch die Medien von Sprache und Schrift öffnet sich ein ganzes Universum von Zeiten und Zeitschichten, wo die Unumkehrbarkeit des Zeitpfeils nicht gilt. Durch Sprache und Schrift wird nicht nur gegenwärtiges Geschehen von da nach dort vermittelt, sondern es kommt etwas in die Welt, was längst vorbei ist oder was noch aussteht, was es nie gegeben hat oder was es nie geben wird, das Mögliche und das Unmögliche, das Stimmige und das Unsinnige, kurz alles, was es nirgendwo sonst gibt als in der Vorstellung. Durch die digitalen Medien ist diese Wirklichkeit zweiten Grades noch einmal ins Riesige gewachsen mit der Folge, dass manche Kulturkritiker vor dem Verlust der Bindung an die wirkliche Wirklichkeit warnen. Einstweilen allerdings kann man wohl noch eine virtuelle von einer wirklichen Ohrfeige unterscheiden. Allerdings wird es bei der virtuellen und der wirklichen Beleidigung schon schwieriger, und dass üble Nachrede töten kann, wissen wir auch.

Die Sprachhistoriker haben herausgefunden, dass sich zuerst die sprachlichen Mittel für die Kennzeichnung von Aktionsarten entwickelt haben, also dafür, ob ein Vorgang abgeschlossen ist oder andauert, ob er ausgeführt oder nur beabsichtigt ist, ob er ein Tun ist oder ein Erleiden. Hingegen ist die *scharfe Bezeichnung der relativen Zeitstufe*, so Ernst Cassirer, *ein verhältnismäßig spätes Ergebnis* der Sprachentwicklung. Doch erst mit solchen zeitlichen Differenzierungen wurde das Erzählen möglich.

Erzählbar wurde damit nicht nur das Alltägliche, sondern auch und gerade das, was die Ursprünge betrifft: die großen gemeinschaftsstiftenden Erzählungen, die Mythen. Das Göttliche ist nun nicht mehr ein starres numinoses Gegenüber, sondern entfaltet sich in die Zeit des

Daseins und der Natur. Die Götter werden aus der Fülle der unpersönlichen Naturgewalten herausgehoben, bekommen ihre eigene Geschichte und sind in ihre eigenen Geschichten verstrickt. Sie stehen nicht über der Zeit, sondern sind Akteure in der Zeit. Indem das Numinose in das Spiel der Zeit hineingezogen wird, verliert es etwas von seinem Schrecken, einfach dadurch, dass es sich eben erzählen lässt: Etwas erzählen können, erweist sich als ein elementarer Akt der Emanzipation, weil man mit der Zeit, der man sonst unterworfen ist, sein eigenes Spiel treiben kann.

Von dieser Emanzipation durch Erzählen handelt ein afrikanischer Mythos, den zuerst der Kulturanthropologe Leo Frobenius um 1900 veröffentlichte und den Roberto Calasso vor einigen Jahren in den Mittelpunkt seines gleichnamigen Buches gestellt hat: »Der Untergang von Kasch«. Der Mythos, so wie ihn Frobenius erzählt, geht so:

Der König von Kasch war der reichste Mann auf Erden. Sein Leben war aber auch das traurigste, denn er wusste, dass er nach einer gewissen Zeit getötet würde. Den Zeitpunkt bestimmten die Priester nach dem Lauf der Sterne. Jede Nacht beobachteten sie deshalb den Himmel. Man durfte nicht damit aussetzen, weil sich sonst der richtige Zeitpunkt für die Tötung des Königs nicht mehr bestimmen ließe. Wieder einmal war ein König zusammen mit denen, die er als Begleiter gewählt hatte, getötet worden, und der neue König, Akaf, hatte sein Erbe angetreten. Aus einem fernen Lande war ein junger Mann gekommen,

Far-li-mas, der hinreißend Geschichten erzählen konnte. Akaf befreundete sich mit ihm und wünschte, dass er ihn dereinst in den Tod begleiten sollte, zusammen mit Sali, Akafs jüngster Schwester. Far-li-mas bezauberte den König und seine Schwester mit seinen Geschichten, die er jeden Abend am Hofe vortrug. *Der König Akaf hörte. Die Gäste hörten. Der König und die Gäste vergaßen zu trinken. Sie vergaßen zu atmen. Die Sklaven vergaßen die Bedienung. Sie vergaßen zu atmen. Far-li-mas' Erzählung war wie Haschisch. Als er geendet hatte, waren alle wie von einer wohltuenden Ohnmacht umfangen. Der König Akaf hatte seinen Gedanken an den Tod vergessen. Keiner der Anwesenden hatte gemerkt, dass Far-li-mas vom Abend bis zum Morgen erzählt hatte. Als die Gäste von dannen gingen, war die Sonne aufgegangen.*

Sali, die sich in Far-li-mas verliebt hatte, fürchtete sich vor dem Sterben und sann auf Rettung. Sie ging zu den Priestern, um sie zu überreden, doch auch einmal den Erzählungen Far-li-mas' zu lauschen, statt immer nur die Sterne zu beobachten. *Gottes Werke sind groß,* sagte sie, *das größte ist aber nicht seine Schrift am Himmel. Sein größtes ist das Leben auf der Erde.* Genau davon aber, von dem Leben auf Erden nämlich, wüsste Far-li-mas so wunderbar zu erzählen, erklärte Sali den Priestern. Sie mögen doch einmal kommen und sich selbst davon überzeugen, dass diese Erzählungen größer seien *als die Schrift am Himmel.*

Zuerst ließ sich nur ein Priester dazu überreden, den Erzählungen Far-li-mas' zu lauschen, statt den Nachthimmel zu beobachten. Dann aber ließen sich nach und nach auch die anderen Priester anlocken. Zwar wollten sie jedes Mal wieder rechtzeitig auf ihrem Beobachtungsposten sein, doch sie wurden von den Erzählungen bezaubert, Nacht für Nacht, bis sie die Orientierung am Himmel verloren hatten und nicht mehr den richtigen Zeitpunkt für die Tötung des Königs bestimmen konnten. Damit erlosch die strenge Tradition der Tötung des Königs nach der Zeit der Sterne. Der König, Far-li-mas und Sali waren gerettet. Noch eine Weile lang hielt sich das Reich von Kasch, dann aber ging es unter. Es war, so lehrt der Mythos, die Änderung der *alten Einrichtungen ... der Grund des späteren Unterganges* von Kasch.

Dieser Mythos handelt von dem zeitweiligen Sieg des Erzählens, das mit der Zeit spielt, über die unerbittliche Herrschaft der Zeit, die an der Sternenzeit abgelesen wird. Der Mythos deutet allerdings diesen Sieg als einen Pyrrhussieg, denn diese Emanzipation stellt sich heraus als der Anfang vom Ende. In dieser Bewertung drückt sich ein Verdacht aus gegen die Erleichterung, gegen das schönere Leben im Medium des Erzählens, welches auf Dauer nicht das hält, was es verspricht. Der Mythos vom Untergang von Kasch stellt das lebensrettende Spiel mit der Zeit im Akt des Erzählens unter Dekadenzverdacht.

Das Motiv der Lebensrettung durch Erzählen kommt allerdings auch uneingeschränkt positiv vor, etwa in »Tausendundeine Nacht« bei Scheherazade, die erzählt, um den Zeitpunkt ihrer Tötung hinauszuzögern, oder in Boccaccios Novellenzyklus »Das Dekameron«, wo Geschichten erzählt werden gegen die Angst vor der großen Pest, die ringsum wütet. Beide Male handelt es sich um ein Erzählen, das Aufschub gewährt angesichts des drohenden Todes. In diesen Extremfällen enthüllt das Erzählen seinen eigentlichen Sinn: Als Spiel mit der Zeit schafft es zeitweilige Entlastung vom drohenden Ernstfall der todwärts gerichteten Zeit. Darum auch wird so häufig vom Tod erzählt, weil man ihn im Erzählen überleben kann.

Das Erzählen folgt verschiedenen Zeitmustern, »Chronotopoi« nennt sie Michail Bachtin. Es sind die Spielzüge des Erzählens beim Spiel mit der Zeit, die sich in einer langen Tradition herausgebildet und bewährt haben.

Da gibt es die elementare Form des erzählten Lebensweges mit seinen Stationen, unverhofften Begegnungen, guten und schlechten, den Verwicklungen und Verirrungen – alles erzählt im zeitlichen Nacheinander. Die Straße eignet sich dabei besonders gut zur Darstellung von Ereignissen, die sich als Zufall oder als Schicksal deuten lassen. Der Protagonist ist bisweilen, wie etwa Grimmelshausens Simplicius Simplicissimus, nicht sonderlich zielstrebig unterwegs, treibt sich eher herum oder wird herumgetrieben, und wenn er doch zielstrebig ist, wird davon erzählt, so in Fieldings »Tom Jones«, wie es anders kommt, als man denkt, wie man Umwege geht, und wie das Leben bisweilen nichts anderes ist als diese vielen Umwege. Es kommt auch vor, dass der Protagonist auf Irrwege gelockt wird und sich verläuft. Das muss indes nicht das Ende, es kann auch ein vielversprechender Anfang sein, denn genau an diesem Punkt der größten Verwirrung beginnt Dantes »Göttliche Komödie«: *Dem Höhepunkt des Lebens war ich nahe, / da mich ein dunkler Wald umfing und ich, / verirrt, den rechten Weg nicht wieder fand* … Dantes Erzähler mag zuvor in Geschichten verstrickt gewesen sein, davon aber ist nicht die Rede. Der Erzähler, von Vergil und dann von der verstorbenen Beatrice geleitet, darf sich aufs Schauen und Zuhören beschränken bei seinem Weg durch die Hölle, das Fegefeuer und den Himmel. Vieles bekommt er zu sehen und zahlreiche Geschichten zu hören, Erzählungen von der Lebenszeit als Prüfungszeit der Seele, die notwendig im Heil oder in der Verdammnis endet. Unter diesem Gesichtspunkt sind auch zuvor Lebensgeschichten im christlichen Sinne erzählt worden. Das klassische Muster dafür sind immer noch die »Bekenntnisse« von Augustinus, nur dass hier das entscheidende Ende der Wegstrecke, ob sie nämlich zum Heil oder zur Verdammnis führt, offen bleiben muss.

Die Straße als Sinnbild eines Lebensweges prägt auch die weltliche Tradition des Schelmenromans, wofür der schon genannte »Simplicius Simplicissimus« ein Beispiel ist, und zu der auch der »Don Quijote« von Cervantes gehört. Der Ritter von der traurigen Gestalt und der wackere Knappe Sancho Panza ziehen gemeinsam ihres Weges, und begegnen, verführt vom Imaginären der Ritterromane, der Wirklichkeit des damaligen Spanien. Ihre Wege führen durch den Raum, doch sie führen auch durch die Zeit.

Dass sich die Protagonisten solcher Romane im Raume verirren, kommt häufig vor, dass sie sich jedoch auch, wie Don Quijote, in der Zeit verirren können, ist die besondere Pointe des Romans.

Auf solchen Straßen des Lebens tummeln sich nicht nur die Abenteurer, die komischen und pittoresken Figuren, sondern auch sehr ernsthafte Leute wie Goethes Wilhelm Meister oder der Heinrich von Ofterdingen des Novalis. Mit diesen Figuren öffnet sich die Welt der Bildungsromane, die davon erzählen, auf welch verschlungenen Wegen man der wird, der man ist. Es geht um die Ankunft bei sich selbst, was auch eine Art Heimkehr ist. *Immer nach Hause*, antwortet Heinrich von Ofterdingen auf die Frage *Wo gehn wir denn hin?* Das Muster aller Heimkehrer-Romane ist die »Odyssee«.

Auf seinem Weg nach Hause wird Odysseus von einem missgünstigen Schicksal behindert, aufgehalten, abgelenkt. Er wird in üble Geschichten verstrickt, wie die mit dem Polyphem, und in reizvolle, wie die bei der verführerischen Kalypso. Er hätte auch den Lotophagen, den Rauschkundigen, verfallen können, wie es den Gefährten fast widerfahren wäre, wenn er nicht sich selbst und sie losgerissen hätte: *Wer nun die Honigsüße der Lotosfrüchte gekostet, / Dieser dachte nicht mehr an Kundschaft oder an Heimkehr … / Aber ich zog mit Gewalt die Weinenden wieder ans Ufer, / Warf sie unter die Bänke der Schiff' und band sie mit Seilen. / … Dass man nicht, vom Lotos gereizt, die Heimat vergäße.*

Dieses Epos ist auch darum so stilbildend geworden, weil es bereits den ganzen Formenreichtum des Spiels mit der Zeit zeigt. Die Ereignisse der umwegreichen Heimkehr werden nicht einfach linear und fortlaufend berichtet, sondern erzähltechnisch raffiniert angeordnet und verdichtet. Die Berichtszeit der Odyssee beginnt mit dem Abschied des Helden von der reizenden Kalypso und endet mit seiner Heimkehr und der Tötung der Freier – das sind insgesamt nur vierzig Tage. Die Ereignisse der übrigen zehn Jahre der Irrfahrt werden in Rückblicken erzählt, größtenteils von Odysseus selbst, während er auf seiner vorletzten Station bei den Phäaken zu Gast ist. Zu der distanzierten Perspektive des epischen Erzählers kommt also noch die des Odysseus selbst, sowie die des Sohnes Telemach, der auf den Vater wartet und sich Einiges über ihn erzählen lässt. Und schließlich gibt es noch die zeitlich-überzeitliche Ebene der Götter, die ins Geschehen verstrickt sind und zugleich darüber stehen.

Das epische Erzählen bei Homer bewegt sich nicht nur zwischen verschiedenen Zeitperspektiven, auch das Erzähltempo variiert. Manche Vorgänge werden wie in Zeitlupe geschildert, etwa wenn das Massaker an den Freiern beginnt, andere Vorgänge werden im Zeitraffer berichtet, so die Tage und Jahre bei Kalypso, wo jeder Tag ist wie der andere, und alle zusammen wie einer.

Neben den Erzählungen nach dem Muster des Lebensweges mit den an einer Wegstrecke aufgereihten Ereignissen – eine lineare Form, die im Road Movie fortlebt –

gibt es strukturell noch andere Formen, mit der Zeit umzugehen, etwa die Form des Netzwerkes oder Labyrinths. Diese ist charakteristisch für den Gesellschaftsroman. Menschen treffen zusammen und es verweben und verknäulen sich verschiedene Vorgeschichten, und da jeder seine eigenen Ambitionen für die Zukunft ins Spiel bringt, kommt es zu Konflikten, Verwicklungen, Seilschaften. Bindungen werden geknüpft und gelöst, die einen steigen auf, die anderen stürzen ab. Einige stoßen in die Mitte vor, andere werden an den Rand gedrückt. Das simultane Geschehen dominiert. Honoré de Balzac ist der Meister eines solchen Erzählens, das weniger linear als netzwerkartig angelegt ist.

Eine weitere Grundform des erzählerischen Umgangs mit der Zeit ist die Nachbildung von zyklischen Vorgängen. Es werden Geschehnisse in ihrer Verbundenheit mit den Naturvorgängen geschildert, etwa bei Stifter. Oder es werden hauptsächlich die sich wiederholenden Begebenheiten des Lebensalltags dargestellt, sei es, um die stockende Zeit in der Provinz vorzuführen, so bei Flaubert, oder die Gelassenheit im Abseits, so bei Handke.

Besonders wirkungsvoll ist die Kombination aus zyklischer Zeit und Ereigniszeit. In ein ruhiges, von Wiederholungen geprägtes Leben bricht plötzlich etwas ein, das verstört, Schrecken verbreitet oder auch begeistert. So geschieht es in dem wunderbaren Roman »Der Große Meaulnes« des in den ersten Kriegstagen 1914 gefallenen Franzosen Alain-Fournier. *An einem Novembersonntag des*

Jahres 189... kam er zu uns, lautet der erste magische Satz, und kurz danach ist der Erzähler schon dabei, die Überlagerung von Zyklischem und Plötzlichem zu reflektieren: Er möchte eine bestimmte Erinnerung aufrufen, und schon wird er *an andere Augenblicke des Wartens* erinnert und sieht sich *ängstlich nach jemandem ausschauen, der die Hauptstraße herabkommen soll.* Diesmal ist es ein neuer Schüler, der beim Lehrer in Pension gegeben wird. Etwas Wildes und Abenteuerliches geht von ihm aus. Er zieht die Mitschüler in seinen Bann, auch den Erzähler, der berührt wird von einer Sehnsucht, die wie ein Pfeil die zyklische Zeit alltäglicher Wiederholungen durchdringt und ihn von nun an nicht mehr loslässt.

Soviel zu linearen, vernetzten und zyklischen Zeitmustern. Als besonders wirkungsmächtig hat sich eine Darstellungsweise erwiesen, die ganz im Zeichen der Überwältigung einer Gegenwart durch die Vergangenheit steht. Hier entwickelt sich die Handlung im Krebsgang, als Aufdeckung einer Vergangenheit und als gelungene oder misslungene Bewältigung. Der Prototyp dafür ist das Ödipus-Drama von Sophokles.

Bei diesem Stück liegen alle wichtigen Handlungselemente zeitlich vor der dargestellten Gegenwart, und die aktuelle Handlung beschränkt sich im Wesentlichen darauf, diese Vergangenheit Schritt für Schritt bis zum Entsetzen zu enthüllen. Ödipus ist zuerst noch der unangefochtene Herrscher in Theben, auf der Höhe von Macht und Ansehen, in der Stadt aber geht die Pest um, und das

Orakel weissagt, sie werde erst enden, wenn der Mörder des vorigen Königs Laios gefunden und bestraft sei. Ödipus stellt Nachforschungen an. Es sind Ermittlungen gegen sich selbst, doch das weiß er noch nicht. Er weiß auch nicht, dass es der Vater Laios war, den er einst unterwegs bei einem Streit erschlug, und dass es seine Mutter war, die er daraufhin als frisch verwitwete Königin zur Frau nahm. Am Ende kommt die Vergangenheit an den Tag und bricht verwüstend in die Gegenwart ein. Iokaste, Mutter und zugleich Frau des Ödipus, erträgt die Wahrheit nicht und erhängt sich. Ödipus sticht sich die Augen aus und verlässt die Stadt.

Die Tradition der Detektivgeschichte, die mit Ödipus ihren Anfang nimmt, beginnt also mit der denkbar schärfsten Zuspitzung: Der Detektiv entdeckt sich selbst als Täter. Die Vergangenheit des Verbrechens, das er aufdeckt, ist die eigene. Doch auch ohne diese Zuspitzung auf den Detektiv als Täter ist dieser Typus der Erzählung oder des Dramas von der Übermacht des Vergangenen bestimmt. Es müssen dabei nicht immer schlimme Untaten sein, für die sich vorläufig noch keine Täter ausfindig machen lassen. Es kann sich auch um eine Verletzung, eine Kränkung oder sonst üble Erfahrungen handeln, die zunächst verdrängt und verborgen wurden, dann aber unterschwellig eine unheilvolle Wirkung tun, die nur abgewendet werden kann, wenn das Belastende irgendwie erkannt, eingestanden und aufgearbeitet wird. Doch oft ist es zu spät, und die verleugnete Vergangenheit rächt sich an der

Gegenwart – so das Muster des analytischen Dramas im Naturalismus, beispielsweise in Henrik Ibsens »Wildente«. Hier sind fast alle Personen in irgendwelche Lebenslügen verstrickt, die etwas mit einer uneingestandenen Vergangenheit zu tun haben. Die Hauptfigur Hjalmar Ekdal will nicht wahrhaben, dass seine innig geliebte Tochter wohl doch nicht die seine ist, und er hält sich für einen Künstler, der er nicht ist, was er insgeheim auch weiß. So ist es bei allen Figuren des Stücks: Sie sind nicht auf der Höhe ihrer eigenen Geschichte. Es war Ibsen, der den Begriff der *Lebenslüge* aufgebracht hat. Nietzsche hat ihn einmal so erläutert: Früher oder später erfinde sich jeder eine Vergangenheit, aus der er stammen möchte. Mit Lebenslügen versucht man in der Regel, seine Handlungsfähigkeit zu behalten. Damit es irgendwie weitergeht, legt man sich seine Vergangenheit zurecht, belügt sich und andere. Man flieht vor der Wahrheit, die einen dann doch einholt.

Das literarische Spiel mit der Zeit kennt auch die Figur, die zögert, vielleicht auch handlungsgehemmt ist, die es also vorzieht, auf Zeit zu spielen. Dass Hamlet zum Beispiel eher das langsame Tempo schätzt, wird gleich zu Beginn des Dramas deutlich, wenn er sich irritiert zeigt von der *schnöden Hast* seiner Mutter, die kurz nach dem Tode des alten Königs, seines Vaters, sich ins Bett des neuen gelegt hat. Auch bei der Rache für den getöteten Vater, die von Hamlet als dem legitimen Thronerben gefordert wird, ist Eile geboten. Hamlet aber zögert. Er ist sich seiner

Sache nicht sicher. Ist wirklich der Onkel der Mörder, war die Mutter eingeweiht, und welche Folgen für die komplizierte Machtbalance des Königreiches könnte sein Handeln haben? Hamlet sticht zwar reaktionsschnell zu, wenn er sich, wie von Polonius hinterm Vorhang, unmittelbar bedroht fühlt – bleibt ihm jedoch Zeit zum Überlegen, so tut er sich schwer und würde sich am liebsten allem entziehen. *Die Zeit ist aus den Fugen: Fluch und Gram, / Dass ich zur Welt, sie einzurichten, kam!* Hamlet lässt sich, offenbar ganz gerne, nach England schicken. Sein langsames Schiff wird unterwegs von einem schnelleren Piratenschiff aufgebracht. Er entdeckt die Pläne, denen zufolge er in England ermordet werden sollte, und kehrt nach Dänemark zurück. Dort trifft er zuerst auf die Totengräber, bei denen es wirklich nicht mehr eilig zugeht, und erklärt: *Denn ob ich schon nicht jäh und heftig bin, / So ist doch was Gefährliches in mir.* Seine Gefährlichkeit zeigt sich am Ende. Im Duell soll er nach dem Plan des Königs getötet werden, doch er stirbt nicht alleine, er reißt Laertes und den König mit in den Tod. Hamlet hatte sich Zeit genommen, am Ende wird sie ihm genommen.

Bisher war unterschiedslos von erzählender wie darstellender Literatur die Rede. Doch es gibt charakteristische Unterschiede zwischen den beiden Literaturgattungen, was die Zeitbehandlung betrifft. Goethe und Schiller haben in ihrem Briefwechsel diese Unterschiede grundsätzlich erörtert und sich auf die Formel geeinigt, *dass der Epiker die Begebenheit als vollkommen vergangen vorträgt, und der Dramatiker sie als vollkommen gegenwärtig darstellt.* Der Epiker nimmt Abstand und erlaubt dem Publikum, ebenfalls Abstand zu nehmen. Die epische Gelassenheit erlaubt Abschweifungen, Reflexionen. Der Rezipient wird eher angeregt als gefesselt, er nimmt teil an der freien Beweglichkeit in der Zeit. Anders beim Drama: Hier sollen die Handlungen, auch wenn sich Protagonisten wie Hamlet oder Wallenstein als handlungsgehemmt zeigen, den Zuschauer in Bann schlagen bis zur Atemlosigkeit. Im Drama wird man mitgerissen, im Epos in die Freiheit entlassen. Schiller: *Die dramatische Handlung bewegt sich vor mir, um die epische bewege ich mich selbst.* Der Autor muss also entscheiden, ob der Stoff eher eine zeitliche Sukzession fordert oder ein reflektierendes Vor-und-Zurück in der Zeit. Im ersten Fall wird sich die Form des Dramas empfehlen, im zweiten die des Epos oder des Romans. Daraus wird auch ersichtlich, dass die analytischen Dramen wie »Ödipus« oder »Die Wildente«, Stücke also über die Macht der Vergangenheit, eigentlich zum Epischen tendieren – deshalb auch bei »Ödipus« die zahlreichen Botenberichte oder bei der »Wildente« die häufigen rückwärtsgewandten Reflexionen. Auch Hamlet, der im Bann der Vergangenheit bleibt, ist gerade deshalb ebenfalls ein eher epischer als dramatischer Charakter.

Die literarische Zeitbehandlung, ob episch oder dramatisch, unterscheidet sich insgesamt noch einmal von den Zeitcharakteren der bildenden Kunst. Diesem Thema hat Lessing seine berühmte Abhandlung »Laokoon: oder über die Grenzen der Malerei und Poesie« gewidmet. Die bildende Kunst, erklärt Lessing, ahmt Körper im Raum nach und bringt sie im Nebeneinander zur Erscheinung. Die Poesie zeigt sie im Nacheinander der Zeit. Die Poesie entfaltet die Ereignisse, die bildende Kunst zieht sie in prägnante Momente zusammen. Lessing illustriert dies an der antiken Laokoon-Figurengruppe.

Bei Vergil findet sich die Erzählung der ganzen Geschichte, von der die Figurengruppe einen prägnanten Augenblick darstellt. Der trojanische Apollon-Priester Laokoon war gewarnt worden vor dem hölzernen Pferd der Griechen. Er hatte aber die Warnung nicht beherzigt und wird dafür von dem Gott bestraft. Bei einer Opferhandlung am Strand taucht aus dem Meer eine ungeheure Schlange auf und erwürgt ihn zusammen mit seinen beiden Söhnen. Diesen Augenblick der tödlichen Umschlingung verkörpert die Figurengruppe. Laokoons Gesichtsausdruck ist vom Schmerz gezeichnet, aber er schreit nicht. Lessings Schlüsselfrage lautet: Warum schreit er nicht, wo doch Vergil ihn in seiner Erzählung ohrenbetäubend schreien lässt? Er schreit nicht etwa deshalb nicht, weil sich das für antike Helden nicht gehört, ganz im Gegenteil – so Lessing mit Hinweis auf die Schilderungen Homers und Vergils, wo Helden hemmungslos weinen und schreien. Wenn der Laokoon der Figurengruppe nicht schreit, so liegt das, Lessing zufolge, an der Ästhetik der statuarischen Darstellung, die solche Gefühlsausdrücke bevorzugt, die sich auf Dauer stellen lassen, ohne das ästhetische Empfinden zu stören. Der verhaltene Schmerz ist ein solcher Ausdruck, der Schrei aber nicht. Denn ein Schrei, der unablässig ertönt, ist nicht nur unerträglich, sondern im eigentlichen Sinne unmöglich.

Bei Gefühlsausdrücken lässt sich eine kontinuierliche Folge von Steigerungen vorstellen, und die darstellende Kunst tut gut daran, aus diesem Kontinuum nicht den höchsten Punkt, die höchste Steigerung, etwa den Moment des ausbrechenden Schreis, auszuwählen, sondern den Moment eine oder einige Stufen davor, denn ästhetisch *fruchtbar* ist nur, *was der Einbildungskraft freies Spiel lässt.* Am Extrempunkt bleibt der Einbildungskraft nichts mehr zu tun, weil es gewissermaßen zu viel Wirklichkeit gibt. Das ist dann eine Wirklichkeit, die penetrant wirkt, weil sie die Eigentätigkeit herabsetzt. Wirkungsvoll ist deshalb nicht ein schreiender Laokoon, sondern einer, der soeben geschrien hat oder gleich schreien wird. Dieser Spielraum der Vorstellung macht den Schrei eindringlicher, als wenn er in seiner Erstarrung dargestellt wäre. Hier die scharfsinnige Argumentation Lessings: *Alle Erscheinungen, zu deren Wesen wir es nach unsern Begriffen rechnen, dass sie plötzlich ausbrechen und plötzlich verschwinden, dass sie das, was sie sind, nur einen Augenblick sein können; alle solche Erscheinungen, sie mögen angenehm oder schrecklich sein, erhalten durch die Verlängerung der Kunst ein so widernatürliches Ansehen, dass mit jeder wiederholten Erblickung der Eindruck schwächer wird, und uns endlich vor dem ganzen Gegenstande ekelt oder grauet.*

Man sollte allerdings aus dieser Bemerkung über die ästhetische Insuffizienz des Plötzlichen in der darstellenden Kunst kein Dogma machen, besonders nicht mit Blick auf die Entwicklung der modernen Kunst, die sich ja weitgehend gelöst hat von der gegenständlichen Nachahmung, die für Lessing noch verbindlich war. Aber nach wie vor gilt, dass die Einbildungskraft angeregt und gefordert sein muss, wenn es zu einem starken ästhetischen Eindruck kommen soll. Ob die Darstellung des Plötzlichen in der bildenden Kunst die Einbildungskraft eher untätig lässt, wie Lessing vermutet, darüber kann man streiten. Zugestehen jedoch kann man ihm, dass im Medium des Erzählens das Plötzliche wirkungsvoller erscheint, weil es dort das erzählbare zeitliche Kontinuum als Kontrast gibt.

Wie auch immer, jedenfalls hat das Plötzliche inzwischen auch in der bildenden Kunst Karriere gemacht, herausgefordert durch die Fotografie, das Bildmedium des Plötzlichen par excellence. Hier werden Augenblicke gleichsam aufgespießt, die ganze Geschichten erzählen, etwa die berühmten Fotografien Robert Capas von der Landung der alliierten Truppen in der Normandie 1944. Es ging damals für die Truppen um Stunden und Minuten und für den Fotografen um Sekunden beim Versuch, den prägnanten Moment festzuhalten. Erst bei der Nachbearbeitung der Bilder im Labor konnte der Fotograf sich wieder mehr Zeit lassen, um den Eindruck des Plötzlichen zu verstärken.

Bilder erzählen Geschichten, aber verbergen sie auch. Helmut Lethen hat das eindrucksvoll demonstriert, ebenfalls an einem Foto aus dem Zweiten Weltkrieg, diesmal von der Ostfront. Eine jüngere Frau ist darauf zu sehen, die vorsichtig einen Fluss durchwatet, den Rock leicht und, wie es scheint, anmutig geschürzt, im Wasser spiegelt sich das Licht. Das Ganze macht fast den Eindruck von Idylle und Sommerfrische. In Wirklichkeit aber, wie man aus einer Notiz auf der Rückseite des Bildes erfährt, wurde die Frau gezwungen, als Minenprobe den Fluss zu durchqueren. Diese Geschichte jedoch verschweigt das Bild, und es verschweigt auch, ob die Frau dieses mörderische Unternehmen überlebt hat.

Ein Bild vermag das Entscheidende einer Geschichte zu verbergen, und sie erscheint dann umso grauenhafter, wenn man sie erfährt. Ein weiteres Beispiel dafür ist ein berühmtes Foto aus den zwanziger Jahren, das Ernst Bloch kommentiert hat im Zusammenhang einer Erörterung über das *Dunkel des gelebten Augenblicks*, also darüber, dass es uns nie gelingt, ganz geistesgegenwärtig, ganz auf der Höhe der Zeit zu sein. Das Foto zeigt einen Bob in einer Kurve, knapp unterhalb des oberen Randes. Dort sieht man die Köpfe von Leuten, die dem Rennen offensichtlich gespannt zuschauen. Den Bruchteil einer Sekunde später werden sie tot sein, denn der Bob wird über den Kurvenrand in die Zuschauer rasen. Davon weiß das Bild aber noch nichts.

Die Fotografie fixiert etwas, was es so eigentlich gar nicht gibt, nämlich Zeitpunkte. Zu dem fotografierten

Zeitpunkt war der Bob noch nicht über den Rand hinaus. Die Bewegung wird ihn gleich hinüberschleudern. Die Bewegung aber fehlt auf dem Bild, die müssen wir uns hinzudenken. Darum hat der Zeitpunkt etwas Irreales, die Bewegung verschwindet darin. Bewegung geschieht in einem zeitlichen Kontinuum, das von sich aus keine Punkte hat. Die Punkte werden von außen fixiert, nicht nur beim Fotografieren, sondern auch beim Messen. Die Zeit punktet nicht und sie misst sich auch nicht – das tun erst wir. Zenons Paradoxie deckt immer noch treffend die Unmöglichkeit auf, aus Zeitpunkten die Zeit verstehen zu wollen. Hätte die Zeit Punkte, würde an jedem Punkt der Bewegung der Pfeil stille stehen. Aus lauter Stillstand an jedem Punkt ergäbe sich keine Bewegung. Der Pfeil käme also nicht vom Fleck. Deshalb hält die Fotografie, so wirklichkeitsnah sie erscheint, in Bezug auf die Zeit etwas Unwirkliches fest: die Bewegungslosigkeit in der Bewegung.

Marcel Proust, der wie kaum ein anderer Schriftsteller das Mysterium der Zeit ins Zentrum seines Werkes gerückt hat, ist deshalb auf die Fotografie immer dann nicht gut zu sprechen, wenn sie ihm die wahre Bewegtheit der Zeit abzutöten scheint. Fotografien sind für ihn jene absichtlich gesuchten Erinnerungsbilder, die das überwältigende Zurückfluten einer erlebten Vergangenheit in die Gegenwart gerade nicht ermöglichen.

Bei Proust geht es um die Unterscheidung zwischen der willkürlichen und der unwillkürlichen Erinnerung. Wenn der Erzähler im letzten Band der »Recherche« auf dem Weg zur Matinee bei den Guermantes mehrmals die beglückenden Ekstasen der unwillkürlichen Erinnerung erlebt, unterscheidet er sie sorgfältig von der eher matten Arbeit der absichtsvollen Erinnerung. In diesem Zusammenhang nun verwendet er das Beispiel der Fotografie. *Ich versuchte jetzt aus meinem Gedächtnis andere Momentaufnahmen hervorzuholen, besonders Momentaufnahmen, die es in Venedig aufgenommen hatte, doch schon dieses Wort allein ließ mir die Stadt langweilig erscheinen wie eine Ausstellung von Photographien.* Nach ein paar Schritten auf dem gepflasterten Hof des Stadtpalais der Guermantes stolpert er an einer Unebenheit, und in diesem Moment, da er fast sein Gleichgewicht verliert, taucht jäh die Erinnerung an einen früheren Venedig-Besuch auf, als er auch an einem losen Pflasterstein auf dem Markusplatz ins Stolpern geraten war. Was in diesem Moment vor ihm auftaucht, ist kein Erinnerungsbildchen, sondern die beglückende Wiederkehr von gelebtem Leben. Es ist so wie beim Geschmack des teegetränkten Madeleine-Törtchens, der ihm den Zauber der Kindheit wiedergeschenkt hatte. Das sind die ekstatischen Augenblicke, wo in der Zeit etwas erlebt wird, was der Zeit überhoben zu sein scheint. Wenn auch alles in die Vergänglichkeit gerissen wird, so bleibt die beglückende Erfahrung eines Ichs, das sich durchhält in der Zeit. Ein solches Ich, das sich in den ekstatischen Augenblicken selbst erfährt, nennt der Erzähler einmal den *ewigen Menschen* in sich. In jedem steckt er, man muss ihn nur an der richtigen Stelle suchen. *Man hat an alle Pforten geklopft, die nirgendwohin führen, an die einzige aber, durch die man eintreten kann und die man hundert Jahre lang vergeblich gesucht hätte, pocht man, ohne es zu wissen, und da öffnet sie sich.*

Die Pforte, die sich öffnet, ist der aufblitzende Augenblick der wiedergefundenen Zeit. Es werden mehrere solcher Augenblicke geschildert, wie ein Rosenkranz schlingen sie sich durch den Roman. Es sind dies nicht nur Schlüsselszenen im Roman, sondern darüber hinaus für die Entstehung des Romans selbst. Die Augenblicke der wiedergefundenen Zeit inspirieren das Erzählen und treiben damit den ganzen Roman aus sich hervor. Insofern erzählt der Roman eigentlich nichts anderes als die Geschichte seiner Entstehung.

Zu diesen Augenblicken der wiedergefundenen Zeit gehören die sich im Winde verneigenden Bäume bei der Wagenfahrt in der Nähe von Balbec, der Anblick der weithin sichtbaren, wie in den blauen Himmel geritzten Kirchtürme von Martinville, der Geschmack der Madeleines, der unebene Pflasterstein im Hof der Guermantes und nicht zuletzt einige Violinmotive aus der Kammermusik des fiktiven Komponisten Vinteuil. Wenn diese Motive ertönen, wirken sie wie eine Essenz aller zuvor genannten Reminiszenzen, die den Erzähler hinübergleiten lassen in ein überzeitliches Reich, das seinen Zauber einzig aus der Zeit gewinnt, jedoch der wiedergefundenen.

Schopenhauer war es, der auf die Idee kam, das Geschehen in der Musik, wenn etwa aus dem symphonischen Gewebe eine Melodie aufsteigt und wieder darin verschwindet, als Symbol des Weltganzen zu deuten, worin der Einzelwille für Momente als Individuum, als *Einzelwille*, sich abhebt, um dann wieder im Ganzen, dem *Weltwillen,* unterzugehen. Schopenhauer ging sogar so weit, die Musik als etwas anzusehen, das vor aller Erkenntnis und weit vor allen anderen Künsten das *innerste Wesen der Welt* zum Ausdruck zu bringen vermag und zwar gerade vermöge ihres innigen Verhältnisses zur Zeit. Diese philosophische Deutung von Musik wird wenig später den philosophisch ambitionierten Komponisten Richard Wagner inspirieren zu seinem Gesamtkunstwerk, das nicht mehr und nicht weniger verspricht als eine zeitweilige Erlösung, eine ästhetische Himmelfahrt.

Der Komponist Bernd Alois Zimmermann vermeidet bei seinen Betrachtungen zu »Intervall und Zeit« zwar die einstigen hochpathetischen Töne, doch auch für ihn ereignet sich in der Musik die faszinierende Einheit von Zeit und Augenblick, wenn zum Beispiel die vertikal geordneten Tonreihen horizontal in Tonfolgen zeitlich auseinandergelegt werden, und er bezeichnet Musik als *geordnete Zeit,* geordnet einerseits durch Tonhöhen und deren Zusammenklang, und andererseits durch metrische und rhythmische Abfolge. Im Zusammenklang ereignet sich synchronisch erlebte Zeit, also Gleichzeitigkeit, in der Tonfolge die diachronisch erlebte, also zeitliche Sukzession – und selbstverständlich sind diese Zeitformen stets miteinander verbunden, denn auch die Tonhöhen (mitsamt den aus ihrer Überlagerung resultierenden Klangfarben) ergeben sich ja aus Frequenzen, d. h. Schwingungen pro Zeiteinheit. *Die Ordnung, die Musik zwischen dem Menschen und der Zeit setzt*, so Zimmermann, sei *ganz allgemein eine Ordnung der Bewegung, die auf besondere Weise Zeitlichkeit zum Bewusstsein bringt und den Menschen so in einen Prozess des inneren Erlebens von geordneter Zeit hineinbezieht.*

Musik stimmt auf ganz besondere Weise ein auf das Vergehen, vielleicht ist sie sogar das Vergehen als reine Form. Enthusiasten indes, wie Schopenhauer oder Proust, entdecken hier, von Platon inspiriert, nichts weniger als das geheimnisvolle Verhältnis von Zeit und Ewigkeit.

Kapitel 10

Erfüllte Zeit und Ewigkeit

Platons Ewigkeit und die alltägliche Erfahrung von bleibender Gegenwart. Zeitvergessene Hingabe. Geistliche und weltliche Mystik. Der ästhetische große Augenblick. Nietzsche, Hofmannsthal, Proust und Adorno. Verlangen nach Unsterblichkeit. Lebensfristverlängerung. Unsterblichkeit der Seele? Urszene mit dem Tod von Sokrates. Das Denken kann sich nicht wegdenken. Christlicher Auferstehungsglaube. Höhere Egozentrik? Das Loslassen und seine Schwierigkeiten.

Nicht nur der schwärmerische Sinn sucht nach dem, was über die Zeit hinausgeht. Die Ewigkeit ist immer schon das Thema der Religion und der Metaphysik gewesen. Sie ist etwas anderes als endlos verlängerte Zeit. Überhaupt ist sie etwas anderes als Zeit. Man nähert sich ihr und umkreist sie, weil man den Absolutheitsanspruch der Zeit nicht akzeptiert: Es muss doch etwas geben über die Zeit hinaus. Platon, der als einer der ersten ausdrücklich über das Ewige, griechisch ›aion‹, im Unterschied zur Zeit nachgedacht hat, nennt das Ewige ein Urbild, wovon die Zeit nur ein vermindertes Abbild sei. Das Aion nimmt von der Zeit nichts anderes auf als das ständige Gegenwärtig-Sein, die Fülle der Zeit in einer gesammelten Gegenwart.

Nun war aber, heißt es im »Timaios«, diesem Grundbuch der abendländischen Zeit-Spekulation, *die Natur des höchsten Lebendigen eine ewige, und diese auf das Entstandene vollständig zu übertragen war eben nicht möglich;* so habe der Schöpfer ein bewegtes Bild von der Ewigkeit gemacht, *nämlich Tage, Nächte, Monate und Jahre, welche es vor der Entstehung des Weltalls nicht gab … Dies Alles aber sind Teile der Zeit, und das War und Wirdsein sind Formen der entstandenen Zeit, obwohl wir mit Unrecht, ohne dies zu bedenken, dieselben dem ewigen Sein beilegen …, während ihm doch nach der wahren Redeweise allein das »Es ist« zukommt, wogegen man die Ausdrücke »es war« und »es wird sein« lediglich von dem in der Zeit fortschreitenden Werden gebrauchen darf.*

Die *entstandene Zeit* ist die Zeit der Sukzession. Eine unbegrenzte Zeitfolge ist noch nicht Ewigkeit. Soll Ewigkeit etwas anderes sein als Zeit, so darf sie keine Sukzession haben, und darum ist sie permanente Gegenwart, ohne Früher und Später, ohne Vergangenheit und Zukunft. Und von dieser zeitlos gedachten Ewigkeit soll nun also die Zeit, wie wir sie erleben mit ihrem Früher und Später, ein bloßes Abbild sein. Das Abbild muss eine Ähnlichkeit mit dem Abgebildeten haben. Gibt es einen Aspekt der erlebten Zeit, der eine Ähnlichkeit mit dem Zeitlosen aufweist? Gibt es Erfahrungen mit der Zeit, die an die dauernde Gegenwart des Ewigen wenigstens von ferne denken lassen?

Es gibt sie, und sie sind uns ganz nahe – wir gehen täglich damit um. Es handelt sich um eine selbstverständliche, doch eigentlich paradoxe Erfahrung: Zwar erlebt man die Zeit als verstreichende, doch diese verstreichende

Zeit durchläuft für den, der sie erlebt, immer eine Gegenwart, und dieses Jetzt der Gegenwart bleibt. Gegenwart ist immer. *Wenn man,* so Ludwig Wittgenstein, *unter Ewigkeit nicht unendliche Zeitdauer, sondern Unzeitlichkeit versteht, dann lebt der ewig, der in der Gegenwart lebt.* Gegenwart ist das selbst nicht zeitliche Nadelöhr, durch das die Zeit hindurchgezogen wird. Sie ist das schlechthin Beharrende oder, wie es Schopenhauer einmal formuliert, jene Vertikale, welche das horizontale Zeitverstreichen schneidet. Wenn die alte Metaphysik sich Ewigkeit als Zeitlosigkeit vorzustellen versucht, bezieht sie sich insgeheim auch auf dieses bleibende Gegenwartsfenster, das zwar einigermaßen mysteriös ist, aber doch zur alltäglichen Erfahrung von Zeit gehört, obwohl man sie kaum eigens bemerkt und sie nur selten aus dem Fluss des Erlebens heraushebt. Warum auch? Man ist zumeist mitgenommen von den Ereignissen in der Zeit. Man achtet auf das, was gegenwärtig geschieht, nicht aber auf die Gegenwärtigkeit selbst. Sie bleibt als solche verdeckt, indem sie hinter dem gegenwärtigen Geschehen verschwindet.

Augustinus, der auf der Suche nach der Ewigkeit ebenfalls auf die Permanenz von Gegenwärtigkeit stößt, lässt die drei Zeitdimensionen von Vergangenheit, Gegenwart und Zukunft letztlich auf eine zusammenschrumpfen, und zwar auf die Gegenwart, und dies in dreifachem Bezug: die *Gegenwart des Vergangenen,* die *Gegenwart des Gegenwärtigen* und die *Gegenwart des Zukünftigen.* Zukunft und Vergangenheit gibt es nur als vergegenwärtigte. Die Gegenwart bündelt die beiden anderen Zeitdimensionen in sich. Nach diesem Muster denkt Augustinus auch die Ewigkeit. Sie ist wie dasjenige am Leben, was nicht vergeht, und das ist eben die Stetigkeit von Gegenwart. Die jeweiligen Ereignisse sind vergänglich, das Gegenwarts-Fenster, durch das wir sie erblicken und erleben, bleibt. Insofern ist Gegenwart die kleine Ewigkeit.

Eine andere Brücke zwischen Zeit und Zeitlosigkeit wird ebenso häufig und alltäglich beschritten. Es sind die Augenblicke, in denen man durch Hingabe an Etwas oder an Jemand die Zeit vergisst, weil man sich selbst vergisst.

Man geht in etwas auf, verliert sich in einem Natureindruck, einem Bild, einem Klang. Die Kunst zumal begünstigt dieses hingebungsvolle Verweilen. So hat Schopenhauer das Glück definiert, das die Kunst zu gewähren vermag: Für diesen Augenblick seien wir, schreibt er, *des schnöden Willensdranges entledigt, wir feiern den Sabbat der Zuchthausarbeit des Wollens, das Rad des Ixion steht still.*

Doch nicht nur in der Kunst, auch im Glück der Liebe scheint die Zeit für Augenblicke stille zu stehen. Jedenfalls vergisst man sie, und damit vergisst man auch sich selbst, seine Sorgen, Interessen, Kümmernisse, Pflichten. Selbstvergessen ist auch Zeitvergessen – und umgekehrt. Das muss im Übrigen nicht kontemplative Untätigkeit bedeuten. Es bedeutet nur, dass man ganz bei der jeweiligen Sache oder Person ist und nicht bei der Frage, was man dabei Nützliches herausschlagen kann, und man ist auch nicht auf eine Zeit fixiert, die man glaubt ausfüllen oder gar totschlagen zu müssen. Tätigkeiten, die einen voll in Anspruch nehmen, bei denen man ganz bei der Sache ist, lassen die Zeit verschwinden. Man blickt auf und staunt, wieviel Zeit inzwischen vergangen ist. Das sind die dichten Augenblicke. Gewöhnlich aber bieten die Tätigkeiten nicht solchen Schutz, weil sie einen nicht genügend engagieren, und weil die Zeit, wie wir am Beispiel der Langeweile gesehen haben, stets durch ihr dünnes Gewebe schimmert. Sie lässt sich dann einfach nicht vergessen. Es müssen eben doch Augenblicke des Verweilens und der Hingabe sein, die uns das zeitweilige Gefühl von Zeitlosigkeit geben.

Man kann die Zeit auch in einen Abstand rücken, indem man sie ausdrücklich zum Objekt des Nachdenkens macht, wie das ja auch hier geschieht. Dann achtet man zwar auch auf ihr Verstreichen, doch in theoretischer Einstellung, was befriedigend und befreiend sein kann. Mehr noch, es gibt sogar ein Glück der Theorie – Aristoteles rühmte dies einst und sah ein Leben, das der Theorie gewidmet ist, als das beste an. In theoretischer Einstellung kann man sich für eine Weile lang womöglich einbilden, der Macht der Zeit entronnen zu sein. Klugen Geistern, wie dem englischen Philosophen John McTaggert, gelingt es dann sogar, in subtilen Analysen nachzuweisen, dass die Zeit nur ein Phantom der Grammatik ist. Freilich werden auch solche Theoretiker bemerken müssen, dass Zeit vergangen ist, während sie ihre Theorie entwickelt haben. Auch Theorien, welche die Zeit leugnen, verbrauchen Zeit. Doch auch dann gilt immer noch, was für die Hingabe überhaupt gilt: Man kann zeitvergessen darin versinken.

Das zeitweilige Verschwinden des Zeitbewusstseins im Augenblick der Hingabe ist, wie die bleibende Gegenwärtigkeit, durchaus ein alltägliches Phänomen. Weniger alltäglich sind die großen Augenblicke der erfüllten Zeit oder der Zeitenthobenheit, wie sie zur Tradition der abendländischen Mystik oder der östlichen Meditation und Erleuchtung gehören. Das Verschwinden der Zeit spielt hier eine bedeutsame Rolle. Meister Eckhart sprach vom ›nunc stans‹, dem stehenden Jetzt, dem Nu. Solche Erfahrungen werden in der Regel verknüpft mit den Bildern des Göttlichen, wie sie der jeweilige geschichtlich-religiöse Zusammenhang vorgibt. Doch im Kern sind sie davon ablösbar, und die Mystiker haben auch sehr auf die Reinheit dieser Erfahrungen geachtet: Sie sollten frei bleiben von dogmatischen Überzeugungen.

Ende des 19. Jahrhunderts kommt eine neue, man könnte sagen: eine weltliche Mystik auf. Es geht um Erfahrungen, die eher im ästhetischen als im religiösen Umkreis angesiedelt sind. Ohne herkömmlichen Gottesbezug wird nun der große, inspirierende Augenblick beschworen, der uns aus dem gewöhnlichen Zeitvollzug herausreißt. Bei Nietzsche tönen wie eine Fanfare die Sätze aus dem »Ecce homo«: *Hat Jemand, Ende des neunzehnten Jahrhunderts, einen deutlichen Begriff davon, was Dichter starker Zeitalter Inspiration nannten? Im andren Falle will ich's beschreiben.*

Und dann folgen beschwingte, bisweilen geradezu ekstatische Sätze, die ein wie auch immer ungeheures Ereignis zu fassen suchen. *Der Begriff Offenbarung, in dem Sinne, dass plötzlich, mit unsäglicher Sicherheit und Feinheit, Etwas sichtbar, hörbar wird, Etwas, das Einen im Tiefsten erschüttert und umwirft, beschreibt einfach den Tatbestand.*

Dieses Etwas ist jenes beschwingende Evidenzerlebnis am Surlej-Felsen von Silvaplana, woraus Nietzsche dann, mit einiger Mühe, die Lehre von der ewigen Wiederkunft entwickelte, für die der Augenblick nicht das flüchtige Jetzt ist, sondern eine Ewigkeit in sich enthält, weil alles, was geschieht, schon einmal geschehen ist und wieder geschehen wird. So die Theorie, in der aber die Lava der ursprünglichen Begeisterung zu einem physikalistischen Konstrukt erstarrt ist, was sich kurz so zusammenfassen lässt: Die Kraftmenge des Universums als Materie oder Energie ist beschränkt, die Zeit aber ist unendlich. In dieser unendlichen Zeit sind alle möglichen Materie- und Energiekonstellationen, also alle Ereignisse, schon einmal da gewesen, und sie werden sich unendlich wiederholen. Deshalb ist die Zeit nur ein Vordergrundphänomen, denn nichts vergeht wirklich, alles kehrt wieder. Nichts Neues unter der Sonne. So weit die Theorie. In der ursprünglichen Inspiration war alles viel lebendiger, da war es Nietzsche so vorgekommen, als balancierte eine Ewigkeit auf der Spitze eines Augenblicks – ein ekstatischer Moment von unbeschreiblicher Fülle. In der Theorie wird daraus das stehende Jetzt des immer Gleichen. So kann die Theorie zur Totenmaske der Erfahrung werden, die ihr zugrunde liegt.

Es müssen nicht ausformulierte Theorien sein, manchmal genügen auch nur Worte und einzelne Begriffe, unter deren Kruste das Leben des großen Augenblicks zu erstarren droht. In diesem Sinne verteidigt Hugo von Hofmannsthal im bereits erwähnten »Chandos-Brief« von 1902 die Evidenz der Erfahrung gegen eine Sprache, von der er befürchtet, dass sie ihm das Beste raubt: *Es zerfiel mir alles in Teile, die Teile wieder in Teile, und nichts mehr ließ sich mit einem Begriff umspannen.* Allerdings beweist der Brief selbst das Gegenteil von dem, was er behauptet, denn offenbar ist dem Autor doch nicht die *Fähigkeit abhanden gekommen, über irgend etwas zusammenhängend zu denken oder zu sprechen.* Lord Chandos verstummt nicht, sondern dringt virtuos ins Terrain des vermeintlich Unsagbaren vor und findet dort die *freudigen und belebenden Augenblicke*, in denen zum einen die Dinge, Menschen und Situationen so zu ihm sprechen, dass sie mit einer *überschwellenden Flut höheren Lebens* erfüllt zu sein scheinen, und es ihm zum anderen vorkommt, als stünde die Zeit still und das Geschehen verwandle sich in ein Bild von *erhabenem Gepräge.* Solche ekstatischen ästhetischen Augenblicke finden sich über das ganze Werk Hofmannsthals verstreut, etwa, um noch eine Stelle zu zitieren, in dem Vortrag »Der Dichter und diese Zeit« (1907), wo es heißt: *Für einen bezauberten Augenblick ist ihm alles gleich nah, alles gleich fern: denn er fühlt zu allem einen Bezug. Er hat nichts an die Vergangenheit verloren, nichts hat ihm die Zukunft zu bringen. Er ist für einen bezauberten Augenblick der Überwinder der Zeit.*

Dieses Verlangen nach dem *magischen Augenblick*, da man sich *über der Zeit erhaben* fühlt, ist nicht erst in der Moderne aufgekommen. Modern daran ist nur, dass solche Transzendenzerfahrung nicht mehr in der Religion, sondern im Ästhetischen gesucht und gefunden wird. So bei Rilke, Stefan George, Robert Musil bis hin zu den Epiphanien bei James Joyce.

Doch ist es wirklich mehr als eine Redensart, wenn jemand mit seinen ästhetischen Erfahrungen sich als *Überwinder der Zeit* bezeichnet, und was genau geschieht denn in den entsprechenden ominösen *magischen Augenblicken*? Gewiss jedes Mal etwas anderes, gemeinsam aber dürfte sein eine Wahrnehmung, in welcher die Zeit stille zu stehen scheint – nicht erstarrt, sondern gesammelt –, und sich die Wirklichkeit in einem prägnanten, leuchtenden Bilde verdichtet. *Jedes Kunstwerk*, so Adorno, *ist ein Augenblick; jedes gelungene ein Einstand, momentanes Innehalten des Prozesses, als der es dem beharrlichen Auge sich offenbart.*

Der künstlerische Augenblick hat selbstverständlich auch seine Dauer, seine zeitliche Erstreckung, doch er steckt einen Rahmen ab, innerhalb dessen Zeit anders erfahren wird als außerhalb. Damit diese andere Qualität prägnant erlebbar wird, ist es allerdings nötig, dass die außerkünstlerische Wirklichkeit hintergründig als Kontrast präsent bleibt. Man wird dem künstlerischen Augenblick nicht gerecht, wenn man nicht gegenwärtig behält, wovon er sich absetzt oder welche Rahmung er vornimmt. Es ist genau diese Rahmung, dieses Herausschneiden aus der Alltäglichkeit, was der Kunst ihren besonderen Augenblickscharakter gibt. Erst so, als ästhetische Ausnahme, kann dieser Augenblick eine magische Anziehung ausüben, man fällt für Momente aus der eigenen Zeit und wird von einer anderen Zeit berührt, bis hin zum Gefühl, in einem Bild, in einer erzählten Welt, in konfigurierten Klängen verschwinden zu wollen – als würde dort eine Art Erlösung auf uns warten. Das Kontinuum der sonstigen Zeit ist durchbrochen, es öffnet sich eine Pforte zu einer anderen Welt, und da wir durch sie immer wieder eintreten können, da sie gleichsam auf unseren Besuch wartet, da sie einen aufnimmt, wenn man kommt und einen entlässt, wenn man geht, so verbinden wir mit ihr den Eindruck von etwas Bleibendem, was der Zeit, in der sie wie alles andere treibt, doch auch widerstehen kann. Das ist die kleine Ewigkeit des Augenblicks der Kunst.

Es ist dies eine kleine Ewigkeit auch insofern, als darin der Geist eines Künstlers überlebt und den Nachgeborenen einen geistigen Raum eröffnet, den sie betreten und wo sie sich aufhalten können. Dass der Künstler für seine eigene Person die Aussichten auf ein Fortleben nach dem Tode verbessert hat, ist eher unwahrscheinlich, für uns aber ist er mit und in seinem Werk von den Toten auferstanden, und wo wir in seinem Geiste versammelt sind, also ihn lesen, ist er mitten unter uns. Proust hat darüber bei Gelegenheit der Schilderung des Todes von Bergotte wunderbare Sätze geschrieben: *Man trug ihn zu Grabe, doch während der ganzen Trauernacht wachten in den beleuchteten Schaufenstern seine jeweils zu dreien angeordneten Bücher wie Engel mit entfalteten Flügeln: für den, der nicht mehr war, das Symbol seiner Auferstehung.*

Auf den letzten Seiten der »Recherche«, wo geschildert wird, wie der Erzähler nach einer Reihe von Inspirationen sich endlich imstande fühlt, jenes Werk zu beginnen, worin der *Ewigkeitswert* der wiedergefundenen Zeit würde erscheinen können, in diesem Augenblick also, da er sich als jemand empfindet, der eine transzendente Welt in sich versammelt, trifft ihn, wie ein Schlag, der Gedanke daran, dass der Tod ihn jeden Augenblick treffen könnte und dann auch der *Ewigkeitswert* seines geistigen Schatzes verschwinden würde. *Dass ich mich als Träger eines Werks fühlte, machte jetzt einen Unfall, bei dem ich den Tod finden könnte, fürchtenswerter für mich, ja (in dem Maß, wie dieses Werk mir notwendig und unvergänglich schien) gerade absurd …*

Absurd ist es, dass ein *Ewigkeitswert* an einen sterblichen Träger gebunden ist. Der Erzähler fühlte sich in seinem Werk über den Tod hinausgehoben, und jetzt kehrt die Angst vor dem Tod um eben dieses Werkes willen wieder zurück. Die Sterblichkeit bleibt ein Skandal, auch und gerade dann, wenn man glaubt, etwas der Vergänglichkeit Enthobenes geschaffen zu haben.

Jedes Lebewesen wehrt sich gegen sein Ende und hat offenbar Angst, wenn der Tod unmittelbar droht. Umso mehr der Mensch, der ja weiter vorauszublicken vermag und um seine Sterblichkeit weiß.

Das Bemühen um Lebensverlängerung, um das Hinausschieben der Grenze ist seit jeher ein Antrieb, und man ist gegenwärtig ziemlich erfolgreich dabei. Mit moderner Hygiene und Medizin hat sich die durchschnittliche Lebensdauer deutlich erhöht und scheint sich offenbar weiter zu erhöhen, allerdings mit der unangenehmen Folge, dass dann auch die Einschränkungen des Alters, Demenz etwa, länger erduldet werden müssen. Der Gewinn ist zwiespältig: Man dämmert einem Alter entgegen, das man ohne die moderne Medizin gar nicht erleben würde. Doch wenn sich auch dafür Abhilfe finden sollte, irgendwann ist doch Schluss und die Kraft des Körpers wird sich erschöpft haben.

Es gibt da einen eigenartigen Widerspruch im Bewusstsein. Einerseits weiß ich um die eigene Sterblichkeit, und andererseits ist es mir unmöglich, von innen her das eigene Ende denken zu können. Von außen ist das kein Problem. Ich kann mir eine Welt ohne mich sehr gut vorstellen. Ich kann mir auch meinen Tod vorstellen, meine Leiche, die Beerdigung, die Hinterbliebenen, eine ganze Welt ohne mich – und doch muss ich selbst übrig bleiben, um mir das alles vorstellen zu können. Sigmund Freud hat das einmal so formuliert: *Der eigene Tod ist ja auch unvorstellbar, und sooft wir den Versuch dazu machen, können wir bemerken, dass wir eigentlich als Zuschauer weiter dabeibleiben.* Daraus hat er die These abgeleitet, *im Unbewussten* sei jeder von seiner Unsterblichkeit überzeugt.

Nicht nur im Unbewussten. Das Bewusstsein hat seit jeher sich vieles einfallen lassen, um sich aus dieser Widersprüchlichkeit heraus einer Unsterblichkeit zu vergewissern. Ausgangspunkt ist dafür die noch immer lebendige Erfahrung von der Andersartigkeit des Geistes im Unterschied zur körperlichen Wirklichkeit. Die Terminologie hat sich seit den Tagen Platons verändert, wir sprechen heute beispielsweise kaum noch von der ›Seele‹. Aber daran, dass sich die wie auch immer bezeichnete geistig-seelische Realität anders anfühlt als die äußere, hat sich nichts geändert, und immer noch lassen sich daraus Schlüsse ziehen, die bis zur Unsterblichkeitshoffnung reichen.

Die Hoffnung auf Unsterblichkeit wird genährt durch eine bestimmte Art, die Seele zu entdecken, und zwar indem man sie als eine vom Körper getrennte, wenngleich ihn durchwirkende und belebende Kraft erfährt. Dieser Leib/Seele-Dualismus ist älter als Platon, er aber hat ihm klassischen philosophischen Ausdruck gegeben, beispielhaft vorgeführt an der Darstellung der letzten Gespräche und des Sterbens von Sokrates. Das sind Urszenen für den philosophischen Glauben an die Unsterblichkeit der Seele. Einige Jahrhunderte später wird die Passion Jesu die Urszene für den Glauben an die Auferstehung sein, was allerdings dann eine ganz andere Bedeutung haben wird.

Philosophieren, so lässt Platon seinen Sokrates sagen, sei *Befreiung und Absonderung der Seele von dem Leibe*, es sei der Versuch, noch im Zustand der Vermischung des Körpers und der Seele die *Seele für sich allein zu haben*. Doch was hat man, wenn man die Seele *für sich allein* hat? Für Sokrates ist Seele mehr als nur Stimmung und Gefühl, also ›Psyche‹ im heutigen Verständnis; sie ist vielmehr das Lebensprinzip des Geistes. Eines Geistes, der im Spannungsverhältnis steht zur körperlichen Wirklichkeit. Dort gibt es das Werden und Vergehen, die Macht der Zeit. Der Geist aber kann sich ein Stück weit vom Wechsel und Wandel lösen. Eine mathematische Gleichung etwa gilt immer und an jedem Ort. Oder es gibt viele Stühle zu verschiedenen Zeiten, aber in allen ist eine gleichbleibende Idee des Stuhls durchgehalten. Ein Gedanke nährt sich zwar von den wechselnden Sinneseindrücken, aber er hat die Tendenz, sich von ihnen zu lösen: Er kann abstrahieren. Er gewinnt damit eine von den Sinnen und ihrer Zeitabfolge unabhängige Beweglichkeit, die ihm eine Souveränität verleiht, mit der er sogar die Sinnenwelt partiell beherrschen kann. Zusammengenommen bedeutet dies: Der Geist vermag die verkörperte Wirklichkeit zu transzendieren. Auch den Tod?

Ja, auch den Tod. Das ist die starke Antwort Platons. Philosophie ist für ihn nichts anderes als geistige Exerzitien, die noch vor der ultimativen Trennung der Seele vom Körper im Tod eine solche Trennung vollziehen. Der Körper vergeht in der Zeit, die Seele aber beharrt. Sie ist das Ewige im Menschen, wenn auch noch vermischt mit der zeitlichen Wirklichkeit. Alles kommt darauf an, ob die

Entmischung gelingt, genauer: ob man die von der Gemeinschaft mit dem Körper befreite Seele rein und für sich selbst erfahren kann. Platon hält das für möglich. Der platonische Sokrates und die von ihm begründete Metaphysiktradition sucht also die Unsterblichkeit der Seele in der Selbsterfahrung des Geistes, der sich seines transzendierenden Vermögens bewusst wird. Entscheidend ist nicht, was man sich zur Begründung der Unsterblichkeit der Seele ausdenken kann. Der platonische Sokrates denkt sich auch Einiges aus, vier *Beweise* trägt er zusammen, die von seinen Schülern angezweifelt werden und denen er selbst nur eine *Wahrscheinlichkeit* zubilligt, einen *Notkahn* nennt er sie. Am Ende bleibt es dabei: Die Verlässlichkeit liegt im transzendierenden Akt des Denkens selbst und nicht in den einzelnen Beweisen.

In der Perspektive der Befreiung von der Zeit ist der Platonismus der Versuch, das Ewige im zeitlich gebundenen Menschen zu entdecken, und zwar in der Gestalt der Selbsterfahrung eines Geistes, der sich die Loslösung vom Körperlichen zutraut. Platons Denken steht am Anfang einer wirkungsmächtigen Tradition von Versuchen, in der Selbsterfahrung des Geistes ein Asyl des Beharrens zu finden. Die Idee von der Unsterblichkeit der Seele wird allerdings unzureichend verstanden, wenn man in ihr nur die Spekulation über eine ominöse Zukunft sieht, vielmehr handelt es sich vor allem um das Innewerden einer Qualität, die nicht künftig, sondern schon jetzt erlebt und gelebt werden kann und soll. Die ethische Bedeutsamkeit ist dabei immer mit bedacht. Die Seele wird sich erst mit dem Tode vom Körper lösen, aber sie soll schon jetzt beginnen, von den Begierden des Körpers frei zu werden, und eine Souveränität zeigen, die darauf hindeutet, dass sie noch ein anderes Zuhause hat als den Körper. Sie ist also, platonisch verstanden, unsterblich. Das ist ihre unverlierbare Eigenschaft.

Nun geschieht es, dass sich die Seele in der Verbindung mit dem Körper auch beflecken kann. Von dieser Überlegung aus stellt Platon eine Verbindung zur älteren Seelenwanderungslehre her. Er lässt, wie in der altindischen Tradition, unwürdige Seelen zuerst in unwürdigen Körpern wiedergeboren werden und auf diese Weise ihre Beschmutzung, indisch Karma, abbüßen. Die Seelen müssen also am Prozess einer Seelenreinigung teilnehmen durch eine irdische Zeit- und Gestaltenreihe hindurch, bis sie dann, indisch im Nirwana und griechisch im Elysium, zur vollkommenen Reinheit gelangen. Die Seele ist also einerseits von Haus aus unsterblich, und zugleich muss sie sich ihre höhere Unsterblichkeit erst noch verdienen.

Der Ausgangspunkt der platonischen Unsterblichkeitslehre ist, worauf bereits hingewiesen wurde, der Leib/Seele-Dualismus. Zwar unterscheidet man auch heute noch mit Recht zwischen körperlichen Vorgängen und den an sie gebundenen geistig-seelischen Zuständen und man achtet, falls man den Naturalismus vermeiden will, besonnen darauf, dass die beiden Sphären nicht aufeinander reduziert werden. Doch im Unterschied zum Platonismus entwickelt kaum jemand mehr aus dieser Differenz zwischen Gedanke und Gefühl einerseits und Gehirn- und Körperzuständen andererseits die Idee der Unsterblichkeit der Seele. Vielmehr gilt: Der Geist kann sich vieles ausdenken, doch er hört damit auf, wenn das Gehirn nicht mehr durchblutet wird. Man kann sich ein totes Gehirn vorstellen, ein totes Gehirn aber hat keine Vorstellungen mehr. Und so gibt es keinen vernünftigen Zweifel daran, dass das Geistig-Seelische, auch wenn es vom Körperlichen unterschieden wird, zusammen mit dem Körper, zu dem es gehört, stirbt.

Aus der Distanz lässt sich bemerken: Die historisch so überaus wirkungsvollen platonischen Gedanken sind ganz von innen her entwickelt, also von der Selbsterfahrung des Geistes aus, der sein eigenes Aufhören nicht denken kann. Das gibt diesen Gedanken im ersten Moment eine frappierende Evidenz, erweist sich dann aber auch als Mangel, denn das Bewusstsein erfährt sich nicht nur von innen, es kann sich auch von außen sehen und zum Gegenstand machen. Das geschieht immerzu, und diese distanzierende Sichtweise bringt die objektivierenden Wissenschaften hervor. Aus dieser Perspektive aber ist die Welt eine des Werdens und Vergehens und der Sterblichkeit, von der auch der Geist selbst, der all dies zu erfassen vermag, betroffen ist. Die Welt ist im Kopf, der Kopf aber ist auch in der Welt.

Genau besehen ist das Argument von der Unmöglichkeit des Denkens, sich wegzudenken, logisch zu schwach, doch es geht hier eben nicht nur um Logik, sondern um den elementaren Antrieb, am Leben unbedingt festzuhalten, und dieser verbindet sich mit der Unmöglichkeit, sich sein eigenes Nichtleben überhaupt vorstellen zu können.

Überlagert wurde in der abendländischen Tradition die Idee von der Unsterblichkeit der Seele durch den christlichen Glauben an die Auferstehung. Dieser stellt ursprünglich einen Bruch dar mit der Idee von der Unsterblichkeit der Seele. Denn für den Auferstehungsglauben stirbt die Seele zunächst zusammen mit dem Körper, um dann wieder zusammen mit dem Körper aufzuerstehen. Es kam für das Urchristentum alles darauf an, dass das Grab Jesu leer ist, dass er mit Leib und Seele auferstanden und gen Himmel gefahren ist, von wo er wiederkommen und die noch Lebenden wie die auferstandenen Toten richten und zum ewigen Leben erlösen wird. Daran glaubte Paulus, der die Wiederkehr des Herrn noch für seine Generation erwartete – *wir, die wir leben und überbleiben …, werden hingerückt in den Wolken dem Herrn entgegen in der Luft, und werden also bei dem Herrn sein allezeit*. Er verbreitete diesen Glauben mit ungeheurem Erfolg in der damaligen Welt.

Die Auferstehung setzt den Tod voraus, auch den der Seele. Hier gibt es, zunächst jedenfalls, nicht den platonischen Dualismus von Leib und Seele. Es ist nicht so, dass ein Teil des Menschen, eben die Seele, weiterlebt. Sondern die ganze Person stirbt, und als diese ganze Person wird sie auferstehen und gerichtet.

Das ist alles schwer zu glauben, weshalb der Auferstehungsglaube schließlich doch wieder überlagert wurde durch die demgegenüber plausiblere Idee von der Unsterblichkeit der Seele. Man mochte sich die Auferstehung des zerfallenen, von Maden gefressenen Leibes nicht so genau vorstellen. Das ändert aber nichts daran, dass über Jahrhunderte daran geglaubt wurde, auch wenn die Theologie eigentlich immer schon Schwierigkeiten mit diesem Glauben hatte, besonders wenn er sich naturalistisch oder gar supranaturalistisch gab.

Ziemlich ratlos und fast resigniert stellt der protestantische Theologe und Religionsphilosoph Paul Tillich am Ende seiner voluminösen »Systematischen Theologie« zur Lehre von der Auferstehung und dem ewigen Leben fest: *Der Dimension des Geistes, die in allen ihren Funktionen Selbst-Bewusstsein voraussetzt, kann die ewige Erfüllung nicht versagt sein, ebensowenig wie der biologischen Funktion und damit dem Leib. Mehr lässt sich nicht sagen.*

Theologisch lässt sich vielleicht wirklich nicht mehr dazu sagen, in historischer Perspektive aber drängt sich der Eindruck auf, dass die Menschheit zumindest des abendländischen Kulturkreises in den letzten Jahrtausenden, gestützt auf den Glauben an die Unsterblichkeit der Seele, die Seelenwanderung und schließlich die Auferstehung von den Toten, offenbar immer Wege gefunden hat, ein radikales Ende des individuellen Lebens sich nicht vorstellen zu müssen. Irgendwie ging es immer weiter, so glaubte man und nahm in Kauf, dass man sich dafür mit anderen Ängsten belastete: Wenn man auch an ein Leben nach dem Tod glaubte, so musste doch ungewiss bleiben, ob man zu den Erlösten oder zu den Verdammten gehören würde.

Die von heute aus gesehen schwer glaubliche Idee von der Auferstehung der integralen Person hat dennoch auch in der säkularen Welt tiefe Spuren hinterlassen, denn sie hat beigetragen zur normativen, wenn auch nicht immer faktischen, Hochschätzung der Person als jeweils einzigartiges Individuum. Aus dem christlichen Glauben ist die Überzeugung erwachsen, dass es auf den Einzelnen ankommt, wenn dieser von Gott gewissermaßen mit ›Du‹ angesprochen wird, und man umgekehrt, im persönlichen Gespräch, mit ihm spricht. Das adelt den Wert der Person.

Doch es bestärkt sie auch darin, unbedingt an sich selbst festzuhalten. Und das kann zum Problem werden. Das unbedingte Verlangen, die eigene Person in die ominöse Ewigkeit zu retten, muss sich, jedenfalls in seinen trivialen Formen, den Vorwurf der *Egozentrizität* gefallen lassen, wie es Ernst Tugendhat formulierte. Auch einem Philosophen wie Max Scheler, der dem christlich-katholischen Glauben aus metaphysischen Gründen durchaus aufgeschlossen gegenüberstand, ist diese Ich-Bezogenheit des christlichen Auferstehungsglaubens anstößig: *Die Auferstehungsmystik hat den Ernst des Todes in einen Mummenschanz verwandelt und die egoistischen Triebe bis zur Leiberhaltung (Christi, Auferstehung des Fleisches) verherrlicht.*

Eine eigentümliche Ichbezogenheit in Bezug auf die letzten Dinge unterscheidet den christlichen Glauben von zyklischen Zeit- und Lebensauffassungen oder von den östlichen Weisheiten, besonders dem Zen-Buddhismus, in denen das Ich nicht so sehr im Mittelpunkt steht.

Die zyklische Auffassung bezieht sich auf eine Dauer, die nicht auf die einzelne Person fixiert ist. Zyklen zu erfahren bedeutet ja, wie bereits dargestellt, die Zeit nicht nur als lineares Geschehen aus Werden und Vergehen zu erleben, sondern auch als ständige Wiederkehr der Tages- und Jahreszeiten, der Sonnen- und Mondperioden, der Kreisläufe des vegetativen und sonstigen Lebens.

Die zyklische Zeit ist die organische Zeit. Wer sich auf sie einlässt, ist bereits dabei, den individuellen Lebensprozess zu transzendieren, indem er das befristete eigene Leben als Episode eines übergreifenden Lebensprozesses versteht. Das Leben insgesamt regeneriert sich, indem die Einzelwesen sterben. Dabei ist es oft so, dass die einfacheren Organismen, einzellige Lebewesen etwa, länger aushalten als die komplexen. Der Tod trifft die jeweilige Gestalt, den Zusammenhang, was bedeutet, dass die organische Substanz nicht verschwindet, sondern sich verwandelt und neues Leben hervorbringt. Die altertümliche Ausdrucksweise, wonach das individuelle Leben sich wieder in das *Allleben* auflöse, trifft diesen Vorgang ganz gut. Könnte der Einzelne sein individuelles Sterben wirklich in der Perspektive des umfassenden Lebensprozesses erfahren, so würde er noch im Sterben das Leben entdecken. Das könnte etwas Tröstliches haben. Diesen Sinn hat, worauf Hans-Georg Gadamer hinweist, wohl das aus der Antike überlieferte rätselhafte Wort des griechischen

Arztes Alkmaion: *Die Menschen müssen deshalb sterben, weil sie es nicht gelernt haben, das Ende mit dem Anfang zu verknüpfen.* Dieser Ausspruch lässt sich so verstehen: Würden die Menschen es lernen, das Ende mit dem Anfang zu verbinden, würden sie sich also eingebettet fühlen können in den regenerativen Lebensprozess, dann würden sie ihr Sterben nicht mehr als Vernichtung des Lebens, sondern als Einkehr ins umfassende Leben verstehen können. Das ist viel verlangt, denn es setzt voraus, von sich selbst absehen zu können und das Leben, bei dem man nicht mehr dabei ist, mit derselben Teilnahme anzusehen, wie wenn man dabei wäre. Man müsste innerlich an einer Zukunft teilnehmen können, die einen selbst ausschließt. Doch schließt sie einen wirklich aus? Nein, sie tut nichts dergleichen. Es kommt einem nur so vor, wenn man nicht aufhören kann, alles auf sich selbst als den Mittelpunkt zu beziehen. Dann kann man sich auch nicht darüber freuen, dass das Leben weitergeht, auch ohne einen. Dann verübelt man dem Leben sogar, dass es sich in anderen fortsetzt – und daraus entsteht viel Bitterkeit und Verzweiflung. Im Gegensatz dazu drückt die Formulierung ›Das Zeitliche segnen‹ deshalb eine tiefe Wahrheit aus, weil es das Fortleben der Anderen ohne Neid begrüßt.

Manches ließe sich dazu noch sagen, doch es läuft alles auf die Einsicht hinaus, dass das Sterben und der Tod wohl zu ertragen wären, wenn man es vermöchte, loszulassen.

Das sagt sich leicht – warum aber fällt es so schwer, loszulassen, und nicht nur von den Anderen, sondern auch von sich selbst Abschied zu nehmen? Der Hinweis auf die moralisch fragwürdige Egozentrik reicht nicht aus. Wir sind doch auch sonst darin geübt, in objektiver Einstellung die bloße Subjektivität zu überwinden. Wir sind auch darin geübt, jenen objektiven Standpunkt einzunehmen, von dem aus man eine Wirklichkeit erblickt, die sehr gut ohne einen auskommt. Was aber zu leisten wäre bei jenem Loslassen, wäre nicht nur diese objektive Sicht, zu der wir immer imstande sind, sondern etwas darüber hinaus: nämlich die Fähigkeit, diese objektive Sicht mit subjektiv zustimmendem Gefühl zu vollziehen, also die Innensicht mit der Außensicht zu verschmelzen. Man müsste sich mit einer Wirklichkeit befreundet fühlen können, obwohl man nicht mehr an ihr beteiligt ist. Vor meiner Geburt war ich doch auch nicht dabei, warum beunruhigt mich die künftige Abwesenheit so viel mehr? Wahrscheinlich hängt das zusammen mit der bereits besprochenen Schwierigkeit des seiner selbst bewussten Lebens, sich seine eigene Abwesenheit vorstellen zu können. Eine Abwesenheit ohne vorherige Anwesenheit ist dabei nicht das Problem; das Problem ist vielmehr eine Anwesenheit, die verschwindet.

Warum ist das ein Problem? Weil es eine Anwesenheit für die Welt war, und wenn die Anwesenheit verschwindet – wo bleibt dann die Welt? Natürlich bleibt sie da, das sage ich mir vom objektiven Standpunkt aus. Aber es bleibt, wie ein Stachel, die paradoxe Beunruhigung darüber, dass nicht nur ich aus der Welt verschwinde, sondern dass eine ganze Welt verschwindet, weil sie die meine war und es keine andere gibt. Es ist dieser Abgrund des Nichtseins, vor dem man zurückbebt.

Die schwer erträgliche Spannung zwischen einem subjektiven Bewusstsein, dem mit dem eigenen Verschwinden alles ins Nichts entgleitet, und einem objektiven Bewusstsein, für das die Welt und die Zeit einfach weitergehen, ist wohl kaum zu schlichten, sondern letztlich nur auszuhalten bis zum offenen Ende.

Bibliographie

Theodor W. Adorno: Gesammelte Schriften. Frankfurt am Main 1970
Alain-Fournier: Der große Kamerad (Le Grand Meaulnes, 1913). Übersetzung Arthur Seiffhart. Konstanz 1946
Hannah Arendt: Vita activa. München 1960
Aleida Assmann: Ist die Zeit aus den Fugen? München 2013
Jan Assmann: Steinzeit und Sternzeit. München 2011
Augustinus: Bekenntnisse (397–401 n. Chr.). Eingeleitet und übertragen von Wilhelm Timme. München 1982
Michail M. Bachtin: Chronotopoi (1975). Frankfurt am Main 2008
Ulrich Beck: Risikogesellschaft. Auf dem Weg in eine andere Moderne. Frankfurt am Main 1986
Samuel Beckett: Warten auf Godot (1952). Frankfurt am Main 1970
Alfred Bellebaum: Langeweile, Überdruß und Lebenssinn. Opladen 1990
Walter Benjamin: Das Kunstwerk im Zeitalter seiner technischen Reproduzierbarkeit (1936). Frankfurt am Main 1963
Henri Bergson: Zeit und Freiheit. Frankfurt am Main 1989
Henri Bergson: Philosophie der Dauer. Textauswahl von Gilles Deleuze. Hamburg 2013
Peter Bieri: Zeit und Zeiterfahrung. Frankfurt am Main 1972
Ernst Bloch: Das Prinzip Hoffnung. Frankfurt am Main 1954–59
Ernst Bloch: Verfremdungen I. Frankfurt am Main 1962

Hans Blumenberg: Lebenszeit und Weltzeit. Frankfurt am Main 1986

Hans Blumenberg: Beschreibung des Menschen. Frankfurt am Main 2006

Jorge Luis Borges: Das unerbittliche Gedächtnis. In: J. L. B.: Blaue Tiger und andere Geschichten. München 1988

Bertolt Brecht: Werke. Berlin und Frankfurt am Main 1988 ff.

Roberto Calasso: Der Untergang von Kasch. Frankfurt am Main 1997

Albert Camus: Der Mythos von Sisyphos. Ein Versuch über das Absurde. Hamburg 1959

Elias Canetti: Die Befristeten. München 1964

Ernst Cassirer: Philosophie der symbolischen Formen. Darmstadt 1953

Steven Cave: Unsterblich. Die Sehnsucht nach dem ewigen Leben als Triebkraft unserer Zivilisation. Frankfurt am Main 2012

E. M. Cioran: Vom Nachteil, geboren zu sein (1973). Frankfurt am Main 1979

Dante Alighieri: Die Göttliche Komödie. Deutsch von Karl Vossler. Zürich o. J.

Friedhelm Decher: Besuch vom Mittagsdämon. Philosophie der Langeweile. Springe 2003

Gerhard Dohrn-van Rossum: Die Geschichte der Stunde. Uhren und moderne Zeitordnungen. München 1992

Günter Dux: Die Zeit in der Geschichte. Frankfurt am Main 1989

Albert Einstein: Mein Weltbild. Klassiker des modernen Denkens. Stuttgart o. J.

Norbert Elias: Über die Zeit. Frankfurt am Main 1984

Daniel Everett: Das glücklichste Volk. Sieben Jahre bei den Pirahã-Indianern am Amazonas. München 2010

François Ewald: Der Vorsorgestaat. Frankfurt am Main 1993

Kurt Flasch: Was ist Zeit? Frankfurt am Main 1993

Manfred Frank: Zeitbewußtsein. Pfullingen 1990

Julius T. Fraser: Die Zeit. Auf den Spuren eines vertrauten und doch fremden Phänomens. München 1991

Sigmund Freud: Freud-Studienausgabe. Frankfurt am Main 1974

Leo Frobenius: Kulturgeschichte Afrikas (1933). Berlin/Darmstadt/Wien o. J.

Hans-Georg Gadamer: Über leere und erfüllte Zeit (1969). In: Zimmerli et al.: Klassiker der modernen Zeitphilosophie. Darmstadt 1993

Karlheinz A. Geißler: Alles hat seine Zeit, nur ich hab keine. Wege in eine neue Zeitkultur. München 2011

Antje Gimmler / Mike Sandbothe / Walter Ch. Zimmerli (Hgg.): Die Wiederentdeckung der Zeit. Darmstadt 1997

Peter Glotz: Die beschleunigte Gesellschaft. Kulturkämpfe im digitalen Kapitalismus. München 1999

Karen Gloy: Philosophiegeschichte der Zeit. München 2008

Johann Wolfgang Goethe: Sämtliche Werke nach Epochen seines Schaffens. Münchner Ausgabe. München 1985–1998 (Hanser Klassiker)

J. Richard Gott: Zeitreisen in Einsteins Universum. Reinbek bei Hamburg 2002

Brian Greene: Der Stoff, aus dem der Kosmos ist. München 2004

Michael Großheim: Zeithorizont. Zwischen Gegenwartsversessenheit und langfristiger Orientierung. Freiburg 2012

Gerald Hartung (Hg.): Mensch und Zeit. Wiesbaden 2015

Daniel Haufler: Kommunikatives Beschweigen. taz 18. Juni 2006

Stephen W. Hawking: Eine kurze Geschichte der Zeit. Reinbek bei Hamburg 1988

Martin Heidegger: Sein und Zeit (1927). Tübingen 1963

Martin Heidegger: Gesamtausgabe. Frankfurt am Main 1975 ff.

Heinrich Heine: Sämtliche Schriften. München 1968–76 (Hanser Klassiker)

Bruno Hillebrand: Ästhetik des Augenblicks. Göttingen 1999

Hugo von Hofmannsthal: Gesammelte Werke in Einzelausgaben. Stockholm/Frankfurt am Main 1945–59

Homer: Odyssee (Übersetzung Johann Heinrich Voß) 1781

Gottfried Honnefelder (Hg.): Was also ist die Zeit? Frankfurt am Main 1989

Ödön von Horváth: Zur schönen Aussicht (1926). Gesammelte Werke Band 3. Frankfurt am Main 1978

Edmund Husserl: Zur Phänomenologie des inneren Zeitbewußtseins (1893 ff.; 1928). Hamburg 2013

Henrik Ibsen: Die Wildente (1884). Sämtliche Werke, Vierter Band. Berlin 1907

William James: The Perception of Time (1886). In: Zimmerli et al.: Klassiker der modernen Zeitphilosophie. Darmstadt 1993

Karl Jaspers: Philosophie II, Existenzerhellung (1932). Heidelberg 1973

François Jullien: Über die »Zeit«. Elemente einer Philosophie des Lebens. Zürich 2004/2009

Wolfgang Kaempfer: Die Zeit und die Uhren. Frankfurt am Main und Leipzig 1991

Wolfgang Kaempfer: Zeit des Menschen. Frankfurt am Main und Leipzig 1994

Bernulf Kanitscheider: Kosmologie. Stuttgart 1984, 1991

Bernulf Kanitscheider: Vom Anfang und Ende der Zeit. In: Am Fluß des Heraklit. Neue kosmologische Perspektiven. Frankfurt am Main 1993

Bernulf Kanitscheider: Auf der Suche nach dem Sinn. Frankfurt am Main und Leipzig 1995

Immanuel Kant: Werke. Frankfurt am Main 1968

Søren Kierkegaard: Entweder – Oder (1843). München 1975

Stefan Klein: Zeit. Der Stoff, aus dem das Leben ist. Frankfurt am Main 2006

Albrecht Koschorke: Wahrheit und Erfindung. Grundzüge einer Allgemeinen Erzähltheorie. Frankfurt am Main 2012

Reinhart Koselleck: Vergangene Zukunft. Zur Semantik geschichtlicher Zeiten. Frankfurt am Main 1979

Reinhart Koselleck: Zeitgeschehen. Frankfurt am Main 2000

Achim Landwehr: Geburt der Gegenwart. Eine Geschichte der Zeit im 17. Jahrhundert. Frankfurt am Main 2014

Claus Leggewie: Von Schneider zu Schwerte. Das ungewöhnliche Leben eines Mannes, der aus der Geschichte lernen wollte. München 1998

Gottfried Wilhelm Leibniz: Nouveaux Essais sur L'entendement humain (Neue Abhandlungen über den menschlichen Verstand). 1704

Leibniz. Ausgewählt und vorgestellt von Thomas Leinkauf. München 1996

Gotthold Ephraim Lessing: Werke. München 1970–79 (Hanser Klassiker)

Helmut Lethen: Der Schatten des Fotografen. Bilder und ihre Wirklichkeit. Berlin 2014

Sibylle Lewitscharoff: Von der Machbarkeit. Die wissenschaftliche Bestimmung über Geburt und Tod. Dresdner Rede, 2. März 2014

Hermann Lübbe: Zivilisationsdynamik. Über die Aufdringlichkeit der Zeit im Forstschritt. In: Sandbothe et al.: Zeit – Medien – Wahrnehmung. Darmstadt 1994

Hermann Lübbe: Modernisierungsgewinner. München 2004

Niklas Luhmann: Die Gesellschaft der Gesellschaft. Frankfurt am Main 1997

Klaus Mainzer: Zeit. Von der Urzeit zur Computerzeit. München 1995

Thomas Mann: Der Zauberberg (1924). Frankfurt am Main 1974
Odo Marquard: Kleine Anthropologie der Zeit. In: O. M.: Individuum und Gewaltenteilung. Stuttgart 2004
Karl Marx / Friedrich Engels: Werke (MEW). Berlin (DDR) 1956–90
John McTaggert Ellis McTaggert (sic): Die Irrealität der Zeit. In: Zimmerli et al.: Klassiker der modernen Zeitphilosophie. Darmstadt 1993
Maurice Merleau-Ponty: Phänomenologie der Wahrnehmung. Berlin 1966
Burkhard Müller: Über die Zeit. In: B. M.: Die Tränen des Xerxes. Springe 2006
Friedrich Nietzsche: Kritische Studienausgabe. München 1980
Novalis: Werke, Tagebücher und Briefe Friedrich von Hardenbergs. München 1978–87 (Hanser Klassiker)
Helga Nowotny: Eigenzeit. Entstehung und Strukturierung eines Zeitgefühls. Frankfurt am Main 1989
Thomas de Padova: Leibniz, Newton und die Erfindung der Zeit. München 2013
Blaise Pascal: Über die Religion (Pensées). Berlin 1937
Lothar Pikulik: Romantik als Ungenügen an der Normalität. Am Beispiel Tiecks, Hoffmanns, Eichendorffs. Frankfurt am Main 1979
Platon: Phaidon. Sämtliche Werke. Hamburg 1957–59
Platon: Timaios. Sämtliche Werke. Frankfurt am Main und Leipzig 1991
Plotin: Über Ewigkeit und Zeit. Hg. Werner Beierwaltes. Frankfurt am Main 1995
Ernst Pöppel: Grenzen des Bewusstseins. Über Wirklichkeit und Welterfahrung. München 1987
Marcel Proust: Auf der Suche nach der verlorenen Zeit. Frankfurt am Main 1988–2007

Fritz Reheis: Die Kreativität der Langsamkeit. Darmstadt 1998
Otfried Reinke (Hg.): Ewigkeit? Klärungsversuche aus Natur- und Geisteswissenschaften. Göttingen 2004
Wilhelm Josef Revers: Die Psychologie der Langeweile. Meisenheim am Glan 1949
Rainer Maria Rilke: Sämtliche Werke. Frankfurt am Main 1955
Joachim Ritter und Karlfried Gründer (Hgg.): Historisches Wörterbuch der Philosophie. Basel 1971–2007
Hartmut Rosa: Beschleunigung. Die Veränderung der Zeitstrukturen in der Moderne. Frankfurt am Main 2005
Hartmut Rosa: Weltbeziehungen im Zeitalter der Beschleunigung. Berlin 2012
Hartmut Rosa: Beschleunigung und Entfremdung. Berlin 2013
Jean-Jacques Rousseau: Emil oder Über die Erziehung. In deutscher Fassung besorgt von Ludwig Schmidts. Paderborn 1975
Rüdiger Safranski: Schopenhauer und Die wilden Jahre der Philosophie. München 1987
Rüdiger Safranski: Ein Meister aus Deutschland. Heidegger und seine Zeit. München 1994
Rüdiger Safranski: Nietzsche. Biographie seines Denkens. München 2000
Mike Sandbothe und Walter Ch. Zimmerli (Hgg.): Zeit – Medien – Wahrnehmung. Darmstadt 1994
Mike Sandbothe: Die Verzeitlichung der Zeit. Darmstadt 1998
Jean-Paul Sartre: Das Sein und das Nichts (1943). Reinbek 1993
Max Scheler: Schriften aus dem Nachlass. Bonn 1987
Wolfgang Schivelbusch: Geschichte der Eisenbahnreise. Zur Industrialisierung von Raum und Zeit im 19. Jahrhundert. München 1977
Friedrich Schlegel: Athenäumsfragmente. Kritische Schriften. München 1970

Arthur Schopenhauer: Die Welt als Wille und Vorstellung. Werke Band 1, hg. Werner Brede. München 1977

Arthur Schopenhauer: Werke, hg. Wolfgang Frhr. von Löhneysen. Frankfurt am Main 1986

Gerhard Schulze: Die Erlebnisgesellschaft. Kultursoziologie der Gegenwart. Frankfurt am Main/New York 1995

William Shakespeare: Werke. Leipzig 1927

Georg Simmel: Das Individuum und die Freiheit. Berlin 1984

Lee Smolin: Im Universum der Zeit. München 2014

Manfred Sommer: Lebenswelt und Zeitbewußtsein. Frankfurt am Main 1990

Sophokles: König Oidipus. Tragödien. München 1985

Emil Staiger: Die Zeit als Einbildungskraft des Dichters. Zürich 1953

Michael Theunissen: Negative Theologie der Zeit. Frankfurt am Main 1991

Michael Theunissen: Pindar. Menschenlos und Wende der Zeit. München 2000

Ludwig Tieck: William Lovell. Frühe Erzählungen und Romane. München 1963

Paul Tillich: Systematische Theologie III (1955–66). Berlin 1966

Ernst Tugendhat: Egozentrizität und Mystik. Eine anthropologische Studie. München 2003

Paul Virilio: Rasender Stillstand. Bewegung, Geschwindigkeit, Beschleunigung. München 1989

Wilhelm Heinrich Wackenroder: Ein wunderbares morgenländisches Märchen von einem nackten Heiligen. Werke. München 1984

Harald Weinrich: Knappe Zeit. Kunst und Ökonomie des befristeten Lebens. München 2004

Kurt Weis (Hg.): Was treibt die Zeit? Entwicklung und Herr-

schaft der Zeit in Wissenschaft, Technik und Religion. München 1998
Franz Josef Wetz: Lebenswelt und Weltall. Hermeneutik der unabweislichen Fragen. Stuttgart 1994
G. J. Whitrow: Die Erfindung der Zeit. Hamburg 1991
Ludwig Wittgenstein: Tractatus logico-philosophicus. Frankfurt am Main 1963
Walter Ch. Zimmerli und Mike Sandbothe (Hgg.): Klassiker der modernen Zeitphilosophie. Darmstadt 1993
Bernd Alois Zimmermann: Intervall und Zeit. Mainz 1974

Nachweise

Vorwort

11 *Die Zeit, die ist ein sonderbar Ding ...:* Hugo von Hofmannsthal: Der Rosenkavalier (1911), 1. Akt

11 *Was also ist die Zeit ...:* Augustinus: Bekenntnisse (397–401 n. Chr.), S. 312

Kapitel 1

20 *wenn wir ... aufmerksam werden:* William James: The Perception of Time (1886). Zit. Zimmerli et al.: Klassiker der modernen Zeitphilosophie, S. 50

20f. *regelmäßige Wiederkehr ... aus- und anzuziehn:* Johann Wolfgang Goethe: Dichtung und Wahrheit, Dritter Teil, 13. Buch (1811–14). Münchner Ausgabe Band 16, S. 611 f.

21 *Wenn ein Tag wie alle ist:* Thomas Mann: Der Zauberberg (1924), S. 148

22 *Drei Uhr morgens:* E. M. Cioran: Vom Nachteil, geboren zu sein (1973), S. 5

23 *des zeitbezogenen Zwangsdenkens ... dass die Zeit vergeht:* Michael Theunissen: Negative Theologie der Zeit, S. 218

23 *Wenn ich einen Vogel piepsen höre ... Zerfall der dimensionalen Zeitordnung:* Gebsattel, zit. Theunissen a. a. O., S. 227

26 *Was tun wir hier ...:* Samuel Beckett: Warten auf Godot (1952), S. 96 f.

27 *Die Götter langweilten sich:* Søren Kierkegaard: Entweder – Oder (1843), S. 332

28 *Zerstreuung … in ihrem Zimmer zu bleiben:* Blaise Pascal: Über die Religion (Pensées), Fragment 139, S. 76

29 *verschlungen …:* Pascal a. a. O., Fragment 205, S. 113

29 *die den Menschen… Gottesverhältnisses:* Søren Kierkegaard. Zit. Ritter et al.: Historisches Wörterbuch der Philosophie Band 5, S. 30

30 *Könnte nicht wirklich … befallen werden:* Joseph von Eichendorff. Zit. Pikulik: Romantik als Ungenügen an der Normalität, S. 225

30 *Langeweile ist gewiss …:* Ludwig Tieck: William Lovell, S. 390

31 *Hast Du nie …:* Ludwig Tieck: Abendgespräche. Zit. Pikulik a. a. O., S. 227

33 *große Geißel … zu Tode langweilen:* Jean-Jacques Rousseau: Emil oder Über die Erziehung, S. 379

34 *Enttäuschung des Nichterlebens … zu bedenken:* Gerhard Schulze: Die Erlebnisgesellschaft, S. 115 f.

36 *Ist es am Ende … hin- und herzieht?:* Heidegger: Die Grundbegriffe der Metaphysik. Welt – Endlichkeit – Einsamkeit (1929/30). Gesamtausgabe Band 29/30, S. 119

38 *Leergelassenheit … zum Wesen der Zeit vordringen:* Heidegger a. a. O., S. 200 f.

39 *Was aber das Bannende … zu sich selbst entschließt:* Heidegger a. a. O., S. 223

Kapitel 2

42 *mein Leben ist das Zögern vor der Geburt:* Franz Kafka an Milena, 24. Januar 1922

44 *eine Geschichte, … die sich wirklich zugetragen hat:* Claus Leggewie: Von Schneider zu Schwerte

45 *selbst entnazifiziert:* Daniel Haufler: Kommunikatives Beschweigen

47 *Ich ist ein anderer:* Arthur Rimbaud an Georges Izambard, 13. Mai 1871

49 *Erst durch die Kraft …:* Friedrich Nietzsche: Unzeitgemäße Betrachtungen II. Kritische Studienausgabe Band 1, S. 253

49 *gelingt es ein paar überschüssigen Erinnerungen …:* Henri Bergson: Philosophie der Dauer, S. 59 f.

49 f. *Borges … der nichts vergessen kann:* Jorge Luis Borges: Das unerbittliche Gedächtnis, S. 93 ff.

51 *Erwartungshorizont … Erfahrungsraum:* Reinhart Koselleck: ergangene Zukunft, S. 349 ff.

52 *Gäbe es einen Menschengeist …:* Augustinus: Bekenntnisse, S. 330

56 *Fortpflanzungsgemurkse:* Sibylle Lewitscharoff: Von der Machbarkeit, S. 12

59 *ohne ihre Einwilligung auf die Welt gesetzt …:* Immanuel Kant: Die Metaphysik der Sitten (1785/97). Werke Band VIII, S. 394 und Band XII, S. 682

61 *Das Wunder … kraft ihres Geborenseins:* Hannah Arendt: Vita activa, S. 243

Kapitel 3

64 *das erstreckte Sicherstrecken:* Martin Heidegger: Sein und Zeit (1927), S. 375

65 *Weil aber die »Sorge« … es besitzen:* Heidegger a. a. O., S. 198

65 f. *grauen Weiber … Wen ich einmal mir besitze … niemals fertig:* Johann Wolfgang Goethe, Faust II, Verse 11384, 11453 f., 11462–66. Münchner Ausgabe Band 18.1, S. 328, 330

68 *Das Ich denke muss alle meine Vorstellungen begleiten können:* Immanuel Kant: Kritik der reinen Vernunft (1781). Werke Band III, S. 136

69 *Gegenstände zu haben, schließt ein, sie nicht sein zu müssen:* Hans Blumenberg: Beschreibung des Menschen, S. 146

71 *Sich Vorwegsein … Vorlaufen zum Tod:* Martin Heidegger: Sein und Zeit, S. 262

71 *Todfeind:* Elias Canetti: Die Befristeten (1964)

73 *Ich bin nämlich eigentlich ganz anders, aber ich komme nur so selten dazu*: Ödön von Horváth: Zur schönen Aussicht (1926), S. 67

74 *Das glücklichste Volk:* Daniel Everett: Das glücklichste Volk

76 *Risikogesellschaft:* Ulrich Beck: Risikogesellschaft

78 *Wie können …:* François Ewald: Der Vorsorgestaat, S. 537

80 *In verwandelter Gestalt / Üb' ich grimmige Gewalt:* Goethe a. a. O., Verse 11426 f., S. 329

84 *durchs Schlüsselloch … Nun ist die Luft …:* Goethe a. a. O., Verse 11391, 11410 ff., S. 328 f.

Kapitel 4

87 *Denn eben das ist die Zeit: die Zahl der Veränderung hinsichtlich des Davor und Danach:* Aristoteles, Physik IV, 11,219b. Zit. Ritter et al.: Historisches Wörterbuch der Philosophie Band 12, S. 1199

89 *eher werden noch die Philosophen übereinstimmen als die Uhren:* Seneca. Zit. Whitrow: Die Erfindung der Zeit, S. 109

92 *für Nobert Elias ein hervorragendes Beispiel:* Norbert Elias: Über die Zeit.

96 f. *bewunderungswürdige, märchenhafte Vorgang … füllen und einander übergeben … Angst … nicht rasch genug funktioniert:* Marcel Proust: Auf der Suche nach der verlorenen Zeit 3, S. 182, 183, 187

99 *die einmalige Erscheinung einer Ferne, so nah sie sein mag:* Walter Benjamin: Das Kunstwerk im Zeitalter seiner technischen Reproduzierbarkeit (1936), S. 18

99 *Der Mensch ist zu einer beschränkten Lage geboren … sich durch eine regelmäßige Selbsttätigkeit nicht verbinden kann:* Johann

Wolfgang Goethe: Wilhelm Meisters Lehrjahre, Sechstes Buch, Bekenntnisse einer schönen Seele. Münchner Ausgabe Band 5, S. 408

103 *Altdorfers ... Alexanderschlacht:* Reinhart Koselleck: Vergangene Zukunft, S. 17 ff.

Kapitel 5

109 *Meist sieht man / des Lebens Frist / vor lauter Alltags- / fristen nicht:* zit. Weinrich: Knappe Zeit, S. 189

109 *wie ein Dieb in der Nacht:* Paulus: 1. Thessalonicher 5,2

110 *unendlich kurz und kostbar ... ist sittlich absolut verwerflich:* zit. Rosa: Beschleunigung, S. 93

110 *Niklas Luhmann hat auf die Merkwürdigkeit hingewiesen ...:* vgl. Niklas Luhmann: Die Gesellschaft der Gesellschaft. Vgl. Band I, S. 224 ff.

111 *verboten und zwar moralisch verboten:* Niklas Luhmann. Zit. Rosa a. a. O., S. 282

113 f. *Die fortwährende Umwälzung ... dass solche Produktionskräfte im Schoße der gesellschaftlichen Arbeit schlummerten:* Karl Marx / Friedrich Engels: Werke (MEW) Band 4, S. 467, 465

120 *Und was der ganzen Menschheit zugeteilt ist, / Will ich in meinem innern Selbst genießen:* Johann Wolfgang Goethe, Faust I, Verse 1770 f. Münchner Ausgabe Band 6.1, S. 583

121 *Die Umweltschleifen ... die auf die Gegenwart zurückwirken:* Helga Nowotny: Eigenzeit, S. 52

121 *Steigerung des Nervenlebens ... ruhigen Gleichmaß ununterbrochener Gewöhnungen:* Georg Simmel: Das Individuum und die Freiheit, S. 192 f.

122 *Steigerung der Handlungs- und / oder Erlebnisepisoden pro Zeiteinheit:* Hartmut Rosa: Beschleunigung, S. 198

122 *rasender Stillstand:* Paul Virilio: Rasender Stillstand

123 *beginnt ein neuer Abschnitt in der Weltgeschichte ...:* Heinrich

Heine: Lutetia, Zweiter Teil, LVII. Sämtliche Schriften Band 5, S. 449

124 *zeigt Ihnen lediglich … zugunsten der Unterhaltung und Belehrung aller umzuwenden:* Wolfgang Schivelbusch: Geschichte der Eisenbahnreise, S. 59 f., 62, 63

128 *Schimmelüberzug:* Arthur Schopenhauer: Die Welt als Wille und Vorstellung II. Werke Band II, S. 11

128 f. *das Rad der Zeit … in der Raserei zu nahe kamen:* Wilhelm Heinrich Wackenroder: Ein wunderbares morgenländisches Märchen von einem nackten Heiligen. Werke, S. 304 f.

Kapitel 6

131 *In irgend einem abgelegenen Winkel … die klugen Tiere mussten sterben:* Friedrich Nietzsche: Über Wahrheit und Lüge im außermoralischen Sinne, Kritische Studienausgabe Band 1, S. 875

135 *Was also ist die Zeit? …:* Augustinus: Bekenntnisse, S. 312

137 *ist keine Messerschneide, sondern ein Sattelrücken …:* William James: The Perception of Time (1886). Zit. Zimmerli et al.: Klassiker der modernen Zeitphilosophie, S. 35

137 *Drei Sekunden dauert jene Zeitspanne …:* Ernst Pöppel: Grenzen des Bewusstseins, S. 13 ff.

141 *Es kann die Spur von meinen Erdetagen / Nicht in Äonen untergehn:* Johann Wolfgang Goethe, Faust II, Verse 11583 f. Münchner Ausgabe Band 18.1, S. 335

142 *mit welcher Intensität die Natur … bedachten:* Albert Camus: Der Mythos von Sisyphos, S. 17

145 *Der revolutionäre Wunsch, das Reich Gottes zu realisieren …:* Friedrich Schlegel: Athenäumsfragmente. Kritische Schriften

146 *Die Kritik … damit er die Kette abwerfe und die lebendige*

Blume breche: Karl Marx / Friedrich Engels: Werke (MEW) Band 1, S. 379

147 *Wollen wir uns nicht irre machen lassen ...:* Zit. Safranski: Ein Meister aus Deutschland, S. 53

150 *ganze Gebürge von Millionen Jahrhunderten ... ohne Zahl und Ende zu beleben:* Immanuel Kant: Allgemeine Naturgeschichte. Werke Band I, S. 335

151 *Da regst du dich nach ewigen Normen, / Durch tausend abertausend Formen, / Und bis zum Menschen hast du Zeit:* Johann Wolfgang Goethe, Faust II, Verse 8324–26. Münchner Ausgabe Band 18.1, S. 227.

152 *vernünftiges Tier:* Immanuel Kant: Anthropologie in pragmatischer Hinsicht. Werke Band XII, S. 676

Kapitel 7

154 ff. *Alle heute als physikalisch realistisch angesehenen Weltmodelle besitzen ... einen absoluten Nullpunkt der Zeit ... sie kommt nie wieder:* Bernulf Kanitscheider: Vom Anfang und Ende der Zeit. In: Am Fluß des Heraklit, S. 131 ff.

160 *Wir blicken rings um unser kleines Flöß ... gegen ihre Hoffnungen und Ängste:* Bertrand Russell. Zit. Wetz: Lebenswelt und Weltall, S. 467

160 *Für uns gläubige Physiker hat die Scheidung zwischen Vergangenheit, Gegenwart und Zukunft nur die Bedeutung einer wenn auch hartnäckigen Illusion:* Albert Einstein. Zit. Klein: Zeit. Der Stoff, aus dem das Leben ist, S. 266

161 *Leibniz:* Gottfried Wilhelm Leibniz: Nouveaux Essais sur L'entendement humain (Neue Abhandlungen über den menschlichen Verstand). 1704

166 *Begriffe, welche sich bei der Ordnung der Dinge als nützlich erwiesen haben ...:* Albert Einstein. Zit. de Padova: Leibniz, Newton und die Erfindung der Zeit, S. 294

173 *verzücktes Staunen über die Harmonie der Naturgesetzlichkeit ...:* Albert Einstein: Mein Weltbild. Klassiker des modernen Denkens, S. 20

173 f. *Zwei Dinge erfüllen das Gemüt mit immer neuer und zunehmender Bewunderung und Ehrfurcht...:* Immanuel Kant: Kritik der praktischen Vernunft. Werke Band VII, S. 300

Kapitel 8

180 *in denen nichts geschähe, wenn es nicht selbstbestimmt geschähe:* Hermann Lübbe: Zivilisationsdynamik, S. 34

182 *Peter Glotz hat ... prognostiziert:* Peter Glotz: Die beschleunigte Gesellschaft

188 *Dies ist ein Ding ...:* Hugo von Hofmannsthal: Terzinen. Über Vergänglichkeit, Gesammelte Werke, Gedichte und Lyrische Dramen, S. 17

188 *blauen Mond September ... schwand sie schon im Wind:* Bertolt Brecht: Erinnerung an die Marie A. Werke Band 11, S. 92 f.

189 *Die Blätter fallen, fallen ...:* Rainer Maria Rilke: Herbst. Sämtliche Werke Band 1, S. 400

191 *An-sich-Sein:* Jean-Paul Sartre: Das Sein und das Nichts (1943), S. 269 ff.

192 *Unaufrichtigkeit:* Sartre a. a. O., 119

193 *von dem, was ich gewesen bin ...:* Sartre a. a. O., 256

194 *mir selbst ausbleibe:* Karl Jaspers: Philosophie II, Existenzerhellung (1932), S. 42 ff.

195 *Eine so merkwürdige Entdeckung spricht durch das Erstaunen, das sie erregt:* Alexander von Humboldt, 12. Februar 1850 an Hermann von Helmholtz. Zit. Sommer: Lebenswelt und Zeitbewußtsein, S. 153

196 *Manfred Sommer hat ... herausgefunden:* Manfred Sommer: Lebenswelt und Zeitbewußtsein

196 *Urimpression:* Edmund Husserl: Zur Phänomenologie des inneren Zeitbewußtseins (1893 ff.; 1928)

Kapitel 9

203 *scharfe Bezeichnung der relativen Zeitstufe ...:* Ernst Cassirer: Philosophie der symbolischen Formen, Band 1, 1994, S. 183

204 *Der Untergang von Kasch:* Roberto Calasso: Der Untergang von Kasch

205 *Der König Akaf hörte ... der Grund des späteren Untergangs:* Leo Frobenius: Kulturgeschichte Afrikas (1933), S. 265, 266, 264

207 *Chronotopoi:* Michail M. Bachtin: Chronotopoi (1975)

208 *Dem Höhepunkt des Lebens war ich nahe, / da mich ein dunkler Wald umfing und ich, / verirrt, den rechten Weg nicht wieder fand ...:* Dante Alighieri: Die Göttliche Komödie, S. 25 (Erster Gesang, Verse 1–3)

209 *Wo gehn wir denn hin?:* Novalis: Heinrich von Ofterdingen. Zweiter Teil. Werke Band 1, S. 373

209 *Wer nun die Honigsüße der Lotosfrüchte gekostet ...:* Homer: Odyssee, IX. Gesang, Verse 94 ff.

211 f. *An einem Novembertag ... ängstlich nach jemandem ausschauen, der die Hauptstraße herabkommen soll:* Alain-Fournier: Der große Kamerad (Le Grand Meaulnes, 1913), S. 7 f.

212 *Ödipus-Drama:* Sophokles: König Oidipus

214 *Wildente:* Henrik Ibsen: Die Wildente (1884)

214 f. *schnöde Hast:* William Shakespeare: Hamlet. Übersetzung August Wilhelm Schlegel, I/2 (S. 106); *Die Zeit ist aus den Fugen: Fluch und Gram ...:* Hamlet I/5 (S. 123); *Denn ob ich schon nicht jäh und heftig bin ...:* Hamlet V/1 (S. 211)

215 f. *dass der Epiker die Begebenheit als vollkommen vergangen vorträgt, und der Dramatiker sie als vollkommen gegenwärtig dar-*

stellt: Johann Wolfgang Goethe: Über epische und dramatische Dichtung. Münchner Ausgabe Band 4.2, S. 126

216 *Die dramatische Handlung bewegt sich vor mir, um die epische bewege ich mich selbst.* Schiller an Goethe, 26. Dezember 1797. Goethe: Münchner Ausgabe Band, 8.1, S. 473

218 *fruchtbar … was der Einbildungskraft freies Spiel lässt:* Gotthold Ephraim Lessing: Laokoon. Werke Band VI, S. 25 f.

218 *Alle Erscheinungen … ekelt oder grauet:* Lessing a. a. O., S. 26

220 *Minenprobe:* Helmut Lethen: Der Schatten des Fotografen, S. 236

220 *Dunkel des gelebten Augenblicks:* Ernst Bloch: Das Prinzip Hoffnung. Werke Band 5, S. 338; für das Bild vgl. Ernst Bloch: Verfremdungen I, S. 10 ff.

222 *Ich versuchte jetzt aus meinem Gedächtnis andere Momentaufnahmen hervorzuholen …:* Marcel Proust: Auf der Suche nach der verlorenen Zeit 7, S. 256

222 *ewigen Menschen:* Proust 7, S. 334

222 f. *Man hat an alle Pforten geklopft …:* Proust 7, S. 257

224 *Einzelwille .. Weltwille … innerste Wesen der Welt:* vgl. Arthur Schopenhauer: Die Welt als Wille und Vorstellung I, S. 365 ff.

225 *Die Ordnung, die Musik zwischen dem Menschen und der Zeit setzt …:* Bernd Alois Zimmermann: Intervall und Zeit, S. 14

Kapitel 10

226 f. *Nun war aber die Natur des höchsten Lebendigen eine ewige …:* Platon: Timaios. Sämtliche Werke Band 8, S. 257

228 *Wenn man unter Ewigkeit … Unzeitlichkeit versteht …:* Ludwig Wittgenstein: Tractatus logico-philosophicus, S. 113 (6.4311)

228 *Gegenwart des Vergangenen, Gegenwart des Gegenwärtigen und Gegenwart des Zukünftigen:* Augustinus: Bekenntnisse, S. 318

229 *des schnöden Willensdranges entledigt ...:* Arthur Schopenhauer: Die Welt als Wille und Vorstellung, Drittes Buch § 38. Werke Band 1, S. 263

230 *die Zeit nur ein Phantom der Grammatik:* John McTaggert: Die Irrealität der Zeit, S.67 ff.

231 f. *Hat Jemand ... beschreibt einfach den Tatbestand:* Friedrich Nietzsche: Ecce homo. Also sprach Zarathustra 3. Kritische Studienausgabe Band 6, S. 339

233 *Es zerfiel mir alles in Teile ... erhabenem Gepräge:* Hugo von Hofmannsthal: Ein Brief (1902). Gesammelte Werke, Prosa II, S. 14, 12, 15

233 f. *Für einen bezauberten Augenblick ...:* Hugo von Hofmannsthal: Der Dichter und diese Zeit (1907). Gesammelte Werke, Prosa II, S. 296

234 *magischen Augenblicken ...:* Hugo von Hofmannsthal: Ad me ipsum. Aufzeichnungen. Gesammelte Werke, Prosa II, S. 219

234 *Jedes Kunstwerk ist ein Augenblick:* Theodor W. Adorno: Ästhetische Theorie. Gesammelte Schriften Band 7, S, 17

236 *Man trug ihn zu Grabe ...:* Marcel Proust: Auf der Suche nach der verlorenen Zeit 5, S. 264

236 *Ewigkeitswert ... gerade absurd:* Marcel Proust: Auf der Suche nach der verlorenen Zeit 7, S. 510

237 *Der eigene Tod ist ja auch unvorstellbar ...:* Sigmund Freud: Zeitgemäßes über Krieg und Tod (1915). Freud-Studienausgabe Band IX, S. 49

238 *Befreiung und Absonderung der Seele von dem Leibe ... Seele für sich allein:* Platon: Phaidon, 12. Kapitel (67 d/e). Sämtliche Werke Band 3, S.20

243 *wir, die wir leben und überbleiben ...:* Paulus: 1. Thessalonicher 4,17

244 *Der Dimension des Geistes ... Mehr lässt sich nicht sagen:* Paul Tillich: Systematische Theologie III (1955–66), S. 467

245 *Egozentrizität:* Ernst Tugendhat: Egozentrizität und Mystik

245 *Die Auferstehungsmystik …:* Max Scheler: Schriften aus dem Nachlass, S. 339

247 *Die Menschen müssen deshalb sterben …:* Hans-Georg Gadamer: Über leere und erfüllte Zeit (1969). Zit. Zimmerli et al.: Klassiker der modernen Zeitphilosophie, S. 288

Ich danke Herrn Professor Jörn Rüsen und der Stiftung Mercator, die mich 2009 zu der Vorlesungsreihe »Reden über den Humanismus« ans Kulturwissenschaftliche Institut Essen (KWI) eingeladen haben. Die dort vorgetragenen Gedanken zum Thema »Zeit« waren ein Ausgangspunkt für dieses Buch.